1등 중국어

1판 1쇄 2022년 7월 20일

저   자 Mr. Sun 어학연구소, 장세지
감 수 자 이민아
펴 낸 곳 OLD STAIRS
출판 등록 2008년1월10일 제313-2010-284호
이 메 일 oldstairs@daum.net

가격은 뒷면 표지 참조

ISBN 979-11-91156-62-1

1등 중국어 활용법

01 중국어 병음 마스터

겉으로 보기에는 영어의 알파벳과 비슷하지만,
읽는 방법과 발음에는 차이가 있는 **중국어의 병음**.

병음을 마스터해야 **완벽한 원어민 발음**을 구사할 수 있다.
한자에 겁먹지 말고 병음으로 중국어를 시작하자.

b ㅃ | 빠오 bāo 가방 | 비 bǐ 붓

주목! 성모 b는 2성이나 3성일 때
'ㅃ'에서 'ㅂ'로 발음이 변화한다.

02 200가지 필수 표현으로 중국어와 친해지기

일상생활에서
가장 자주 쓰이는 표현을 선정했다.

복잡한 문법 구조를 배우기에 앞서
가장 자주 쓰이는 문장들로 중국어와 친해지자.

02 실례합니다.

Dǎ rǎo
打扰
방해하다

01 괜찮아요.

Méi guān xi.
没关系。
괜찮다.

03 만화로 이해하는 중국 한자 이야기

본격적으로 중국어를 배우기 전에,
중국 한자의 배경을 알아보자.

중국어의 역사, 민족, 한자 배경을 먼저 알면,
암기하는 속도도, 이해하는 속도도 불붙을 것이다.
술술 읽히는 만화로 한자도 챙기고, 교양도 챙기자.

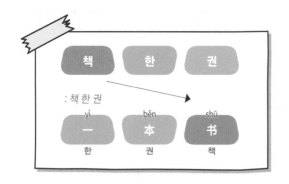

04 핵심 문법 익히기

어려운 내용, 당장 필요하지 않은 내용은
과감히 생략하고 **필요한 내용만 담았다.**

눈에 확 들어오는 그림과 함께,
이야기하듯 쉽게 풀어낸 설명을 읽다 보면
어느새 중국어 문법의 기초가 저절로 이해될 것이다.

05 실력 다지기

재미있게 읽는 것만으로 끝내서는
제대로 공부를 했다고 할 수 없다.

문법 설명 뒤에 배운 내용을
복습할 수 있는 연습 문제가 실려 있다.
문제마다 친절한 그림 힌트가 함께 있으니,
내용을 잘 이해했다면 아무런 어려움 없이 해결할 수 있다.

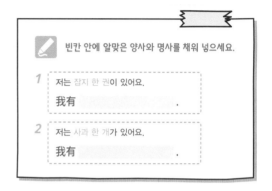

✏️ 빈칸 안에 알맞은 양사와 명사를 채워 넣으세요.

1 저는 잡지 한 권이 있어요.
我有　　　　　.

2 저는 사과 한 개가 있어요.
我有　　　　　.

06 일상에서 활용하기

일상적인 대화의 회화문이다.
각각의 상황에 맞는 팁(TIP)도 적혀 있어,
회화문을 읽기만 해도 쉽고 재미있게
중국어의 기본 표현을 익힐 수 있다.

발음을 어떻게 할지 몰라 고민이라면 걱정은 넣어두자.
모든 한자에 **병음 표기**가 함께 실려 있어
중국어를 읽는 즐거움을 바로 누릴 수 있다.

07 바로바로 확인하는 QR코드 음원

중국어는 발음하기 어렵다? 스마트폰만 있으면
언제 어디서든 간편하게 음원을 들을 수 있다.
따라 읽다 보면 늘어가는 나의 중국어 실력을 마주하게 될 것이다.

▶ 공식 홈페이지 🔍 mrsun.com 에서
mp3를 다운로드할 수 있습니다.

目录
table of contents

만화로 이해하는
중국 한자 이야기

-이야기 : 하윤수-

오호호~ 안녕 여러분!

너무 오랜만이라 어깨랑 허리가 결린다. 기지개 한번 켜고!

내가 누구냐고? 나는 한자의 조상 격인 "갑골문"을 만든 창힐이라 하지.

여러분이 책을 펼쳐준 덕분에 이렇게 등장! 어휴, 얼마나 답답하던지.

이것 봐, 내가 눈이 네 개나 달려서, 좀 무섭게 생겼어도

중국어에 흥미를 느낀 사람에겐 한없이 유순하다고 그래.

근데 너무한 거 아니야? 후손들이 내 얼굴을 요 모양으로 그렸더라고?

참나, 나 이렇게 무섭게 안생겼거든!

오히려 이 네 개의 눈 덕분에, 자연을 세심히 관찰하며, 견문을 넓힐 수 있었고

다방면의 지식을 쌓는 건 물론, 글자도 만들어 낼 수 있었지!

어쨌든, 오랜만에 바깥 공기도 마시고 좋구만~

아, 그건 그렇고, 어쩌다 중국어에 흥미를 갖게 된 거야?

확실히 요즘은 중국이 대세긴 한가 봐? 그렇지?

고등학교 수업은 물론이고, 취업할 때도 도움이 된다고 하더군.

흠, 그렇다면 이 몸이 나설 수 밖에.

자, 여러분의 흥미를 돋우기 위한 준비를 해볼까~

잠깐! 아직 마음의 준비가 안 됐다고? 걱정하지 마. 천천히 알려줄 거니까~

먼저, 중국이 어디에 붙어있는지는 알고 있어야겠지?

자~ 어때, 엄청 크지? 중국은 세계에서 네번째로 큰 나라야.

북으로 러시아와 몽골, 남으로 베트남과 이웃이지.

중국은 넓은 만큼 사람도 많아. 인구로는 세계 1등!

게다가 56개의 민족이 살고 있는데, 다수의 한족과 55개의 소수민족이 있어.

소수민족은 인구가 적긴 해도, "소수민족자치구"에 모여 살며, 그들의 문화를 지켜가고 있고

"특별행정구"라고 해서, 중국 본토와는 다른 한족 문화와 정치적 색깔을 유지하고 있는 곳도 있지.

사실, 중국은 생각보다 복잡한 아이야.

알지 알지

나 쉬운 아이 아니야~

중국의 언어와 땅, 문화를 단순하게 한 민족의 것이라고 볼 수 없는 거지~

하나인 듯, 하나가 아니야.

평소 우리가 알고 있던 중국은 바로 "한족"의 문화와 그 역사인데

전통의상

한족

건축

음식

대다수 한족은 여기 중원과 연안 일대에서 살고 있어.

동중국해와 남중국해를 면하고 있는 곳을 연안,

그리고 황하 유역 일대를 중원이라고 해.

중원

연안

바다도 가깝고 평야에다. 경제적으로 풍요로운 지역이지.

싱싱합니다~

반면에 서쪽으로 갈수록 높은 산과 사막이 펼쳐지며, 척박한 지역이 많아.

여기다 뭘 어쩌라는 거야.

중국의 지형은 서고동저로 남서부에는 높은 고원지대, 서북부에는 사막지대가 있어.

사막

고원

평야

자, 그럼 이번엔 이 지도를 펼쳐볼까~ 민족의 구성을 보여주는 지도야. 서북에는 위구르족, 남서에는 티베트족과 좡족이 모여 살애! 한족은 연안 대부분 지역에 모여 살고 있는 게 보이지?

위구르

몽골

티베트

한족

좡족

좌

악

우리나라 민족과도 관계 있는 조선족은 북한 바로 위 길림성에 모여 살고 있어.

길림성

북한

물론, 종교도 다양해~ 티베트에서는 티베트불교가, 위구르에는 이슬람교, 광서 지역에는 자연숭배가 남아 있지.

이슬람

티베트불교

이슬람

티베트불교

자연숭배

혼합종교 (유교, 도교 불교 등)

이렇게 서로 다른 민족이 공생하다 보니, 문화도 역사도 다양하지 않겠어?

다수인 한족이 이룩한 "중화 문명" 뿐만 아니라

이번엔 이렇게 한번 해볼까?

많은 민족의 문화와 역사가 얽히고설킨 곳이 바로 중국이지!

가만 보자, 역사 얘기가 나와서 말인데,

흠

중국의 역사는 너무너무 길고, 복잡하거든.

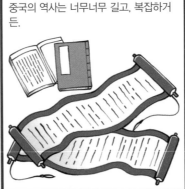

살기 좋은 중국 땅을 차지하기 위한 민족 간 전쟁이 끊이지 않았어.

중국의 역사를 보면 이렇게 다양한 나라들이 생겼다 사라졌는데, 전부 한족의 나라였던 건 아니야.

하 / 상 / 주 / 춘추전국 / 진 / 한 / 위·촉·오 / 진 / 남북조 / 수 / 당 / 송 / 요 / 금 / 원 / 명 / 청 / 중화민국 / 중화인민공화국

오건 내 것

그럼, 이쯤에서 중요한 등장인물의 소개가 필요할 거 같은데! 중국을 무대로 활약한,

한족, 만주족, 거란족, 몽골족이야.

한족 / 만주족 / 거란족 / 몽골족

방어 / 무력 / 지혜 / 정치 / 매력

먼저, 한족은 중국의 황하 유역에서 자리를 잡고 오순도순 살기 시작했어.

아주 먼 옛날부터 중국 땅은 꽤 살기 좋았던 곳인가 봐~

세계 4대 문명 중의 하나인 황하 문명이 바로 이곳! 중국 땅에서 시작했지.

한편, 황하의 북쪽, 초원지대에는 유목민 부족들이 살고 있었고

그들이 동서남북 진출하면서 한족과의 마찰도 일어나기 시작했어.

유목민 부족은 수도 많고 그들 사이의 관계도 아주 복잡한데

이동이 잦은 유목 생활과 빈번한 지배 관계의 변화 때문에, 그들의 혈통은 명확히 구분하기 어려울 정도로 뒤섞여 있어.

그 중에서도, 역사의 한 획을 그으며 활약한 이들이

바로 유목민계에 아이돌 만주족, 거란족, 몽골족이야!

이들은 중국은 물론이고 더 넓은 땅을 호령하며 명성을 떨쳤는데

역사 속에서, 유목민 트리오와 한족은 중국 땅을 놓고 뺏고 뺏기는 싸움을 하게 되지.

워워, 너무 서두르지 마. 이제부터 천천히 알아볼 테니까~

중국의 역사 속에 처음 등장하는 나라는 바로 하나라!

한족의 뿌리라고 여겨지지!

하나라의 자세한 문헌은 남아있지 않아 그 정체를 확실히 알 수 없지만

언젠가 땅속에서 발견되는 날을 기다려보자~

황하 일대에서 시작한 작은 나라이며, 이때부터 한족의 역사가 시작했다고 여겨지고 있지.

Start!

하나라 후에 등장하는 건 상나라와 주나라야. 우리에겐 좀 낯설지?

쑥스.. 주

초면입니다~ 상

나는 상나라 출신인데 말이야. 이때 바로 갑골문자가 탄생했어.

이 갑골표자는 내가 만들었단다~

甲骨

갑은 거북이 등딱지, 골은 동물의 뼈라는 뜻이야.

주나라 때는 영토도 넓어지고, 여러 곳에 공을 세운 이에게 작위를 주며 그곳을 다스리게 했는데

어디 한번 잘~ 해봐.

주나라 왕을 "천자(天子)"로 받들며 그 주변에 제후국이 생겨나기 시작했지.

천자란 하늘의 아들이란 뜻으로 왕이란 의미와 같은 뜻이었어. 당시에는 주나라의 왕만이 이 칭호를 쓸 수 있었지.

후에, 주나라가 무너지자, 제후국들이 서로 천자의 자리를 놓고 싸움을 벌였고

전쟁이 끊이지 않던 이때가 바로 "춘추전국시대"야.

전쟁이 자주 일어났지만, 사상적으로도 풍부해진 시기였지.

맹자 공자

이 시기, 꽤 잘 나가던 나라가 진, 조, 위, 한, 제, 연, 초나라였는데

황하강 조 연 제 위 한 진 초

최후의 승자는 바로 진(秦)나라였어!
이건 좀 익숙한 이름이려나?

진시황과 병마용. 한 번쯤 들어봤지?
유명한 만리장성도 이때부터 만들어지기
시작했지.

진시황은 비옥한 중원 땅에 주인으로서,
자신을 황제(皇帝)라고 칭하며
강한 국가를 건설했어.

짐이
황제니라~

그는 강력한 권력으로 무시무시한 공포
정치를 일삼았는데

멸망한 주변 국가의 언어를 금지하고
진나라의 것으로 통일시켰으며

앞으로 문자는
이걸로 공부해!

진시황의 정치를 비방하는 사상의
서적을 불태우는 건 물론,

정치를 비판한 유생들을
생매장했다고 하는 이야기까지 있지.

살려주시오~!
살려주시오~!

분서갱유

그렇게 무섭게 정치를 해대니
불만이 안 생기겠니?

결국 진시황이 죽자마자, 불만은
폭발하듯 쏟아졌고

옛 나라를 재건하고자, 여기저기서
들고 일어나기 시작했어.

그중 가장 강력한 세력은 옛 초나라의
후손들이었는데

오호~

초나라의 군인 집안 출신 항우와
농민 출신 유방은 옛 초나라의
부흥을 되찾을 기회를 노리고 있었지.

항우   유방

항우의 조부인 항연은 초나라의 명장으로, 진나라 군대와 싸우다 죽고 말았고

초나라가 멸망하자 항우는 숙부인 항량과 함께 산골짜기에 숨어서 지내야만 했어.

진시황이 죽고 진나라가 위태로워지자, 그들은 다시 일어설 궁리를 시작했는데

먼저, 초나라 왕족의 후손을 찾아 왕으로 받들어 모시고

싸움 꽤 한다는 초나라 출신 장수들을 모아서 군대를 조직하였으며

진나라의 지역 세력을 하나씩 무너뜨렸어.

하지만, 연이은 승리에 도취하였던, 항량은 장한이 이끄는 진나라 군대에 죽고 말았고

항우는 다시 한번 진나라에 대한 더 큰 원한을 품게 돼.

한편, 농민 출신 유방은 굉장히 매력적인 인물이었는데

오뚝한 콧날과 멋스러운 콧수염은 사람들에게 좋은 인상을 주었으며

타고난 인복으로 사람들이 구름처럼 모여들었어.

비록 농민 출신이었지만, 주변에 신임을 받으며 진나라에 대항하였지.

하지만 혼자서는 쉽지 않다는 것을 깨닫고는 초나라의 장수로서 합류하였고

항우, 유방이 중심이 된 초나라 세력은 진나라에 대항해 싸우기 시작해.

항우는 엘리트 출신에, 힘도 세고 전쟁에도 능숙한 데다

군대 역시 훈련이 잘된 전문적인 군사들로 이루어져 있었지만

유방은 농민 출신에, 전쟁에 소질도 없었고 군대도 오합지졸이었지.

이 둘은 출신도 다르고 성격도 다른 만큼, 전쟁과 정치의 방식도 달랐어.

항우는 강력한 힘으로 진나라 군대를 연이어 무너뜨렸고

항복한 군사와 정복한 땅의 백성을 가차 없이 죽이며 무섭게 주변을 장악했어.

그에 비해, 군대가 약했던 유방은 마을 주민을 회유하거나, 충신의 덕으로 많은 위기를 모면하였지.

초나라 왕은 이들 중 먼저 진나라 수도에 도착하는 이에게 그 지역의 땅을 주기로 약속했는데

진짜 준다니까~

유방은 유연한 회유책과 뛰어난 용인술을 바탕으로 손쉽게 진나라 땅에 들어갔으나

진

뒤이어 들어온 항우의 세력에 못 이겨 다시 도망가고 말아.

어딜!!

악!

결국 항우가 진나라 궁에 들어가 황제는 물론, 많은 백성을 죽이며 그곳 세력을 완전히 장악하였어.

그렇게 진나라 수도인 함양을 차지한 항우는 다시 고향으로 돌아가고자 했고

비단옷 입고 돌아가야지!

왜 이런 좋은 땅을 두고…

금의환향

고향 땅에 돌아 온 항우는 초나라 왕을 황제로, 스스로는 패왕으로 칭하며 항우의 시대를 열었지.

황제라지만 모든 권력은 패왕인 항우에게 있었어.

먼저, 항우는 자신의 편에 있던 자들에게 좋은 땅을 주며 그곳을 신하국으로서 다스리게 하였고

자네에겐 좋은 땅을 주지

주나라 시대 때와 똑같지?

공은 있지만, 마음에 들지 않던 자들에게는 변방에 초라한 땅을 주었어.

연 요동
대 상산 제북
새 위 은 제 교동
적 하남
옹 한
한 초
임강 구강
형산

앞서 말한 것처럼, 유방은 인기가 많았어.

소하: 나라 돌보기 담당

한신: 싸움 담당

장량: 지혜 담당

변방의 땅이었지만, 그를 따르는 많은 우수한 인재들과 힘을 기르고 있었지.

한편, 항우의 태도에 불만을 가진 제후국들이 점점 꿈틀대기 시작했는데

왕도 아닌 놈이!

재수 없어

초나라는 접해 있던 제후국들과 잦은 전쟁을 치르게 돼.

건방진 놈들

제후국의 불만이 나날이 커지자 항우는 초나라 황제를 죽이고 스스로 황제가 되려 했고

그런 사실로 인해, 제후국의 더 큰 반발을 사고 말아.

다음은 우리 차례요

그 틈을 타, 유방은 옛 진나라의 수도인 함양에 들어가 더욱더 힘을 키울수 있었고

결국, 항우를 반대하는 세력은 유방을 중심으로 뭉치기 시작했어.

이때부터, 중국 땅은 다시 초나라와 한나라 간의 전쟁터가 되었지.

한나라는 다른 제후국과 연합한 덕분에 군대 규모는 컸지만, 질적으로 떨어졌어.

반면에 질서를 갖춘 초나라 군대는 굉장히 우수했고, 이어지는 전쟁에서 계속 승리하였지.

허나, 유방이 믿는 구석은 따로 있었으니 바로, 그의 용인술과 타고난 인복이야.

군사 담당이던 한신이 북쪽 땅을 정리하며 힘을 보태주었고

항우에게 땅을 받지 못해 불만이던 팽월의 도움과

남쪽의 구강왕 영포까지 그의 편에 서게 되었지.

결국, 항우는 동서남북으로 완전히 포위되고 말아.

한나라 군대는 초나라 군대를 포위한 후, 초나라의 노래를 구슬피 불렀는데

사면초가

이어지는 전쟁에 지칠 때로 지친 초나라 군사들은 고향의 노래를 듣자, 완전히 사기를 잃어버려.

결국, 밀리던 초나라는 해하강까지 후퇴했고

➡ 만화는 106쪽에서 계속 이어집니다.

INTRO

중국어에 대하여

중국어는 **간체자**를 쓴다.

한자는 '번체자'와 '간체자' 두 가지로 나뉩니다. 어렵고 복잡한 옛날 한자 '번체자'로 인해 문맹률이 높았던 중국은
1986년부터 '번체자'를 간단하게 만든 '간체자'를 사용하기 시작합니다.

번체자, 조금 익숙하지 않나요? 중국은 이제 '간체자'를 쓰지만, 옛날 한자를 그대로 들여온 우리나라와 대만, 홍콩은
아직 전통 한자 '번체자'를 사용하고 있기 때문이죠.

병음이 곧 발음이다.

우리말은 글자 그대로 읽으면 되지만, 한자는 뜻만 보여줄 뿐, 어떻게 발음해야 하는지 보이지 않습니다.
그래서 '병음'이라는 표기법으로 어떻게 읽는지 가르쳐줍니다. 한자에 병음까지 배우려면 어렵게 느껴지실 수 있지만,
다행히 병음은 알파벳으로 이루어져 있어 쉽게 익힐 수 있습니다.

요즘은 손보다 자판으로 글을 쓰는 일이 많죠. 만약 병음이 없었다면, 중국 사람들은 수천 개의 한자가 모두
들어 있는 거대한 키보드를 써야 했을 것입니다. 하지만, 병음 덕에 알파벳을 조합하는 것만으로도 간편하게
한자를 입력하게 될 수 있게 되었습니다. 병음은 크게 성모, 운모, 성조 이렇게 3가지로 이루어져 있습니다.

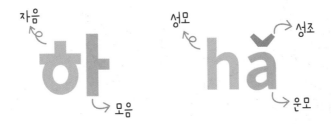

따라 말하기

중국어는 **노래하듯이** 말한다.

중국어는 얼핏 듣기에 노래와 같다고도 하죠. 모든 단어마다 각자의 높낮이를 가지고 있기 때문입니다.
성조는 바로 이 높낮이를 표현해주는 기호입니다.

우리말	중국어

성조엔 1 · 2 · 3 · 4성, 총 4가지가 있습니다. 아래의 음표를 보며 'a'의 4가지 성조를 따라 읽어볼까요?

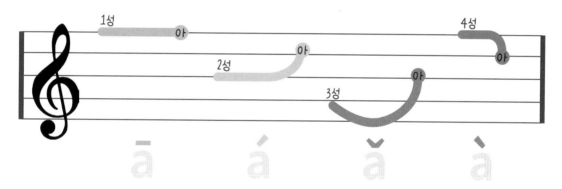

성조 발음법

이번엔 성조의 모양과 자세한 발음 방법을 배워보도록 하겠습니다.

성조		발음 방법	표기
1성	▬	높은 음을 평평하게 끝까지 유지해서 발음합니다.	mā
2성	◢	'뭐?'라고 되묻듯, 단숨에 짧게 끌어올리며 발음합니다.	má
3성	◡	상대방의 말을 이해하고 '아~' 하고 감탄사를 내뱉듯, 음을 최대한 내렸다 힘을 빼며 자연스럽게 올려줍니다.	mǎ
4성	◥	부산 사람이 화났을 때 '맹'라고 외치듯, 높은 음에서 시작해 음을 툭 떨어뜨립니다.	mà

쉬어가는 성조 **경성**

모든 음절에 성조가 있다면 발음하기 힘들겠죠. 중국어의 일부 음절은 원래의 성조를 잃고 가볍고 짧게 발음되는데,
이를 경성이라고 합니다. 경성은 성조의 일부가 아니기 때문에 어떤 성조 부호도 표시하지 않습니다.
경성은 늘 다른 성조 뒤에 잇따라 나오며, 이때 경성의 음높이는 항상 일정하지 않습니다.
앞 성조의 영향을 받아 음의 높낮이가 결정됩니다.

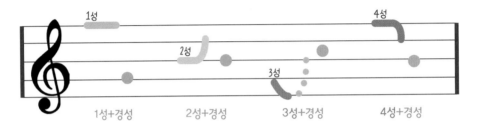

3성의 **성조 변화**

중국어의 3성은 성조 변화가 자주 일어납니다. 하지만 두 가지 규칙만 기억하시면 됩니다.

규칙	예시
1. 3성이 연속될 때 앞의 3성은 2성으로 변화합니다. ❖ 3성 성조변화는 표기는 그대로 두되, 읽을 때만 2성으로 읽습니다.	nǐ hǎo
2. 3성 뒤에 1,2,4 및 경성이 올 때는 앞의 3성을 반3성으로 발음합니다. ❖ 반3성이란 3성을 아래로 떨어뜨리기만 하고 올리지 않는 발음을 가리킵니다.	kě tè

성조 **표기법**

성조를 표기하는 방법은 간단합니다. 다음 세 가지 규칙만 기억하세요.

규칙	예시
1. 성조 부호는 운모 위에 표기합니다. ❖ i는 위의 점을 빼고 표기합니다.	hē qǐ bá
2. 운모가 두 개 이상일 경우, a·e·o·i·u·ü 순서로 표기합니다.	bǎo zuò
3. 운모 i와 u가 함께 올 경우, 뒤 모음에 표기합니다.	huí jiǔ

따라 말하기

✏️ 다음 단어들의 운모를 보고 1번 예시와 같이 알맞은 자리에 성조를 표기하세요.

1 shui + ⌄
물   shuǐ

2 qian + ╱
돈   qian

3 yao + ╲
약   yao

4 jia + ▬
집   jia

5 shu + ▬
책   shu

6 tu + ⌄
흙   tu

7 tian + ▬
하늘   tian

8 bao + ╲
신문   bao

9 tou + ╱
머리   tou

10 ka + ⌄
카드   ka

11 shou + ⌄
손   shou

12 ren + ╱
사람   ren

▸ 정답입니다!

1 물 / 水 shuǐ / 쉐ʳ이   **2** 돈 / 钱 qián / 치엔   **3** 약 / 药 yào / 야오   **4** 집 / 家 jiā / 찌아
5 책 / 书 shū / 쓔ʳ   **6** 흙 / 土 tǔ / 투   **7** 하늘 / 天 tiān / 티엔   **8** 신문 / 报 bào / 빠오
9 머리 / 头 tóu / 터우   **10** 카드 / 卡 kǎ / 카   **11** 손 / 手 shǒu / 셔ʳ우   **12** 사람 / 人 rén / 런ʳ

중국어 읽는 법
중국어의 성모·운모

따라 말하기

병음에는 6개의 운모와 21개의 성모가 있습니다.
우선, 우리말의 모음에 해당하는 6개의 운모부터 살펴보겠습니다.

a	o	e	i (y)	u (w)	ü (y)
아	오어	으어	이	우	위

중국어에는 우리말의 자음에 해당하는 21개의 성모가 있어요.
성모 혼자서는 발음할 수 없기 때문에 모음 역할을 하는 운모의 도움을 받아 발음해요.

bo ㅂ,ㅃ	po ㅍ	mo ㅁ	fo ㅍf	ge ㄱ,ㄲ	ke ㅋ	he ㅎ
뽀어	포어	모어	포f어	끄어	크어	흐어

de ㄷ,ㄸ	te ㅌ	ne ㄴ	le ㄹ	ji ㅈ,ㅉ	qi ㅊ	xi ㅅ
뜨어	트어	느어	르어	지이	치이	시이

zi ㅉ	ci ㅊ	si ㅆ	zhi	chi	shi	ri
쯔으	츠으	쓰으	즈r	츠r	스r	르r

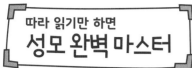

따라 읽기만 하면
성모 완벽 마스터

b / p / m / f

따라 말하기

다음 4가지 성모는 입술소리입니다. 입술을 힘껏 붙였다가 내뿜으며 발성해 보세요.
각각의 발음이 들어간 단어 음성 파일을 듣고 따라 읽어보세요.

음~마

b ㅃ

| 1 빠오 **bāo** 가방 | 2 뻬이 **bēi** 잔 | 3 ^{주목} 비 **bǐ** 붓 | 4 뿌 **bù** 걸음, 보폭 |

주목! 성모 b는 우리말의 'ㅃ'에 가까운 소리지만, 2성이나 3성일 때는 'ㅂ'로 소리 날 때도 있습니다.

p ㅍ

| 1 팡 **pàng** 뚱뚱하다 | 2 피 **pí** 껍질 | 3 파오 **pǎo** 뛰다 | 4 파 **pà** 무서워하다 |

m ㅁ

| 1 마오 **māo** 고양이 | 2 마마 **māma** 엄마 | 3 마이 **mǎi** 사다 | 4 미 **mǐ** 쌀 |

f ㅍ^f ^{주목}

| 1 판^f **fàn** 밥 | 2 푸^f **fú** 복 | 3 페^f이 **fēi** 날다 | 4 팡^f **fàng** 놓아주다 |

주목! 성모 f는 영어의 'f' 발음과 같습니다. 윗니로 아랫입술을 살며시 깨물며 공기를 내뱉는 소리입니다.
우리말에는 없는 이 공기 소리를 이 책에서는 'ㅍf'로 표기합니다.

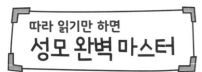

다음 3가지 성모는 혀뿌리와 입천장의 소리입니다. 목으로 공기를 강하게 내뿜으며 소리를 내보세요.
각각의 발음이 들어간 단어의 음원을 들으며 따라 읽어보세요.

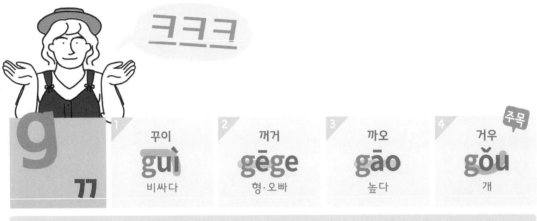

주목! 성모 g는 우리말의 'ㄲ'에 가까운 소리지만, 2성이나 3성일 때는 'ㄱ'로 소리 날 때도 있습니다.

따라 읽기만 하면
성모 완벽 마스터
d / t / n / l

다음 4가지 성모는 혀끝과 윗잇몸 소리입니다. 혀끝을 윗잇몸에 붙였다 떼면서 발음해보세요.
각각의 발음이 들어간 단어의 음원을 들으며 따라 읽어보세요.

앗뜨!

d ㄸ

1 따	2 뚜어	3 덩 주목	4 띠
dà	**duō**	**děng**	**dī**
크다	많다	기다리다	낮다

주목! 성모 d는 우리말의 'ㄸ'에 가까운 소리지만, 2성이나 3성일때는 'ㄷ'로 소리 날 때도 있습니다.

t ㅌ

1 터우	2 팅	3 투	4 타
tóu	**tīng**	**tǔ**	**tā**
머리	듣다	흙	그녀

n ㄴ

1 니	2 난	3 니우	4 뉘
nǐ	**nán**	**niú**	**nǚ**
너	남자	소	여자

l ㄹ

1 을라	2 을리엔	3 을레이	4 을루
là	**liǎn**	**lèi**	**lù**
맵다	얼굴	힘들다	길

성모 완벽 마스터 j / q / x

따라 말하기

다음 3가지 성모는 혓바닥과 입천장의 소리입니다. 입안의 공기가 모두 빠져나간다 생각하고 발음해보세요.
각각의 발음이 들어간 단어의 음원을 들으며 따라 읽어보세요.

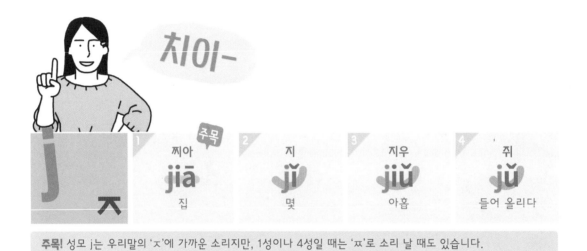

치이-

j ㅈ

1 주목
찌아
jiā
집

2
지
jǐ
몇

3
지우
jiǔ
아홉

4
쥐
jǔ
들어 올리다

주목! 성모 j는 우리말의 'ㅈ'에 가까운 소리지만, 1성이나 4성일 때는 'ㅉ'로 소리 날 때도 있습니다.

q ㅊ

1
치
qī
일곱

2
취
qù
떠나다

3
칭
qīng
가볍다

4
치엔
qián
돈

x ㅅ

1
시에
xiě
쓰다

2
시
xǐ
씻다

3
쉬에
xuě
눈

4 주목
씽
xìng
성(씨)

주목! 성모 x는 우리말의 'ㅅ'에 가까운 소리지만, 1성이나 4성일 때는 'ㅆ'로 소리 날 때도 있습니다.

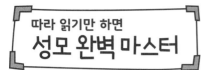

따라 읽기만 하면
성모 완벽 마스터

z / c / s

따라 말하기

다음 3가지 성모는 혀끝과 이 소리입니다. 혀끝을 윗니와 아랫니 사이에 가볍게 대고 바람을 내뱉어보세요.
각각의 발음이 들어간 단어의 음원을 들으며 따라 읽어보세요.

| z | 1 저우 zǒu 걷다 | 2 주 zú 발 | 3 쯔 zì 글자 | 4 쭈어 zuò 앉다 |

주목! 성모 z는 우리말의 'ㅉ'에 가까운 소리지만, 2성이나 3성일 때는 'ㅈ'로 소리 날 때도 있습니다.

| c | 1 차오 cǎo 풀 | 2 춰 cuò 틀리다 | 3 츠 cì 차례, 번 | 4 츠아 cā 닦다 |

| s | 1 스 sǐ 죽다 | 2 쓰 sì 넷 | 3 쓰어 sè 색 | 4 쏭 sòng 보내다 |

주목! 성모 s는 우리말의 'ㅆ'에 가까운 소리지만, 2성이나 3성일 때는 'ㅅ'로 소리 날 때도 있습니다.

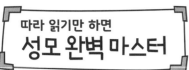

다음 4가지 성모는 혀끝과 잇몸 뒤쪽의 소리입니다. 혀끝을 살짝 말아 올려 발음해보세요.
각각의 발음이 들어간 단어의 음원을 들으며 따라 읽어보세요.

아르르..

zh
ㅉʳ

1 즈ʳ 주목	2 쭈ʳ	3 쫑ʳ	4 쟈ʳ오
zhǐ	zhū	zhòng	zhǎo
종이	돼지	무겁다	찾다

주목! 성모 zh는 우리말의 'ㅉ'에 가까운 소리지만, 2성이나 3성일 때는 'ㅈ'로 소리 날 때도 있습니다.

ch
ㅊʳ

1 츠ʳ	2 챵ʳ	3 챠ʳ	4 춘ʳ
chī	cháng	chá	chūn
먹다	길다	(마시는)차	봄

sh
ㅅʳ

1 스ʳ	2 쑤ʳ 주목	3 쉐ʳ이	4 쉐ʳ이
shí	shū	shuí	shuǐ
십	책	누구	물

주목! 성모 sh는 우리말의 'ㅅ'에 가까운 소리지만, 1성이나 4성일 때는 'ㅆ'로 소리 날 때도 있습니다.

r
ㄹʳ

1 르ʳ	2 런ʳ	3 러ʳ우	4 란ʳ
rì	rén	ròu	rǎn
하루	사람	고기	물들이다

발음주의! · · · · · · · · · · · · · ·

헷갈리기 쉬운 발음을 모아 다시 한번 복습해볼까요?
다음 6가지 성모가 운모 'i'와 결합했을 때 발음이 어떻게 다른지 살펴보겠습니다.

j / q / x + i **z / c / s + i** **zh / ch / sh + i**

우선, j/q/x 는 운모가 이 발음을 갖습니다. 그래서 각각 지/치/시 로 발음되죠.

j ㅈ		i 이		지	jīdàn 지 단	계란
q ㅊ	+	i 이	=	치	tiānqì 티엔 치	날씨
x ㅅ		i 이		시	yóuxì 요우 씨	게임

다음 성모 z/c/s 는 운모가 으 발음을 갖습니다. 그래서 각각 즈/츠/스 로 발음되죠.

z ㅈ		i 으		즈	zìjǐ 즈 지	자신
c ㅊ	+	i 으	=	츠	dāncí 단 츠	단어
s ㅅ		i 으		스	sījī 스 지	기사님

마지막으로 zhi/chi/shi 는 운모가 으ㄹ 발음을 갖습니다. 그래서 각각 즈ㄹ/츠ㄹ/스ㄹ 로 발음됩니다.

zh ㅈ		i 으ㄹ		즈ㄹ	zhīdào 즈ㄹ 따오	알다
ch ㅊ	+	i 으ㄹ	=	츠ㄹ	chídào 츠ㄹ 따오	지각
sh ㅅ		i 으ㄹ		스ㄹ	shítou 스ㄹ 터우	돌

따라 말하기

중국어의 운모는 6개의 단운모, 30개의 결합운모로 구성되어, 총 36개의 운모가 있습니다.
이때, ★ 표시가 되어 있는 운모들은 주의가 필요한 발음들입니다. 다음 장에서 자세히 살펴보겠습니다.

a 아

ai	ao	an	ang
아이	아오	안	앙

o 오어

ou	ong
어우	옹

e 으어

*ei	en	eng	er
에이	으언	으엉	으얼

i(y) 이

ia	*ie	iao	*ian	*iou (iu)	in
이아	이에	이아오	이엔	이(오)우	인

ing	iang	iong
잉	이앙	이옹

u(w) 우

ua	uo	uai	*uei (ui)	uan	*uen (un)
우아	우어	우아이	우에이	우안	우언

uang	ueng
우앙	우엉

ü(y) 위 주목

*üe	ün	*üan
위에	윈	위엔

주목 + n·l·j·q·x

❶ ü 와 결합할 수 있는 성모는 위 5가지뿐입니다.
❷ j,q,x와 결합하면 ü의 두 점은 생략해서 표기합니다.

앞에 오는 i·u·ü 는 y·w·yu 로 바꿔주자!

중국어는 운모가 성모 없이 단독으로 쓰일 수 있습니다.
다음 세 가지 운모 i·u·ü 앞에 성모가 오지 않을 때 y·w·yu 로 바꿔서 표기합니다.
바꿔 표기한 i·u·ü 의 결합모음들, 다시 한번 살펴볼까요?

ie 이에   **ye** 이에

uo 우어   →   **wo** 우어

üan 위엔   **yuan** 위엔

위와 같이 운모 i·u·ü 가 y·w·yu 로 바뀌어도 발음은 같습니다.
다만, 다음 운모들은 바꿀 때 주의가 필요합니다.
운모 i·in·ing 이 단독으로 음절을 이룰 경우 대체된 y 뒤에 i를 붙여줍니다.

i 이   **yi** 이

in 인   →   **yin** 인

ing 잉   **ying** 잉

운모 u도 마찬가지로 단독으로 음절을 이룰 경우 대체된 w뒤에 u를 붙여줍니다.

u 우   →   **wu** 우

운모 ü가 단독으로 음절을 이룰 경우, ü는 yu로 바꿔 표기한다는 사실을 배웠죠.
하지만 ü위의 두 점은 생략된다면 u우 발음과 헷갈릴 수 있겠죠.
j,q,x,y와 결합한 u는 우 가 아닌 위 발음이라는 사실을 항상 기억하세요!

마지막 점검!

ju   **qu**   **xu**   **yu**
쥐   취   쉬   위

★ 주의가 필요한 다음 발음을 다시 한번 살펴볼까요?
우선, 앞에 성모가 오면 중간 운모가 생략되는 발음들입니다.

발음이 생략되는 운모

iou 이오우
주의! 운모 iou 앞에 성모가 오면 o는 생략되어 iu로 씁니다.
예) d + iou → diu

1. 리우 **liù** 육
2. 디우 **diū** 잃어버리다
3. 치우 **qiū** 가을

uei 우에이
주의! 운모 uei 앞에 성모가 오면 e는 생략되어 ui로 씁니다.
예) t + uei → tui

1. 뚜이 **duì** 맞다
2. 투이 **tuǐ** 다리
3. 쑤이 **suì** _세, _살

uen 우언
주의! 운모 uen 앞에 성모가 오면 e는 생략되어 un로 씁니다.
예) s + uen → sun

1. 쿤 **kùn** 피곤하다
2. 췬 **qún** 무리
3. 쑨 **sūn** 손자

위 운모들은 성모 없이 단독으로 쓰일 때만 중간 운모가 생략되지 않고 그대로 씁니다.
단, 앞서 배운 법칙대로 i는 y로, u는 w로 바꿔서 표기해야겠죠.

 다음 운모들이 성모 없이 단독으로 쓰일 경우, 올바른 표기법을 적어보세요.

¹ **iou** → ☐   ² **uei** → ☐   ³ **uen** → ☐

정답입니다!
❶ you 여우   ❷ wei 웨이   ❸ wen 원

발음이 변하는 **운모**

다음은 결합할 때 발음이 변하는 운모들입니다.
운모 e 본래 발음은 으어 이지만 다음과 같이 i나 ü와 결합하는 경우 에로 발음됩니다.

주의! 운모 e는 원래 으어로 발음되지만 i와 결합하면 에로 발음됩니다.

| 베이 bĕi 북쪽 | 게이 gĕi 주다 | 메이 mĕi 아름답다 |

주의! 운모 e는 원래 으어로 발음되지만 i와 결합하면 에로 발음됩니다.

| 티에 tiē 붙이다 | 찌에 jiè 빌려주다 | 치에 qiē 썰다 |

주의! 운모 e는 원래 으어로 발음되지만 ü 뒤에서는 에로 발음됩니다.

| 쉬에 xué 배우다 | 쥐에 jué 결코 | 위에 yuè 달 |

주목! 운모 üe는 단독으로 오거나, 성모 j, q, x와만 결합 가능합니다. ü 위 두 점은 생략되고 ue로 표기됩니다.

마찬가지로 운모 an의 본래 발음은 안 이지만, 다음과 같이 i나 ü와 결합하는 경우 엔 으로 발음됩니다.

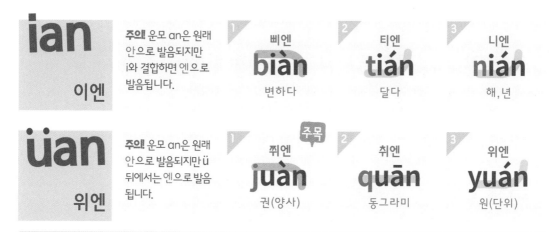

주의! 운모 an은 원래 안으로 발음되지만 i와 결합하면 엔으로 발음됩니다.

| 삐엔 biàn 변하다 | 티엔 tián 달다 | 니엔 nián 해, 년 |

주의! 운모 an은 원래 안으로 발음되지만 ü 뒤에서는 엔으로 발음됩니다.

| 쥐엔 juàn 권(양사) | 취엔 quān 동그라미 | 위엔 yuán 원(단위) |

주목! 운모 üan은 단독으로 오거나, 성모 j, q, x와만 결합 가능합니다. ü 위 두 점은 생략되고 uan으로 표기됩니다.

따라 말하기

zhá jiàng miàn 쟈 찌앙 미엔 짜장면	**mǎ kǎ lóng** 마 카 을롱 마카롱	**máng guǒ** 망 구어 망고	**qiǎo kè lì** 챠오 커 을리 초콜릿
kā fēi 카 페이 커피	**bǐ sà** 비 싸 피자	**dòu fu** 떠우 푸 두부	**mán tou** 만 터우 만두
shā lā 쌰 을라 샐러드	**píng** 핑 병	**shān** 쌴 산	**tài yáng** 타이 양 태양
shā fā 쌰 파 소파	**chá** 챠 (마시는) 차	**màn huà** 만 화 만화	**yùn dòng** 윈 똥 운동
yǔ sǎn 위 산 우산	**tóng huà** 통 화 동화	**tú shū guǎn** 투 쑤 관 도서관	**mào zi** 마오 즈 모자
shào nián 쌰오 니엔 소년	**gōng zhǔ** 꽁 쥬 공주	**wáng zǐ** 왕 즈 왕자	**mǎ** 마 말

练习01 읽기	shā fā	yǔ sǎn	shào nián	wáng zǐ
kā fēi	shā lā	shān	zhá jiàng miàn	tú shū guǎn
mǎ kǎ lóng	bǐ sà	màn huà	mǎ	máng guǒ
dòu fu	mào zi	qiǎo kè lì	yùn dòng	gōng zhǔ
tóng huà	mán tou	píng	chá	tài yáng

练习02 쓰기	두부	짜장면	왕자	커피
도서관	망고	차	태양	샐러드
운동	피자	말	마카롱	소년
동화	만화	초콜릿	만두	모자
우산	병	산	소파	공주

따라 말하기

chéng gōng 청꽁 성공	**xìn yòng kǎ** 씬용카 신용카드	**Zhōng guó** 쭝구어 중국	**hàn zì** 한쯔 한자
wán jù 완쮜 완구	**xiǎng xiàng** 시앙씨앙 상상	**yuán yīn** 위엔인 원인	**gǎn dòng** 간뚱 감동
nóng cūn 농춘 농촌	**mén** 먼 문	**biàn huà** 삐엔화 변화	**fū fù** 푸푸 부부
shān lín 쌴을린 산림	**zhòng yào** 쭝야오 중요	**guǎng gào** 구앙까오 광고	**xìn hào** 씬하오 신호
pǔ tōng 푸퉁 보통	**wán quán** 완취엔 완전	**quán bù** 취엔뿌 전부	**jī běn** 찌번 기본
wén huà 원화 문화	**huà jiā** 화찌아 화가	**shì mín** 쓰민 시민	**zì xìn** 쯔씬 자신

shān lín	pǔ tōng	wén huà	shì mín
wán jù	nóng cūn	biàn huà	chéng gōng	quán bù
xìn yòng kǎ	xiǎng xiàng	guǎng gào	zì xìn	Zhōng guó
yuán yīn	jī běn	hàn zì	xìn hào	huà jiā
wán quán	gǎn dòng	mén	zhòng yào	fū fù

원인	성공	시민	완구
전부	중국	중요	부부	농촌
신호	상상	자신	신용카드	문화
완전	광고	한자	감동	기본
보통	문	변화	산림	화가

따라 말하기

liào lǐ 을랴오 을리 요리	**zì yóu** 쯔 여우 자유	**zhǔn bèi** 준「 뻬이 준비	**cōng míng** 총 밍 총명
chōng fèn 총「 펀「 충분	**xiāng qì** 씨앙 치 향기	**xī wàng** 씨 왕 희망	**yǒu yòng** 여우 용 유용
zhèng cháng 쩡「 창「 정상	**gōng yòng** 꽁 용 공용	**gōng chǎng** 꽁 창「 공장	**lǐ yóu** 을리 여우 이유
yǒu míng 여우 밍 유명	**gōng yuán** 꽁 위엔 공원	**guān xīn** 꽌 씬 관심	**guǎng chǎng** 구앙 창「 광장
dào lù 따오 을루 도로	**tóng yì** 통 이 동의	**fāng xiàng** 팡「 씨앙 방향	**xiū lǐ** 씨우 을리 수리
yǒng gǎn 용 간 용감	**zhǔ yào** 쥬「 야오 주요	**jí zhōng** 지 쭝「 집중	**chā yì** 챠「 이 차이

练习01 읽기	yǒu míng	dào lù	yǒng gǎn	jí zhōng
chōng fèn	zhèng cháng	gōng chǎng	liào lǐ	fāng xiàng
zì yóu	xiāng qì	guān xīn	chā yì	zhǔn bèi
xī wàng	xiū lǐ	cōng míng	guǎng chǎng	zhǔ yào
tóng yì	yǒu yòng	gōng yòng	gōng yuán	lǐ yóu

练习02 쓰기	희망	요리	집중	충분
방향	준비	공원	이유	정상
광장	향기	차이	자유	용감
동의	관심	총명	유용	수리
도로	공용	공장	유명	주요

따라 말하기

pàn duàn 판 뚜안 판단	**jí tā** 지 타 기타	**fáng dàn** 팡 딴 방탄	**yōu mò** 여우 모어 유머
gōng píng 꽁 핑 공평	**guǎn lǐ** 관 을리 관리	**guān zhòng** 꽌 쫑 관중	**jǐn zhāng** 진 쨍 긴장
shàn liáng 싼 을리앙 선량	**shèng lì** 셩 을리 승리	**jiāo liú** 쨔오 을리우 교류	**nóng chǎng** 농 창 농장
bǎo guǎn 바오 관 보관	**chéng zhǎng** 청 쟝 성장	**xīn lǐ** 씬 을리 심리	**yì bān** 이 빤 일반
zhèng fǔ 쩡 푸 정부	**zhù yì** 쮸 이 주의	**zhōng xīn** 쫑 씬 중심	**pián yi** 피엔 이 편의
piào 퍄오 표	**huán jìng** 환 찡 환경	**xīn zàng** 씬 짱 심장	**píng děng** 핑 덩 평등

bǎo guǎn	zhèng fǔ	piào	xīn zàng
gōng píng	shàn liáng	jiāo liú	pàn duàn	zhōng xīn
jí tā	guǎn lǐ	xīn lǐ	píng děng	fáng dàn
guān zhòng	pián yi	yōu mò	yì bān	huán jìng
zhù yì	jǐn zhāng	shèng lì	chéng zhǎng	nóng chǎng

관중	판단	심장	공평
중심	방탄	성장	농장	선량
일반	관리	평등	기타	표
주의	심리	유머	긴장	편의
정부	승리	교류	보관	환경

001 고맙습니다.

Xiè xie.
谢谢.
고맙습니다.

---

002 천만에요.

Bú yòng	xiè.		Bú kè qi.
不用	**谢.**	=	**不客气**
필요 없다	감사하다.		천만에요.

---

003 미안해요.

Duì bu qǐ.
对不起.
미안합니다.

---

004 제 잘못이에요.

Shì	wǒ	de	cuò.
是	**我**	**的**	**错.**
이다	나	~의	잘못.

---

005 날 용서해 줘.

Yuán liàng	wǒ.
原谅	**我.**
용서하다	나.

---

006 괜찮아요.

Méi guān xi.
没关系.
괜찮다.

---

007 저기요, 실례합니다.

Dǎ rǎo	yí xià.
打扰	**一下.**
방해하다	좀 ~하다.

---

008 메뉴판 주세요.

Qǐng		gěi	wǒ	cài dān.
请		**给**	**我**	**菜单.**
부탁하다 존칭		주다	나	메뉴.

---

009 부탁합니다.

Bài tuō	nǐ.
拜托	**你.**
부탁해	너.

010 이게 뭐예요?

Qǐng	wèn	zhè	shì	shén me?
请	问	这	是	什么?
부탁하다 (존칭)	묻다	이것	이다	무엇?

011 이걸로 주세요.

Qǐng	gěi	wǒ	zhè ge.
请	给	我	这个.
부탁하다 (존칭)	주다	나	이것.

012 맞아요.

Shì.	Duì.
是.	对.
네.	맞다.

1+1=

013 제가 주문한 게 아니에요.

Zhè	bú shì	wǒ	diǎn	de.
这	不是	我	点	的.
이것	아니다	나	주문하다	~한 것.

014 (아싸!) 너무 좋아!

Ye.
耶.
예.

015 우와.

Wa.
哇.
와.

016 안녕하세요. (일반/존칭)

Nǐ	hǎo.	Nín	hǎo.
你	好.	您	好.
너	좋다.	당신 (존칭)	좋다.

017 안녕하세요. (아침/저녁)

Zǎo shang	hǎo.	Wǎn shang	hǎo.
早上	好.	晚上	好.
아침	좋다.	저녁	좋다.

018 어떻게 지내요?

Nǐ	guò	de	zěn me yàng?
你	过	得	怎么样?
너	지내다	~하는 게	어떻다?

019 저는 잘 지내요.

Wǒ	hěn	hǎo.
我	很	好.
나	매우	좋다.

020 너는 어때?

Nǐ	zěn me yàng?
你	怎么样?
너	어떻다?

021 오랜만이야.

Hǎo jiǔ	bú	jiàn.
好久	不	见.
오래다	부정	보다.

022 만나서 반갑습니다.

Rèn shi	nǐ	hěn	gāo xìng.
认识	你	很	高兴.
알다	너	매우	기쁘다.

023 성함이 어떻게 되세요?

Qǐng	wèn,	nín	guì xìng?
请	问,	您	贵姓?
부탁하다 존칭	묻다,	당신 존칭	성씨 존칭?

024 저는 미나입니다.

Wǒ	jiào	미나.
我	叫	미나.
나	부르다	미나.

025 저는 스무 살이에요.

Wǒ	jīn nián	èr shí	suì.
我	今年	20	岁.
나	올해	20	살.

026 어디서 오셨어요?

Qǐng	wèn	nǐ	lái zì	nǎ lǐ?
请	问	你	来自	哪里?
부탁하다 존칭	묻다	너	~에서	어디

027 한국에서 왔어요.

Wǒ	lái zì	Hán guó.
我	来自	韩国.
나	~에서 오다	한국.

028 당신과 이야기 좀 하고 싶어요.

Wǒ	xiǎng	hé	nǐ	tán tán.
我	想	和	你	谈谈.
나	하고 싶다	~와	너	이야기하다.

029 친구가 되자.

Wǒ men zuò péng yǒu ba.
我们 做 朋友 吧.
우리 하다 친구 (권유).

030 전화번호 좀 알려 주세요.

Qǐng gào sù wǒ nǐ de diàn huà hào mǎ.
请 告诉 我 你 的 电话 号码.
부탁하다 (존칭) 알려주다 나 너 ~의 전화 번호.

031 문자 해.

Gěi wǒ fā duǎn xìn.
给 我 发 短信.
주다 나 보내다 문자.

032 연락하면서 지내자!

Bǎo chí lián luò!
保持 联络!
유지하다 연락하다!

033 정말?

Zhēn de ma?
真 的 吗?
진실이다 (강조) (의문)?

034 물론이죠.

Dāng rán le.
当然 了.
물론이다 (감탄).

035 좋은 생각이에요.

Nà shì yí gè hǎo zhǔ yì.
那 是 一 个 好 主意.
그것 이다 하나 개 좋다 생각.

036 알겠어요.
그럴게요.

Hǎo.
好.
좋다.

037 나는 그렇게 생각 안 해요.
(아닐걸)

Bú shì ba.
不是 吧.
아니다 (추측).

038 내게 생각이 있어요.

Wǒ yǒu gè xiǎng fǎ.
我 有 个 想法.
나 있다 개 생각.

039 실망했어요.

Wǒ | shī wàng | le.
我 | 失望 | 了.
나 | 실망하다 | 변화 .

040 매우 좋아.

Zhēn | bàng.
真 | 棒.
정말 | 대단하다.

041 저도 그래요.

Wǒ | yě | shì.
我 | 也 | 是.
나 | 도 | 그렇다.

042 재미있다!

Zhè | hěn | yǒu yì si!
这 | 很 | 有意思!
이것 | 매우 | 재미있다!

043 당신은 정말 재미있어요.

Nǐ | zhēn | yǒu qù.
你 | 真 | 有趣.
너 | 정말 | 재미있다.

044 당신 정말 친절하시군요!

Nǐ | zhēn | qīn qiè!
你 | 真 | 亲切!
너 | 정말 | 친절하다!

045 좋은 하루 보내시길.

Zhù | nǐ | yì tiān | yú kuài.
祝 | 你 | 一天 | 愉快.
기원하다 | 너 | 하루 | 즐겁다.

046 잘 가!

Màn zǒu! | Zài jiàn!
慢走! | 再见!
천천히 가다! | 또 보다!

047 잘 자.

Wǎn ān.
晚安.
잘 자.

048 너도.
Nǐ yě shì.
你 也 是.
너 역시 ~이다.

049 다음에 만나요.
Xià cì jiàn.
下次 见.
다음에 만나다.

050 곧 만나요.
Yī huì'er jiàn.
一会儿 见.
곧 만나다.

051 몸 건강해.
(헤어질 때 인사말)
Bǎo zhòng shēn tǐ.
保重 身体.
몸조심하다 건강.

052 행운을 빌어요!
Zhù nǐ hǎo yùn!
祝 你 好运!
기원하다 너 행운!

053 기운 내요!
힘을 내!
Jiā yóu!
加 油!
더하다 기름!

054 서둘러!
Kuài diǎn!
快点!
빨리!

055 축하합니다!
Zhù hè nǐ! = Gōng xǐ nǐ!
祝贺 你! = 恭喜 你!
축하하다 너! 축하하다 너!

056 생일 축하해요!
Zhù nǐ shēng rì kuài lè!
祝 你 生日 快乐!
기원하다 너 생일 즐겁다!

057 건배!
Gān bēi!
干 杯!
깨끗이 비우다 잔!

058

치즈~!
(사진 찍을 때)

Qié zi~!
茄子~!
가지~!

059

이런!
아이고!
어머나!

Āi ya!
哎呀!
아이고!

060

누구세요? (눈에 보이지 않을 때)

Qǐng	wèn	nín	shì?
请	问	您	是?
부탁하다 존칭	묻다	당신 존칭	~이다?

061

누구세요?

Nǐ	shì	shuí?
你	是	谁?
너	이다	누구?

062

네? (전화 받을 때)
여보세요?

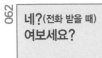

Wéi?
喂?
여보세요?

063

듣고 있어.

Wǒ	zài	tīng	zhe.
我	在	听	着.
나	있다	듣다	~한 채로.

064

어디 있었던 거예요?

Nǐ	dào	nǎ ér	qù	le?
你	到	哪儿	去	了?
너	도착하다	어디	가다	완료?

065

나 여기 있어.

Wǒ	zài	zhè lǐ.
我	在	这里.
나	~에 있다	여기.

066

들어오세요.

Qǐng	jìn.
请	进.
부탁하다 존칭	들어오다.

067

저 돌아왔어요.

Wǒ huí lái le.
我 回来 了.
나 돌아오다 [완료].

068

나 바빠.

Wǒ hěn máng.
我 很 忙.
나 매우 바쁘다.

069

한가해요.

Wǒ hěn xián.
我 很 闲.
나 매우 한가하다.

070

앉으세요.

Qǐng zuò.
请 坐.
부탁하다 [존칭] 앉다.

071

계속하세요.

Qǐng jì xù.
请 继续.
부탁하다 [존칭] 계속하다.

072

잠시 들어봐.

Tīng yí xià.
听 一下.
듣다 좀 ~하다.

073

도와주시겠어요?

Qǐng wèn nǐ kě yǐ bāng wǒ ma?
请 问 你 可以 帮 我 吗?
부탁하다 [존칭] 묻다 너 할 수 있다 돕다 나 [의문]?

074

질문이 있어요.

Wǒ yǒu gè tí wèn.
我 有 个 提问.
나 있다 한 개 질문.

075

내가 해 봐도
돼요?

Wǒ kě yǐ shì shì ma?
我 可以 试试 吗?
나 할 수 있다 해 보다 [의문]?

076

시도해 볼게요.

Wǒ huì shì shi kàn.
我 会 试试 看.
나 할 것이다 시도하다 보다.

053

077 저거 봐!

Kàn	nà ge!
看	**那个!**
보다	그것!

078 마음에 들어요.

Wǒ	hěn	mǎn yì.
我	**很**	**满意.**
나	매우	만족하다.

079 그냥 그래.

Hái	xíng.
还	**行.**
그럭저럭	괜찮다.

080 그게 전부예요?

Jiù	zhè xiē	ma?
就	**这些**	**吗?**
바로	이런 것들	의문?

081 그게 다예요.

Jiù	zhè xiē	le.
就	**这些**	**了.**
바로	이런 것들	완료.

082 그거면 충분해요.

Zú gòu	le.
足够	**了.**
충분하다	변화.

083 좀 깎아 주세요.

Néng	pián yi	yì diǎn	ma?
能	**便宜**	**一点**	**吗?**
할 수 있다	싸다	조금	의문?

084 너무 작아요.

Tài	xiǎo	le.
太	**小**	**了.**
너무	작다	변화.

085 그렇지 않아요.

Nà	yě	bú shì.
那	**也**	**不是.**
그것	또한	아니다.

086 너무 비싸요.

Tài guì le.
太 贵 了.
너무 | 비싸다 | 감탄.

087 매우 싸요.

Tài pián yi le.
太 便宜 了.
너무 | 싸다 | 감탄.

088 생각해 볼게.

Ràng wǒ xiǎng xiǎng.
让 我 想想.
하게 하다 | 나 | 생각해 보다.

089 괜찮아요.
(거절)

Méi shì. = Bú yòng.
没事. = 不用.
괜찮다. | 필요 없다.

090 잠시만요.

Shāo děng yí xià.
稍 等 一下.
잠시 | 기다리다 | 좀 ~하다.

091 왜 안 돼요?

Wèi shén me bù kě yǐ?
为什么 不 可以?
왜 | 부정 | ~해도 좋다?

092 어디에 있나요?

Qǐng wèn nà ge zài nǎ lǐ?
请 问 那个 在 哪里?
부탁하다 존칭 | 묻다 | 그것 | ~에 있다 | 어디?

093 언제인데?

Qǐng wèn nà shì shén me shí hòu?
请 问 那 是 什么时候?
부탁하다 존칭 | 묻다 | 그것 | 이다 | 언제?

094 얼마나 걸립니까?

Xū yào duō cháng shí jiān?
需要 多 长 时间?
필요하다 | 얼마나 | 길다 | 시간?

095 기다릴 수 있어요.

Wǒ kě yǐ děng.
我 可以 等.
나 | 할 수 있다 | 기다리다.

096

너무 기대돼요.

Wǒ	hěn	qī dài.
我	很	期待.
나	매우	기대하다.

097

그게 최고의
방법이에요.

Zhè	shì	zuì	hǎo	de	fāng fǎ.
这	是	最	好	的	方法.
이것	이다	제일	좋다	~한	방법.

098

당신을 위한 거예요.

Zhè	shì	wéi	nǐ	zhǔn bèi	de.
这	是	为	你	准备	的.
이것	이다	위하여	너	준비하다	것.

099

그렇게 할게.

Wǒ	huì	zuò	de.
我	会	做	的.
나	할 것이다	하다	강조 .

100

주문할게요.

Wǒ	yào	diǎn	cān.
我	要	点	餐.
나	원하다	주문하다	음식.

101

추천해줄 만하신 게
있나요?

Yǒu	shén me	tuī jiàn	de	ma?
有	什么	推荐	的	吗?
있다	무엇	추천하다	~한 것	의문 ?

102

한번 볼까요…

Ràng	wǒ	kàn kan…
让	我	看看…
하게 하다	나	봐보다…

103

뭐든지 좋아요.

Shén me	dōu	xíng.
什么	都	行.
무엇	도	좋다.

104

상관없어요.

Zhè	bú	zhòng yào.
这	不	重要.
이것	부정	중요하다.

105 필요해요.

Wǒ xū yào tā.
我 需要 它.
나 필요하다 그것.

106 배고파요.

Wǒ è le.
我 饿 了.
나 배고프다 [변화].

107 나는 배고프지 않아.

Wǒ bú è.
我 不 饿.
나 [부정] 배고프다.

108 배불러요.

Wǒ bǎo le.
我 饱 了.
나 배부르다 [변화].

109 목말라요.

Wǒ kě le.
我 渴 了.
나 목이 마르다 [변화].

110 최대한 빨리.

Jìn kuài.
尽 快.
되도록 ~하다 빠르다.

111 서둘러서.

Gǎn jǐn.
赶 紧.
재촉하다 긴박하다.

112 준비됐어요?

Nǐ zhǔn bèi hǎo le ma?
你 准备 好 了 吗?
너 준비하다 다(완성의 의미) [완료] [의문]?

113 준비됐어요.

Wǒ zhǔn bèi hǎo le.
我 准备 好了.
나 준비하다 됐다.

114 아직이에요.

Hái méi yǒu.
还 没有.
아직 없다.

057

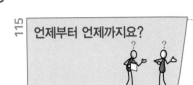

가장 자주 사용되는
중국어 필수 표현

115-133

---

115 언제부터 언제까지요?

Cóng	shén me shí hòu	dào	shén me shí hòu?
从	什么时候	到	什么时候?
~부터	언제	~까지	언제?

---

116 맛 좋아?

Hào chī	ma?
好吃	吗?
맛있다	[의문]?

---

117 음식은 어때요?

Zhè gè	cài	zěn me yàng?
这个	菜	怎么样?
이것	요리	어떻다?

---

118 어떤 거?

Nǎ ge?
哪个?
어느 것?

---

119 얼마큼?
몇 개?

Jǐ	gè?
几	个?
몇	개?

---

120 몇 정거장이나 떨어져 있나요?

Lí	zhè lǐ	hái	yǒu	jǐ	zhàn?
离	这里	还	有	几	站?
…에서	여기	아직	있다	몇	정거장?

---

121 얼마나 자주?

Duō jiǔ	yī	cì?
多久	一	次?
얼마나 오래	하나	번?

---

122 얼마나 빨리?
얼마 동안?

Duō	kuài?
多	快?
얼마나	빨리?

---

123 화장실이 어디예요?

Xǐ shǒu jiān	zài	nǎ lǐ?
洗手间	在	哪里?
화장실	~에 있다	어디?

124 더 주세요.

Zài | lái | yì diǎn.
再 | 来 | 一点.
다시 | 오다 | 조금.

125 충분해.

Gòu | le.
够 | 了.
충분하다 | 변화 .

126 그건 너무 많아요.

Zhè | tài | duō | le.
这 | 太 | 多 | 了.
이것 | 너무 | 많다 | 변화 .

127 맛있다.

Hǎo chī.
好吃.
맛있다.

128 완벽해.

Wán měi.
完美.
완전하다.

129 나쁘지 않아.

Bú | cuò.
不 | 错.
부정 | 틀리다.

130 제대로 골랐네.

Xuǎn | de | hǎo!
选 | 得 | 好!
고르다 | ~한 | 좋다!

131 잘했어.

Zuò | de | hǎo.
做 | 得 | 好.
하다 | ~하는 게 | 좋다.

132 문제없어요.

Méi | wèn tí.
没 | 问题.
없다 | 문제.

133 깜짝 놀랐어.

Wǒ | hěn | jīng yà | le.
我 | 很 | 惊讶 | 了.
나 | 매우 | 놀랍다 | 변화 .

134 | 너무 짜요.

Tài | xián | le.
太 | 咸 | 了.
너무 | 짜다 | 변화.

135 | 너무 매워요.
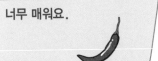

Tài | là | le.
太 | 辣 | 了.
너무 | 맵다 | 변화.

136 | 너무 달아요.

Tài | tián | le.
太 | 甜 | 了.
너무 | 달다 | 변화.

137 | 너무 더워요.

Tài | rè | le.
太 | 热 | 了.
너무 | 덥다 | 변화.

138 | 너무 추워요.

Tài | lěng | le.
太 | 冷 | 了.
너무 | 춥다 | 변화.

139 | 계산서 주세요.

Jié zhàng.
结账.
계산하다.

140 | 내가 계산할게.

Wǒ | qǐng kè.
我 | 请客.
나 | 한턱내다.

141 | 할 수 있어?

Nǐ | kě yǐ | ma?
你 | 可以 | 吗?
너 | 할 수 있다 | 의문?

142 | 나는 할 수 있어요!

Wǒ | kě yǐ | de!
我 | 可以 | 的!
나 | 할 수 있다 | 확신!

143	지금.		Xiàn zài. **现在.** 현재.			
144	언제든지.		Rèn hé **任何** 어떠한	shí hou. **时候.** 시간.		
145	곧 (금세).		Mǎ shàng. **马上.** 곧.			
146	아, 안 돼…		A~ **啊~** 아~	bù xíng… **不行…** 안 된다…		
147	다음번.		Xià cì. **下次.** 다음번.			
148	한 번 더.		Zài **再** 다시	lái **来** 하다	yí **一** 한	cì. **次.** 차례.
149	해라.		Zuò **做** 하다	ba. **吧.** 명령.		
150	괜찮아요?		Nǐ **你** 너	méi shì **没事** 괜찮다	ma? **吗?** 의문?	
151	바쁘세요?		Nǐ **你** 너	máng **忙** 바쁘다	ma? **吗?** 의문?	
152	도와주세요!		Qǐng **请** 부탁하다 존칭		bāng **帮** 돕다	wǒ! **我!** 나!

153

누구?

Shuí?
谁?
누구?

154

어디예요?

Nǐ｜zài｜nǎ lǐ?
你｜在｜哪里?
너｜~에 있다｜어디?

155

어떻게?

Zěn me?
怎么?
어떻게?

156

왜?

Wèi shén me?
为什么?
왜?

157

어때?

Zěn me yàng?
怎么样?
어떻다?

158

그래서?

Suǒ yǐ｜ne?
所以｜呢?
그래서｜의문?

159

무슨 일이 벌어진 거야?

Zěn me le?
怎么了?
무슨 일이야?

160

무슨 문제 있어요?

Yǒu｜wèn tí｜ma?
有｜问题｜吗?
있다｜문제｜의문?

161

나는 몰라요.

Wǒ｜bù｜zhī dào.
我｜不｜知道.
나｜부정｜알다.

162 다시 말씀해 주실래요?

Kě yǐ / zài / shuō / yī / biàn / ma?
可以 / 再 / 说 / 一 / 遍 / 吗?
할 수 있다 / 다시 / 말하다 / 하나 / 차례 / 의문?

163 저를 거기로 데려다줄 수 있어요?

Kě yǐ / zài / wǒ / qù / nà lǐ / ma?
可以 / 载 / 我 / 去 / 那里 / 吗?
할 수 있다 / 싣다 / 나 / 가다 / 거기 / 의문?

164 당신에게 달렸어요.

Yóu / nǐ / jué dìng.
由 / 你 / 决定.
~따르다 / 너 / 결정하다.

165 큰일 났다.

Wǒ / yǒu / má fan / le.
我 / 有 / 麻烦 / 了.
나 / 있다 / 골칫거리 / 완료.

166 걱정하지 마.

Bú yào / dān xīn.
不要 / 担心.
하지 마라 / 걱정하다.

167 신경 쓰지 마세요. 별거 아니야.

Bú yào / zài hū.
不要 / 在乎.
하지 마라 / 신경 쓰다.

168 환불하고 싶어요.

Wǒ / yào / tuì kuǎn.
我 / 要 / 退款.
나 / 원하다 / 환급하다.

169 모든 것이 정상이에요.

Yí qiè / zhèng cháng.
一切 / 正常.
모두 / 정상.

170 말이 안 되잖아.

Zhè / tài / bú / xiàng / huà / le.
这 / 太 / 不 / 像 / 话 / 了.
이것 / 너무 / 부정 / ~같다 / 말 / 확신.

171 잃어버렸어요.

Wǒ / nòng diū / le.
我 / 弄丢 / 了.
나 / 잃어버리다 / 완료.

172 시간 없어요.

Wǒ	méi	shí jiān.
我	没	时间.
나	없다	시간.

173 가야겠어요.

Wǒ	gāi	zǒu	le.
我	该	走	了.
나	해야 하다	가다	확신 .

174 가고 싶어.

Wǒ	xiǎng	zǒu	le.
我	想	走	了.
나	하고 싶다	가다	확신 .

175 가자!

Zǒu	ba!
走	吧!
가다	권유 !

176 걸어가면 돼요.

Zǒu	zhe	qù	jiù	xíng.
走	着	去	就	行.
걷다	~한 채로	가다	~하면	된다.

177 곧 돌아올게요.

Wǒ	mǎ shàng	huí lái.
我	马上	回来.
나	금방	되돌아오다.

178 늦었어요.

Wǒ	lái	wǎn	le.
我	来	晚	了.
나	오다	늦다	완료 .

179 진심이에요.

Wǒ	shì	zhēn xīn	de.
我	是	真心	的.
나	이다	진심이다	강조 .

180 감동했어요.

Wǒ	gǎn dòng.	le.
我	感动.	了.
나	감동하다.	변화 .

181 동감이에요.

Wǒ tóng yì.
我 同意.
나 동의하다.

182 네가 그리워.

Wǒ xiǎng nǐ.
我 想 你.
나 보고 싶다 너.

183 사랑해.

Wǒ ài nǐ.
我 爱 你.
나 사랑하다 너.

184 네가 옳아.

Nǐ shuō de duì.
你 说 得 对.
너 말하다 ~하는 게 맞다.

185 네가 틀렸어.

Nǐ cuò le.
你 错 了.
너 틀리다 [확신].

186 지겨워요.

Wǒ hěn wú liáo.
我 很 无聊.
나 매우 심심하다.

187 아파요.

Wǒ bìng le.
我 病 了.
나 아프다 [변화].

188 무서워.

Wǒ hài pà.
我 害怕.
나 무섭다.

189 피곤해요.

Wǒ hěn lèi.
我 很 累.
나 매우 힘들다.

190 그거 재미있네.

Nà ge zhēn dòu.
那个 真 逗.
그거 정말 웃긴다.

191 이건 간단해요.

Zhè	hěn	jiǎn dān.
这	很	简单.
이것	매우	간단하다.

192 이건 어려워요.

Zhè	hěn	nán.
这	很	难.
이것	매우	어렵다.

193 이건 중요해요.

Zhè	hěn	zhòng yào.
这	很	重要.
이것	매우	중요하다.

194 이건 유용해요.

Zhè	hěn	yǒu yòng.
这	很	有用.
이것	매우	유용하다.

195 대단했어요.

Zhè	hěn	bàng.
这	很	棒.
이것	매우	대단하다.

196 좋았어요.

Zhè	hěn	hǎo.
这	很	好.
이것	매우	좋다.

197 그만해.

Zhù	shǒu!
住	手!
멈추다	손!

198 조심해.

Xiǎo xīn.
小心.
조심해.

199 화가 납니다.

Wǒ	hěn	shēng qì.
我	很	生气.
나	매우	화나다.

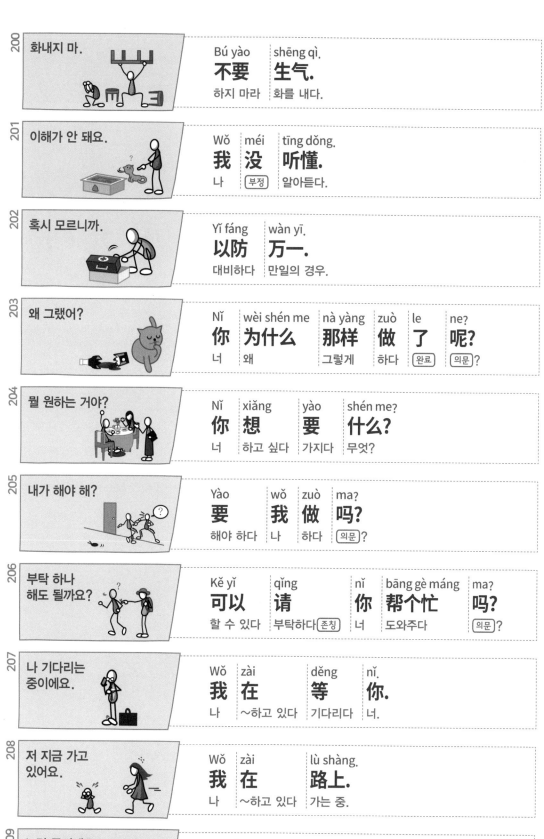

200 화내지 마.

Bú yào sheng qì.
不要 生气.
하지 마라 화를 내다.

201 이해가 안 돼요.

Wǒ méi tīng dǒng.
我 没 听懂.
나 [부정] 알아듣다.

202 혹시 모르니까.

Yǐ fáng wàn yī.
以防 万一.
대비하다 만일의 경우.

203 왜 그랬어?

Nǐ wèi shén me nà yàng zuò le ne?
你 为什么 那样 做 了 呢?
너 왜 그렇게 하다 [완료] [의문]?

204 뭘 원하는 거야?

Nǐ xiǎng yào shén me?
你 想 要 什么?
너 하고 싶다 가지다 무엇?

205 내가 해야 해?

Yào wǒ zuò ma?
要 我 做 吗?
해야 하다 나 하다 [의문]?

206 부탁 하나 해도 될까요?

Kě yǐ qǐng nǐ bāng gè máng ma?
可以 请 你 帮个忙 吗?
할 수 있다 부탁하다[존칭] 너 도와주다 [의문]?

207 나 기다리는 중이에요.

Wǒ zài děng nǐ.
我 在 等 你.
나 ~하고 있다 기다리다 너.

208 저 지금 가고 있어요.

Wǒ zài lù shàng.
我 在 路上.
나 ~하고 있다 가는 중.

209 노력 중이에요.

Wǒ zài nǔ lì.
我 在 努力.
나 ~하고 있다 노력하다.

한자를 쓰는 법
숫자로 배우는 한자

보통 숫자를 읽을 땐 '일, 이, 삼...'으로 읽습니다. 이와 같은 기본적인 숫자를 기수라 말합니다.

yī	èr	sān	sì	wǔ	liù	qī	bā	jiǔ	shí
一	二	三	四	五	六	七	八	九	十
1	2	3	4	5	6	7	8	9	10

TIP 기수 2, 二와 两의 차이는?   암기하지 마세요. 자연스레 알게 된답니다!

중국어에서 기수 2는 때에 따라 二èr을 쓰기도 하고 两liǎng을 쓰기도 합니다. 의미는 같지만 쓰임법이 다르죠.
기본적으로 숫자만 쓸 때는 二èr을 쓰지만, '하나, 둘, 셋'처럼 개수를 셀 때는 二èr이 아닌 两liǎng을 써야 합니다.
따라서 단위를 나타내는 양사가 뒤에 따라붙게 됩니다. 다만 숫자가 두 자리 이상일 경우 二èr을 써야 합니다.

两个 liǎng ge   两天 liǎng tiān   两个月 liǎng ge yuè   二十岁 èr shí suì
두 개   이틀   두 달   스무살

그렇다면 순서를 나타내는 '첫 번째, 두 번째, 세 번째...'는 어떻게 말할까요?
순서를 나타내는 서수는 기수와 크게 다르지 않습니다.
처음 배웠던 기수들 앞에 '제'를 뜻하는 第dì를 추가하기만 하면 됩니다. 이렇게 말이죠.

dì + yī
第 + 一
제   1 :첫 번째

dì + èr
第 + 二
제   2 :두 번째

조합된 숫자를 읽는 방법도 간단합니다. 우리말과 같기 때문이죠.
숫자 '11'을 읽을 때 우리말로 '십+일'이라 말하듯이,
중국어 또한 '십'에 해당하는 十shí와 '일'에 해당하는 一yī를 붙여 十一shíyī 라고 합니다.

11 = 십 일 = 十 一

2023 년 5 월

èr líng èr sān nián **wǔ yuè**
二零二三 年 五 月

일요일 星期日 xīngqīrì	월요일 星期一 xīngqīyī	화요일 星期二 xīngqīèr	수요일 星期三 xīngqīsān	목요일 星期四 xīngqīsì	금요일 星期五 xīngqīwǔ	토요일 星期六 xīngqīliù
1 一号 yī hào	2 二号 èr hào	3 三号 sān hào	4 四号 sì hào	5 五号 wǔ hào	6 六号 liù hào	7 七号 qī hào
8 八号 bā hào	9 九号 jiǔ hào	10 十号 shí hào	11 十一号 shí yī hào	12 十二号 shí èr hào	13 十三号 shí sān hào	14 十四号 shí sì hào
15 十五号 shí wǔ hào	16 十六号 shí liù hào	17 十七号 shí qī hào	18 十八号 shí bā hào	19 十九号 shí jiǔ hào	20 二十号 èr shí hào	21 二十一号 èr shí yī hào
22 二十二号 èr shí èr hào	23 二十三号 èr shí sān hào	24 二十四号 èr shí sì hào	25 二十五号 èr shí wǔ hào	26 二十六号 èr shí liù hào	27 二十七号 èr shí qī hào	28 二十八号 èr shí bā hào
29 二十九号 èr shí jiǔ hào	30 三十号 sān shí hào	31 三十一号 sān shí yī hào				

주의

1. 중국어에서 요일은 숫자 앞에 '주'를 뜻하는 단어 星期 xīngqī를 붙이면 됩니다.
   다만, 일요일은 우리나라와 같이 '날 일'을 뜻하는 한자 日 rì을 사용합니다.
2. 대신 날짜를 읽을 때는 우리나라와 달리 '이름 호'를 뜻하는 한자 号 hào를 숫자 뒤에 붙여 사용합니다.
3. 우리나라에서는 연도를 읽을 때, '2023'년을 '이천(2000) 이십(20) 삼(3)'이라고 읽습니다.
   반면, 중국에서는 4자리의 숫자를 하나씩 끊어 읽고 마지막에 '년'을 뜻하는 年 nián을 붙여주면 됩니다.

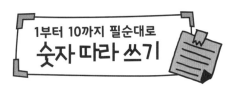

다음 숫자들의 필순을 보고 따라 써보세요.

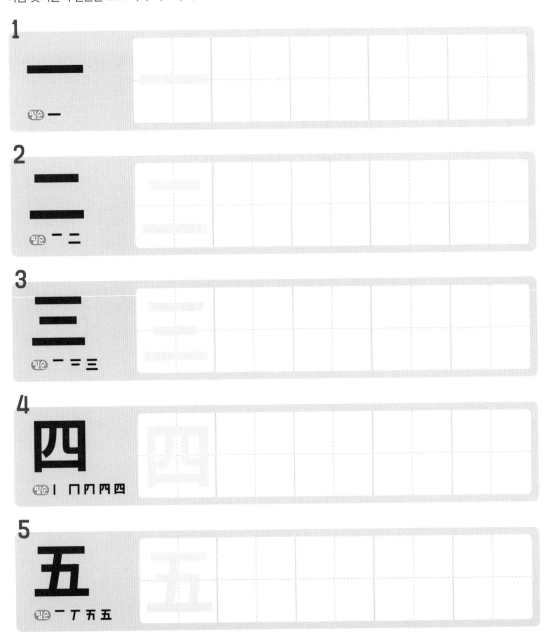

1
一
필순 一

2
二
필순 一 二

3
三
필순 一 二 三

4
四
필순 丨 冂 冈 四 四

5
五
필순 一 丁 五 五

1	2	3	4	5

중국에서는 손가락으로 숫자를 표현한다는 사실, 알고 계셨나요? 1부터 5까지는 우리나라와 똑같은 손동작으로 표현합니다. 손동작으로 숫자를 쉽게 표현해 보아요.

다음 숫자들의 필순을 보고 따라 써보세요.

6

六

필순 ` 一 亠 六

7

七

필순 一 七

8

八

필순 ノ 八

9

九

필순 ノ 九

10

十

필순 一 十

6	7	8	9	10
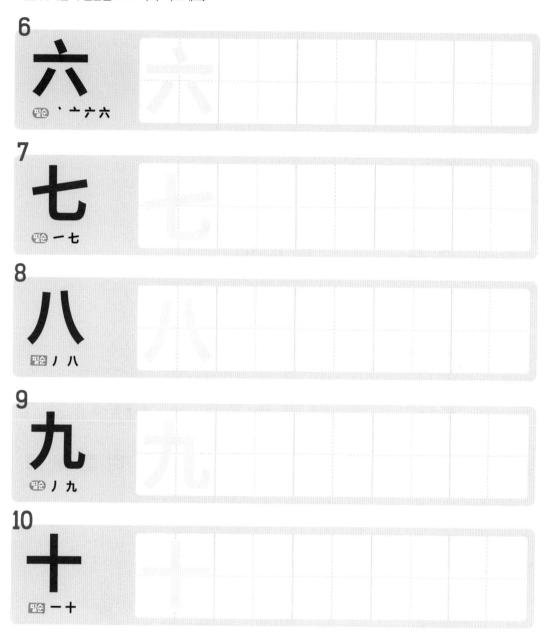				

중국어의 다양한 숫자 표현이 어렵게 느껴진다면 손동작으로 보여주세요. 6부터 10은 처음 보는 손동작들이죠. 시끌벅적한 시장에서 굉장히 유용하답니다.

한자는 어디서부터 써야 하는지, 어떤 획을 가장 마지막에 써야 하는지 그 순서가 규칙적으로 정해져 있습니다.
예외의 경우들도 있지만, 대부분의 한자는 아래의 규칙에 따라 쓴답니다.

방향

위에서 아래로 써요.

왼쪽에서 오른쪽으로 써요.

먼저 써요

가로와 세로가 겹칠 때는
가로획을 먼저 써요.

대칭되는 글자는 가운데 먼저
쓰고 왼쪽 오른쪽의 순서로 써요.

안쪽과 바깥쪽이 있는 글자는
바깥쪽을 먼저 써요.

마지막에 써요

가운데를 꿰뚫는 세로획은
마지막에 써요.

가로지르는 가로획은
마지막에 써요.

오른쪽 위에 찍혀있는 점은
가장 나중에 찍어요.

工	일꾼 장인 공					
필순 ー T 工						
外	바깥쪽 바깥 외					
필순 ' ク タ 列 外						
木	나무 나무 목					
필순 ー 十 才 木						
水	물 물 수					
필순 J 기 水 水						
内	안쪽 안 내					
필순 l 冂 内 内						
牛	소 소 우					
필순 ' 广 二 牛						
母	엄마 어미 모					
필순 ㄴ 므 므 므 母						
代	대신하다 대신 대					
필순 ' イ 仁 代 代						

그림으로 배우는 한자 부수 60

한자는 부수를 결합해서 만든 글자로, 핵심 의미가 들어 있습니다.
그래서, 수많은 한자를 모두 외우지 않아도 부수를 통해 그 의미를 짐작할 수가 있지요.

그림을 통해 가장 많이 사용하는 기초 부수들을 배워 봅시다.
그리고, 예시 단어를 통해 그 부수들이 어떻게 쓰이는지 살펴보겠습니다.

水·氵 물수

흐르는 물을 본뜬 글자로, 강이나 하천의 이름 또는
물과 관련이 있는 사물이나 동작을 나타내요.

水 shuǐ 쉐ㄱ이 물

泉 quán 취엔 샘물

江 jiāng 찌앙 강

海 hǎi 하이 바다

人·亻 사람인

측면에서 본 사람의 모양을 본뜬 글자예요.
대부분 인체, 사람의 품성, 사회 조직, 사회 지위와
관련이 있죠.

人 rén 런 사람

命 mìng 밍 생명

体 tǐ 티 몸(신체)

位 wèi 웨이 곳(지위)

冫 얼음빙

이 부수가 쓰인 단어들은 대부분 얼음이나 추위와
관련이 있어요.

冰 bīng 삥 얼음

冷 lěng 울렁 춥다

辶 갈착

이 부수는 어딘가로 걸어가는 모습과 닮았죠?
다리나 걷는 동작과 관련이 있는 부수예요.

过 guò 꾸어 지나다

道 dào 따오 길/도로

心·忄 마음 심

심장의 모양을 본뜬 글자예요. 정신, 심리, 마음과 관련이 있죠.

心 ^{xīn} 씬 심장/감정
忍 ^{rěn} 런ʳ 참다

情 ^{qíng} 칭 감정
惊 ^{jīng} 찡 놀라다

八 여덟 팔

옆으로 눕힌 숫자 8의 일부분이라고 상상해봐요. 대부분 '나눈다'는 뜻과 관련이 있어요.

分 ^{fēn} 펀ʳ 나누다
公 ^{gōng} 꽁 공공의

衤 옷 의

옷을 본떠 만든 글자예요. 대부분 의복과 관련이 있어요.

袜 ^{wà} 와 양말
裙 ^{qún} 췬 치마

艹 풀 초

풀 두 송이를 본뜬 글자예요. 대부분 풀이나 식물과 관련이 있어요.

草 ^{cǎo} 차오 풀
花 ^{huā} 화 꽃

纟 실 사

빙빙 돌아가면서 감긴 실 묶음을 본뜬 글자예요.

线 ^{xiàn} 씨엔 실
结 ^{jié} 지에 매듭/묶다

竹 대나무 죽

대나무 두 그루를 본뜬 글자예요. 대부분 대나무나 대나무로 만든 물건들과 관련이 있어요.

竹 ^{zhú} 쥬ʳ 대나무
筷 ^{kuài} 콰이 젓가락

钅 쇠 금

쇠붙이를 녹이는 그릇의 모양을 본떠 만든 글자예요. 금속과 관련이 있는 글자에 자주 쓰여요.

钱 ^{qián} 치엔 돈
银 ^{yín} 인 은

𧾷 발 족

발과 관련이 있는 동작이나 사물을 나타내요.

zú 足	주	다리/발
pǎo 跑	파오	달리다

饣 밥 식

그릇에 담긴 음식을 나타내요. 대부분 음식이나 음식과 관련된 동작과 연관이 있어요.

fàn 饭	판f	밥
yǐn 饮	인	음료

彳 걸을 척

발, 종아리, 허벅지가 연결된 모양을 본뜬 글자예요. 대부분 걷는 동작, 길, 발동작과 관련이 있어요.

xíng 行	싱	걷다
wǎng 往	왕	~로 향하다

讠 말씀 언

입을 열어 말하는 모습을 떠올려봐요.

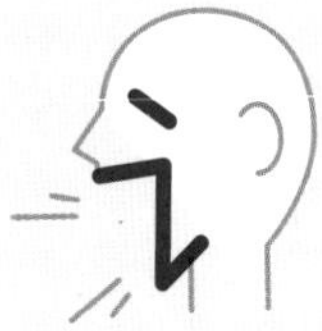

shuō 说	쓔r어	말하다
jì 记	찌	기억하다

手 · 扌 손 수

손의 모양을 본뜬 글자예요. 대부분 손과 관련된 동작을 나타낼 때 사용해요.

shǒu 手	셔r우	손
zhǎng 掌	쟝r	손바닥/잡다

dǎ 打	다	때리다
lā 拉	을라	끌다

火 · 灬 불 화

불의 모양을 본뜬 글자예요. 대부분 불과 관련된 사물, 성질, 동작 등을 나타내요.

huǒ 火	후어	불
dēng 灯	떵	등불

rè 热	러	열/덥다
jiāo 焦	쨔오	타다

疒 병녁

사람이 병상에 누워있는 모습을 본뜬 글자예요.
대부분 질병과 관련이 있어요.

bìng
病 삥 병/병나다

téng
疼 텅 아프다

阝 언덕 부

연이어 있는 산을 옆으로 세운 모양을 본뜬 글자예요.
대부분 산이나 구름, 지명과 관련이 있어요.

yuàn
院 위엔 뜰

yīn
阴 인 흐리다

土 흙 토

흙에서 식물이 자라는 모습을 떠올려봐요. 대부분
흙이나 땅과 관련이 있어요.

tǔ
土 투 흙

dì
地 띠 육지/땅

木 나무 목

나무의 모양을 본뜬 글자예요. 그 모양대로, 나무와
관련이 있죠.

mù
木 무 나무

gēn
根 껀 뿌리

日 해 일

해의 모양을 본뜬 글자예요. 대부분 태양, 빛,
시간, 건조와 관련이 있어요.

rì
日 르ʳ 해/하루

míng
明 밍 밝다

月 달 월·고기 육

굽은 초승달의 모양 또는 썰은 고기의 모양을 본뜬
글자예요. 주로 저녁, 빛, 시간, 신체 부위를 나타내요.

yuè
月 위에 달/월

liǎn
脸 울리엔 얼굴

刀·刂 칼 도

칼의 모양을 본뜬 글자예요. 대부분 칼이나 자르는 동작과 관련이 있어요.

dāo
刀 따오 칼

fēn
分 펀ᶠ 나누다

lì
利 울리 예리하다

kè
刻 커 새기다

女 여자 녀

여자와 관련이 있는 성질이나 사물, 동작 등을
나타내요.

nǚ	女 뉘	여자
mā	妈 마	어머니

子 아들 자

아이 또는 '낳고 기르다'라는 뜻과 관련이 있어요.

zǐ	子 즈	아들
hái	孩 하이	어린이

儿 어진 사람 인

사람이 걸어가는 모양을 본뜬 글자예요. 대부분
사람과 관련이 있어요.

ér	儿 얼ʳ	어린이
xiōng	兄 씨옹	형

礻 귀신 귀

콩콩 뛰는 강시 귀신을 떠올려봐요. 귀신, 제사, 종교,
미신 등과 관련이 있는 글자예요.

shén	神 션ʳ	신/귀신
fú	福 푸ᶠ	복

攵 칠 복

손에 몽둥이를 든 모습이에요. 손으로 치는 동작이나
공격과 관련이 있어요.

gōng	攻 꽁	공격하다
jiāo	教 쨔오	가르치다

目 눈 목

한쪽 눈을 본뜬 글자예요. 대부분 눈이나 눈과
관련된 동작을 나타내요.

yǎn	眼 옌	눈
kàn	看 칸	보다

工 장인 공

장인이 나무에 망치로 못질을 하는 모습을 떠올려봐요.
대부분 장인이나 공구와 관련이 있는 글자예요.

gōng	工 꽁	일꾼/공사
gōng	功 꽁	공로/기술

见 볼 견

눈을 크게 뜨고 앞을 보는 모양이에요. 눈빛이나 보는
행동과 관련이 있어요.

jiàn	见 찌엔	보다/만나다
guàn	观 꽌	구경하다

口 입 구

입의 모양을 본뜬 글자예요. 입과 관련이 있는 부위, 동작, 발음을 나타내요.

口	kǒu 커우	입
吃	chī 츠ʳ	먹다

口 둘러싸일 위

사방이 둘러싸여져 있는 형태예요. 주위가 막혀 있는 상태 또는 원과 관련이 있어요.

国	guó 구어	국가
围	wéi 웨이	둘러싸다

门 문 문

문의 모양을 본뜬 글자예요. 문과 관련이 있어요.

门	mén 먼	문지방
闭	bì 삐ʳ	닫다/막히다

广 돌집 엄

낭떠러지에 있는 오두막집을 본뜬 글자예요. 대부분 집과 관련이 있어요.

广	guǎng 구앙	넓이/넓다
座	zuò 쭈어	자리

斤 도끼 근

돌도끼의 모양을 본뜬 글자예요. 대부분 도끼류나 자르고 깎아내는 동작과 연관이 있어요.

斤	jīn 찐	도끼
折	zhé 져ʳ	꺾다/굽히다

宀 집 면

가옥의 측면을 본뜬 글자예요. 일반적으로 집과 관련된 것을 의미해요.

家	jiā 찌아	가정
室	shì 쓰ʳ	방

力 힘 력

있는 힘껏 쟁기로 땅을 가는 모습을 본떴어요. 대부분 힘과 관련이 있어요.

力	lì 을리	힘/능력
动	dòng 똥	움직이다

贝 조개 패

조개의 모양을 본뜬 글자예요. 대부분 돈이나 재물과 관련이 있어요. 옛날에는 조개가 화폐로 쓰였거든요.

贝	bèi 뻬이	보배/조개
购	gòu 꺼우	사다

禾 벼화

이삭이 익어 고개를 숙인 모습을 본뜬 글자예요.
대부분 곡식과 관련이 있어요.

禾 ^{hé} 허 곡식/벼

秋 ^{qiū} 치우 가을

米 쌀미

곡식의 낱알을 본뜬 글자예요. 역시 곡식과 관련이
있어요.

米 ^{mǐ} 미 쌀

粉 ^{fěn} 펀f 가루/전분

犭 개견

세로로 서 있는 개의 형상을 본뜬 글자예요. 대부분
개와 같은 동물 또는 그 속성과 관련이 있어요.

狗 ^{gǒu} 거우 개

猫 ^{māo} 마오 고양이

矢 화살시

화살 모양을 본뜬 글자예요. 대부분 화살이나 '짧다',
'곧다'는 뜻과 관련이 있어요.

矢 ^{shǐ} 스ʳ 화살

矫 ^{jiǎo} 쟈오 바로잡다

马 말마

말의 모양을 본뜬 글자예요. 말처럼 생긴 동물이나
말과 관련이 있는 사물, 동작을 나타내요.

马 ^{mǎ} 마 말

驴 ^{lú} 을뤼 당나귀

鸟 새조

새의 모양을 본뜬 글자예요. 새의 종류나 새와 관련된
동작을 나타내요.

鸟 ^{niǎo} 냐오 새

鸡 ^{jī} 찌 닭

牛 소우

소의 머리를 본뜬 글자예요. 대부분 소 등의 가축과
관련이 있어요.

牛 ^{niú} 니우 소

物 ^{wù} 우 물건

弓 활궁

줄이 끼워져 있는 활의 모양을 본뜬 글자예요.
대부분 활이나 화살과 관련이 있어요.

弓 ^{gōng} 꽁 활

强 ^{qiáng} 치앙 강하다

页 머리 혈

사람의 머리를 형상화한 글자예요. 대부분 머리와 관련이 있죠.

	yè	
页	예	페이지/쪽
	dǐng	
顶	딩	꼭대기

穴 구멍 혈

옛날 사람들이 숨어 살던 동굴을 나타내는 글자예요. 대부분 구멍이나 집과 관련이 있어요.

	xué	
穴	쉬에	동굴/구멍
	chuān	
穿	추ㄱ안	뚫다

立 설 립

사람이 다리를 벌리고 곧게 서 있는 모양을 본뜬 글자예요. 대부분 서는 동작과 관련이 있어요.

	lì	
立	올리	서다
	jìng	
竟	찡ㄱ	마치다

车 수레 차

수레 모양을 본뜬 글자예요. 대부분 수레와 관련이 있죠.

	chē	
车	처ㄱ	차
	lún	
轮	올룬	바퀴

王 임금 왕

고대에 권력을 상징하던 도끼의 모양을 본뜬 글자예요. 주로 권력을 지닌 지배자와 관련이 있어요.

	wáng	
王	왕	왕
	zhǔ	
主	쥬ㄱ	주인

尸 주검 시

돌아가신 조상님께 절을 하는 사람의 모습을 떠올려 봐요. 주로 몸이나 집과 관련이 있어요.

	shī	
尸	쓰ㄱ	주검
	wū	
屋	우	집/방

01

인칭대명사

한눈에 배운다!
인칭대명사
나, 너, 우리

따라 말하기

인칭대명사란 대명사 중에서 '나, 너, 우리'와 같이 사람을 지칭하는 것들입니다.
우선 중국어의 인칭대명사를 한눈에 살펴볼까요?

성별 무관

나

wǒ

我

우리 (듣는 이 포함 / 듣는 이 불포함)

wǒ men

我们

우리 (듣는 이 포함)

zán men

咱们

1인칭

너

nǐ

你

너희

nǐ men

你们

2인칭

그/그녀/그것

tā

他/她/它

그들

tā men

他们/她们/它们

3인칭

중국어의 인칭대명사는 이렇게 7가지뿐입니다. 정말 간단하죠?
다만, 다음 세 가지 주의사항을 기억해야 합니다.

1 모두를 포함한 우리는 咱们 zán men

중국어에는 '우리'를 지칭하는 표현이 두 가지 있습니다.
1) 我们 wǒ men : 가장 보편적으로 사용되며, 듣는 이를 포함하거나 포함하지 않을 수도 있습니다.
2) 咱们 zán men : 반드시 상대방을 포함하는 '듣는 이 포함 우리'를 의미합니다.
따라서 듣는 이 모두를 포함한 우리를 강조하고 싶을 때는 咱们 zán men 을 쓰는 것이 좋습니다.

zán men
咱们

2 발음은 같지만 한자는 다른 그/그녀/그것

3인칭 대명사 '그', '그녀', '그것'은
지칭하는 게 모두 다르지만 발음은 똑같습니다.
그러나, 발음만 같을 뿐 한자는 모두 다릅니다.

tā	tā	tā
他	她	它
그	그녀	그것

3 복수를 표현하고 싶을 땐 们 men 을 붙이자

우리말에서 명사 뒤 '들'을 붙여 '그들', '그녀들', '그것들'이라 표현하듯이
중국어에서 복수 표현은 명사 뒤 们 men 을 붙여 他们, 她们, 它们 이라 합니다.
*성별을 알 수 없거나 남녀 모두를 지칭하는 '그들'은 남성 3인칭 대명사 他们 tā men을 사용합니다.

tā men	tā men	tā men	tā men
他们	他们	她们	它们
그들	그들	그녀들	그것들

우리말을 배우는 외국인들이 가장 어려워하는 높임말! 중국어에도 높임말이 있을까요?
답은 YES. 중국어에도 높임말이 있습니다. 그러나 복잡한 우리말과 달리 단순합니다.
다음 두 가지 높임말 표현만 기억하세요.

1 귀하, 당신

nín
您

您 nín 은 '너'의 존칭 표현으로, 우리말로 번역하자면 귀하와 같은 표현입니다. 보통 웃어른 혹은 초면, 공식적인 자리, 비즈니스 관계에서 상대방을 존중하는 의미로 사용합니다.

❖ 您 nín 은 복수 표현이 따로 없습니다. 복수 표현에서는 你们 nǐmen 으로 통일됩니다.

2 부탁드립니다.

qǐng
请

请 qǐng 은 영어의 'please'와 같은 의미로 쓰입니다. 초면인 사람에게 정중하게 부탁하고자 할 때 문장 맨 앞에 붙여 사용합니다. 긴밀한 관계에서 사용하면 어색한 상황이 연출될 수 있습니다.

중국어 높임말의 특징은 한국과 달리 생략해도 무방하다는 점입니다.
누군가가 나에게 您好 nín hǎo 가 아닌 你好 nǐ hǎo 라고 인사했다 해서 나를 하대한 것이 아닙니다.
우리나라의 위계질서에는 어긋나 보일 수 있지만, 중국인들에게는 자연스러운 표현이죠.

TIP 인사가 쉬운 나라, 중국!   암기하지 마세요. 자연스레 알게 된답니다!

중국은 인사가 참 쉬운 나라입니다. 누구에게나 '안녕'은 你好 nǐ hǎo 이죠. 이때 好 hǎo 는 '좋다'라는 뜻의 형용사이지만, 인사말에서는 관용적인 표현으로 쓰입니다. 상황에 따라 你 nǐ 자리에 다른 호칭이 대신하기도 합니다. 이렇게 말이죠.

老师好 lǎoshī hǎo   **大家好** dàjiā hǎo   **你们好** nǐmen hǎo

Practice
나, 너, 우리

따라 말하기

 해석을 보고 빈칸에 들어갈 알맞은 인칭대명사를 채워보세요.

1 나는 배고프다.

我 | è
饿。

2 너희들 밥 먹었어?

chī fàn le ma
吃饭了吗?

3 우리도 배고파.

yě è
也饿。

4 우리 밥 먹으러 가자.

yì qǐ qù chī fàn
一起去吃饭。

5 그는 밥 먹었을까?

chī fàn le ma
吃饭了吗?

6 그녀는 밥 먹었을까?

chī fàn le ma
吃饭了吗?

7 그들은 이미 먹었어.

yǐ jīng chī le
已经吃了。

8 너는 모르는 게 없구나.

wú suǒ bù zhī
无所不知。

· 정답입니다! ·

1 我饿。Wǒ è.

3 我们也饿。Wǒmen yě è.

5 他吃饭了吗? Tā chī fàn le ma?

7 他们已经吃了。Tāmen yǐjīng chī le.

2 你们吃饭了吗? Nǐmen chī fàn le ma?

4 我们一起去吃饭。Wǒmen yìqǐ qù chī fàn.

6 她吃饭了吗? Tā chī fàn le ma?

8 你无所不知。Nǐ wúsuǒbùzhī.

따라 말하기

그렇다면 '할아버지, 아버지, 어머니'와 같은 가족 호칭은 중국어로 어떻게 표현할까요?
가족을 부르거나, 제삼자에게 가족을 소개할 때 쓰이는 가족 호칭을 배워보도록 하겠습니다.

할아버지
yéye
爷爷

할머니
nǎinai
奶奶

아빠
bàba
爸爸

엄마
māma
妈妈

형·오빠
gēge
哥哥 ★

누나·언니
jiějie
姐姐 ★

★ 중국어는 나의 성별과 상관없이 형, 오빠는 哥哥 gēge, 누나, 언니는 姐姐 jiějie 라고 부릅니다. 영어의 brother, sister와 같이 말이죠.

남동생
dìdi
弟弟 ★

여동생
mèimei
妹妹 ★

★ 우리가 남동생을 '동생아~'라고 부르지 않듯. 중국도 항렬이 낮은 아랫사람은 이름으로 부릅니다.

Practice
가족 호칭

 그림을 보고 다음 빈칸에 들어갈 알맞은 호칭을 선택하세요.

1

小王

Q. 小王은 누구와 이야기하고 있나요?
A. 小王은 [할아버지] 와 이야기 중이야.

❶ 奶奶 nǎinai   ❷ 爷爷 yéye   ❸ 爸爸 bàba

2

小王

Q. 小王은 누구와 이야기하고 있나요?
A. 小王은 [오빠·형] 과 이야기 중이야.

❶ 妈妈 māma   ❷ 弟弟 dìdi   ❸ 哥哥 gēge

3

小王

Q. 小王은 누구와 이야기하고 있나요?
A. 小王은 [엄마] 와 이야기 중이야.

❶ 妹妹 mèimei   ❷ 妈妈 māma   ❸ 姐姐 jiějie

4

小王

Q. 小王은 누구와 이야기하고 있나요?
A. 小王은 [아빠] 와 이야기 중이야.

❶ 爸爸 bàba   ❷ 爷爷 yéye   ❸ 哥哥 gēge

5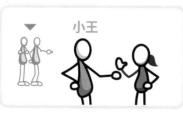

小王

Q. 小王은 누구와 이야기하고 있나요?
A. 小王은 [여동생] 과 이야기 중이야.

❶ 妹妹 mèimei   ❷ 姐姐 jiějie   ❸ 奶奶 nǎinai

·정답입니다!·

1 ② 爷爷 yéye   2 ③ 哥哥 gēge   3 ② 妈妈 māma   4 ① 爸爸 bàba   5 ① 妹妹 mèimei

그렇다면 길 가다 만난 타인은 어떻게 불러야 할까요?
우리말에는 '선생님', '기사님'과 같이 상대방을 격식 있게 부르는 호칭들이 있죠. 중국어도 마찬가지입니다.

 격식 표현

1 先生 xiān shēng

선생님

남성을 높여 부르는 말로 '신사 숙녀 여러분'의 '신사'로 번역됩니다. 초면인 남성에게 쓰는 '선생님'과 같은 어감으로 사용됩니다.

2 女士 nǚ shì

숙녀

여성을 높여 부르는 말로 '신사 숙녀 여러분'의 '숙녀'로 번역됩니다. '여사'의 뜻도 있지만, 한국과 달리 미혼의 여성에게도 쓰입니다.

3 师傅 shī fu

기사님

성별과 상관없이 우리말의 '기사님'에 해당하는 호칭입니다. 택시기사, 수리공 등 전문 기술자들, 그리고 초면인 남을 높여 부르는 호칭입니다.

4 服务员 fú wù yuán

종업원

성별과 상관없이 종업원을 높여 부르는 호칭입니다. 식당, 상점, 쇼핑몰에서 점원을 부를 때 쓰는 '저기요'에 해당하는 호칭입니다.

처음 본 사람에게 '선생님'이라 부를 수 있지만, '실례합니다'와 같은 표현으로 시선을 끌 수도 있습니다.
굳이 호칭을 사용하지 않고도 말문을 틀 수 있는 '공손하고 격식 있는' 유용한 표현들, 무엇이 있을까요?

5 打扰一下 dǎ rǎo yí xià

실례합니다

영어의 excuse me 와 같은 어감으로 사용됩니다. 식당에서 직원을 부를 때, 길을 물을 때, 다양한 상황에서 쓰일 수 있는 표현입니다.

6 不好意思 bù hǎo yì si

미안합니다

우리말의 '미안합니다'와 같습니다. 초면인 사람에게 말을 걸거나, 시선을 끌어야 할 때 사용하는 표현입니다.

우리는 종종 식당 직원에게는 '삼촌', '이모'라 부르며, 옷가게 점원에게는 '언니', '오빠'라 부릅니다.
혈연관계가 아닌데도 말이죠. 중국어도 우리말과 똑같습니다.
다음 가족 호칭은 혈연관계가 아닌 사이에서도 친근함을 표현하기 위해 쓰입니다.

7 叔叔 shū shu

삼촌 / 아저씨

혈연관계에서는 '작은아버지·삼촌'의 뜻으로 사용되지만, 중년층 남성에 대한 존중의 의미가 담긴 '아저씨'와 같은 어감으로도 사용됩니다.

8 阿姨 ā yí

이모 / 아주머니

우리와 비슷한 정서로, 혈연관계가 아니어도 결혼한 여성이나 중년층 여성을 친근하게 부를 때 '아주머니'와 같은 어감으로 사용됩니다.

9 (大)哥 (dà) gē

오빠·형

한두 살 많은 남성을 친근하게 부르는 호칭입니다. 연장자에 대한 존중의 의미인 大는 생략할 수 있습니다.

10 (大)姐 (dà) jiě

언니·누나

한두 살 많은 여성을 친근하게 부르는 호칭입니다. 마찬가지로, 연장자에 대한 존중의 의미인 大는 생략할 수 있습니다.

중국에 가면 누구나 '미남', '미녀'가 됩니다. 중국인들이 애정하는 호칭 중 하나이기 때문이죠.
파격적인 할인을 원한다면 점원을 먼저 '미남', '미녀'라 불러보세요.

11 帅哥 shuài gē

미남

동년배 혹은 아랫사람인 남성을 친근하게 부를 때 쓰는 호칭입니다. 지금은 사용범위가 확대되어 윗사람에게도 기분 좋게 사용할 수 있습니다.

12 美女 měi nǚ

미녀

동년배 혹은 아랫사람인 여성을 친근하게 부를 때 쓰는 호칭입니다. 지금은 사용범위가 확대되어 윗사람에게도 기분 좋게 사용할 수 있습니다.

중국인의 성과 이름

중국과 우리는 이름 체계가 똑같습니다.

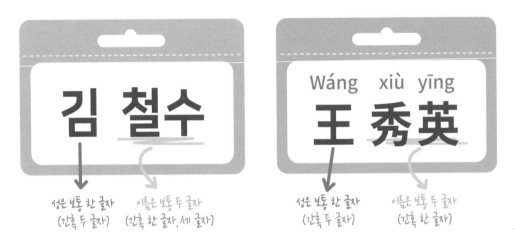

김 철수

성은 보통 한 글자
(간혹 두 글자)

이름은 보통 두 글자
(간혹 한 글자, 세 글자)

Wáng xiù yīng

王 秀英

성은 보통 한 글자
(간혹 두 글자)

이름은 보통 두 글자
(간혹 한 글자)

다만, 이름을 이용해 상대를 부르는 방법은 조금 다릅니다.
단계별로 격식 없는 표현부터 격식 있는 표현까지 배워보도록 하겠습니다.

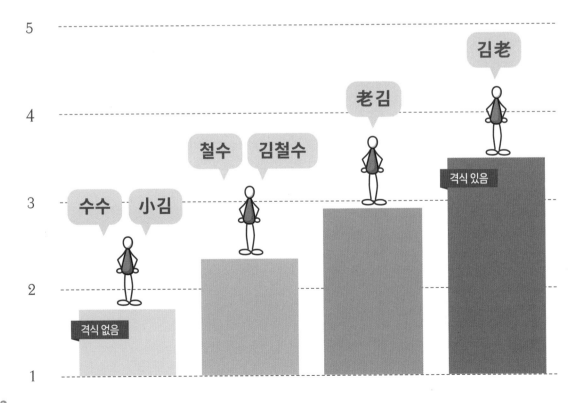

1 자녀, 조카에게

이름을 중첩하여 부릅니다. 외자일 경우 이름을 중첩하고, 두 자일 경우 두 번째 음절을 중첩합니다. 성인에게도 쓰이지만, 주로 부모가 자녀를, 손윗사람이 조카를 부를 때 쓰는 호칭입니다.

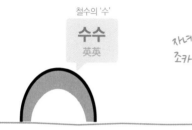

2 친밀한 직장 후배, 아랫사람에게

성이 단성일 경우 성 앞에 '작다'를 의미하는 小xiǎo 를 붙여 부릅니다. 만약 복성일 경우 '복성' 자체가 호칭이 되어 '남궁'이라 부릅니다. 직장 후배 혹은 아랫사람에게 친근감을 표현하는 호칭입니다.

3 편한 자리에서 친구에게

성을 생략하고 이름만 부릅니다. 서로에게 익숙한 학교 친구나 직장 동료, 배우자에게 친밀감을 표현하고자 할 때 사용하는 호칭입니다. 다만, 외자 이름은 이 호칭을 사용하지 않습니다.

4 공식적인 자리에서 친구에게

성과 이름을 함께 부릅니다. 형식에 제한이 따로 없어 음절 수와 상관없이 부릅니다. 학교나 공식적인 자리에서 사회적 관계가 있는 동년배, 학교 친구, 직장 동료들을 부를 때 사용하는 호칭입니다.

5 친밀한 직장 상사, 윗사람에게

성이 단성일 경우 성 앞에 '늙다'를 뜻하는 老lǎo 를 붙여 부릅니다. 복성일 경우 '복성' 자체가 호칭이 되어 '남궁'이라 부릅니다. 다만, 나이를 막론하고 여성에게는 일반적으로 老lǎo를 붙인 호칭을 사용하지 않습니다.

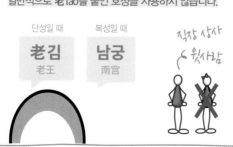

6 존경하는 지식인, 학자에게

성 뒤에 老lǎo를 붙여 부릅니다. 주로 인품이 뛰어난 사람이거나 한 분야에서 높은 평가를 받는 지식인, 예술가를 높여서 이르는 호칭입니다.

화장실은 '저기'입니다.
'그' 가방이 마음에 드네요.
'이'것으로 주세요.

위에 있는 3개 예문처럼 우리는 일상에서 지시대명사를 많이 사용합니다. 중국에서도 지시대명사를 자주 씁니다. 쇼핑하거나 주문할 때 제품명이나 메뉴를 읽지 못하더라도, 손가락으로 물건이나 메뉴판을 가리키면서 이거 달라고 할 수 있으니까 지시대명사는 여러모로 유용한 표현이지요.

나와 가까운 것 ····················· 这 zhè

나와 먼 것 ····················· 那 nà

의문 ····················· 哪 nǎ

《 읽어 보세요 내가 중심이 되는 지시대명사

지시대명사란 사람, 사물, 장소 등을 가리키는 대명사입니다. 중국어에서는 사물과 나와의 거리에 따라 지시대명사가 달라집니다. 상대방의 거리와는 무관하게 '나'를 기준으로 거리가 가까우면 '이'을 뜻하는 这[zhè]를, 나와 거리가 멀면 '저', '그'를 뜻하는 那[nà]를 사용합니다.

《 읽어 보세요 지시대명사의 짝꿍 个

지시대명사와 뒤에 자주 등장하는 个[ge]는 '개', '것'의 뜻을 가진 의존명사입니다.

《 읽어 보세요 '저'도 되고 '그'도 되는 那

우리말에서는 사물과 상대방의 거리에 따라 '저'와 '그'로 나누어 사용합니다. 하지만 중국어에서는 '저'와 '그' 모두 那[nà]를 사용합니다.

🔔 지시대명사 표현들은 매우 유용합니다.

지시대명사 표현		
zhè ge **这个** 이것	nà ge **那个** 저것	nǎ ge **哪个** 어느 것
zhè xiē **这些** 이것들	nà xiē **那些** 저것들	nǎ xiē **哪些** 어느 것들
zhè li **这里** 이곳	nà li **那里** 저곳	nǎ li **哪里** 어느 곳
zhèr **这儿** 여기	nàr **那儿** 저기	nǎr **哪儿** 어디
zhè biān **这边** 이쪽	nà biān **那边** 저쪽	nǎ biān **哪边** 어느 쪽

부사 표현		
zhè shí hou **这时侯** 이때쯤	nà shí hou **那时侯** 그때쯤	nǎ shí hou **哪时侯** 언제쯤
zhè yàng **这样** 이렇게	nà yàng **那样** 저렇게	zěn yàng **怎样** 어떻게
zhè me **这么** 이렇게	nà me **那么** 저렇게	zěn me **怎么** 어떻게

TIP

 읽어보세요 **이렇게 / 저렇게 / 어떻게의 두 가지 용법**

'이렇게', '저렇게', '어떻게'는 두 가지 방식으로 표현이 가능합니다.

❶ 이/저/어느 + 样 yàng + 동사
样[yàng]과 결합되는 부사 표현은 뒤에 동사와 함께 쓰여 '이런 식으로'라는 뜻으로 쓰입니다.

: 이런 식으로 하다.

Zhè	yàng	zuò.
这	样	做.
이	~식으로	하다.

❷ 이/저/어느 + 么 me + 동사/형용사
么[me]와 결합되는 부사 표현은 뒤에 붙는 품사에 따라 뜻이 달라집니다.

+ 동사
: 이런 식으로 하다.

Zhè	me	zuò.
这	么	做.
이	~식으로	하다.

+ 형용사
: 이렇게 귀엽다.

Zhè	me	kě ài.
这	么	可爱.
이	~하게	귀엽다.

 읽어보세요 **'어떻게'는 怎样 혹은 怎么**

부사 표현 중 의문사 '어떻게'는 다른 지시대명사 표현들과 달리 **哪**[nǎ]가 아닌 **怎**[zěn]과 결합되어 사용합니다.

따라 말하기

디저트 tián pǐn 甜品	케이크 dàn gāo 蛋糕	사탕 táng guǒ 糖果	초콜릿 qiǎo kè lì 巧克力	아이스크림 bīng qí lín 冰淇淋
푸딩 bù dīng 布丁	와플 huá fū bǐng 华夫饼	마카롱 mǎ kǎ lóng 马卡龙	브라우니 bù lǎng ní 布朗尼	과일 shuǐ guǒ 水果
도시 chéng shì 城市	번화가 shì zhōng xīn 市中心	시골 xiāng xià 乡下	학교 xué xiào 学校	대학 dà xué 大学
도서관 tú shū guǎn 图书馆	박물관 bó wù guǎn 博物馆	미술관 měi shù guǎn 美术馆	은행 yín háng 银行	병원 yī yuàn 医院
약국 yào fáng 药房	아파트 gōng yù 公寓	다리 qiáo 桥	광장 guǎng chǎng 广场	공원 gōng yuán 公园

Practice
이것, 저것, 어느 것

 앞서 배운 명사와 지시대명사를 활용하여 문장을 만들어보세요.

1 이것은 초콜릿이다.

Zhège	shì	qiǎokèlì
这个	是	巧克力
	~이다	

2 이것은 케이크다.

	shì 是	

3 그것은 푸딩이다.

	shì 是	

4 그것은 사탕이다.

	shì 是	

5 저것은 브라우니다.

	shì 是	

6 어느 것이 과일입니까?

	shì 是	

7 이곳은 도서관이다.

	shì 是	

8 저곳은 공원이다.

	shì 是	

9 저곳은 은행이다.

	shì 是	

10 이곳은 시골이다.

	shì 是	

11 이쪽은 광장이다.

	shì 是	

12 그쪽은 번화가다.

	shì 是	

정답입니다!

1 这个是巧克力。Zhège shì qiǎokèlì。
3 那个是布丁。Nàge shì bùdīng。
5 那个是布朗尼。Nàge shì bùlǎngní。
7 这里是图书馆。Zhèli shì túshūguǎn。
9 那里是银行。Nàli shì yínháng。
11 这边是广场。Zhèbiān shì guǎngchǎng。

2 这个是蛋糕。Zhège shì dàngāo。
4 那个是糖果。Nàge shì tángguǒ。
6 哪个是水果? Nǎge shì shuǐguǒ?
8 那里是公园。Nàli shì gōngyuán。
10 这里是乡下。Zhèli shì xiāngxià。
12 那边是市中心。Nàbiān shì shìzhōngxīn。

1 안녕하세요.

张敏

Zǎoshàng hǎo.
早上好。

Xiàwǔ hǎo.
下午好。

Wǎnshàng hǎo.
晚上好。

Wǎnān.
晚安。

张敏 : 안녕하세요(아침).
안녕하세요(오후).
안녕하세요(저녁).
잘 자.

TIP

~好

중국에서는 인사를 할 때 영어와 비슷하게 아침, 오후, 저녁을 의미하는 단어 뒤에 'good'에 해당하는 好[hǎo]를 붙여 표현합니다.

Good Morning :
早上好[zǎo shang hǎo]
Good Afternoon :
下午好[xià wǔ hǎo]
Good Evening :
晚上好[wǎn shang hǎo]

2 만나서 반갑습니다.

王明

Rènshi nǐ hěn gāoxìng.
认识你很高兴。

Wǒ shì Wángmíng.
我是王明。 'A는 B이다'라는 뜻으로 가장 많이 쓰이는 동사다.

李明

Wǒ yě rènshi nǐ hěn gāoxìng.
我也认识你很高兴。

Qǐng duōduō guānzhào.
请多多关照。

王明 : 만나서 반갑습니다.
저는 왕밍이라고 합니다.
李明 : 저도 만나서 반갑습니다.
잘 부탁드립니다.

Zìwǒ jièshào.
自我介绍.
자기소개.

也

중국어의 也[yě]는 영어의 'Me too'의 'too'와 역할이 같습니다. '또한', '역시', '~도'의 의미로 쓰이며 상대방의 말에 답변할 때 뒤에 동사구를 생략하고 동의하는 어투로 '나도' 我也[wǒ yě] 라고 대답하기도 합니다.

따라 말하기

③ 성함이 어떻게 되세요?

文博
Nǐ jiào shénme míngzi?
你叫什么名字?

张娜
Wǒ jiào Zhāngnà.
我叫张娜。

Nín guìxìng?
您贵姓?

文博
Wǒ xìng liú, jiào Wénbó.
我姓刘, 叫文博。

文博 : 성함이 어떻게 되세요?
张娜 : 저는 장나입니다.
　　　성함이 어떻게 되세요?
文博 : 제 성은 류이고, 이름은 원보입니다.

이름을 말하는 2가지 방법
중국에서는 이름을 말하는
2가지 방법이 있습니다.

1) 저는 ~입니다 : 是[shì] 동사
我是王明。 : 저는 왕밍입니다.
2) 저의 이름은~입니다 : 叫[jiào] 동사
我叫张娜。 : 저의 이름은 장나입니다.
이때, 성과 이름을 따로 말하고 싶을 때
는 다음과 같이 姓[xìng] 동사를 사용합
니다.
ex) 我姓刘, 叫文博。 :
저의 성은 류, 이름은 원보입니다.

④ 저는 한국인입니다.

秀英
Wǒ shì Hánguórén.
我是韩国人。

Nǐ men shì Zhōngguórén ma?
你们是中国人吗?

小明
Búshì. Wǒmen búshì Zhōngguórén.
不是。我们不是中国人。
동사 앞에 不를 붙이면
부정문이 된다.

Wǒmen shì Rìběnrén.
我们是日本人。

秀英 : 저는 한국인입니다.
　　　그쪽은 중국인이세요?
小明 : 아니요. 우리는 중국인이 아닙니다.
　　　우리는 일본인입니다.

Qǐng chūshì nín de hùzhào.
请出示您的护照.
여권을 보여 주세요.

나라 이름+人
세계 어느 나라든지 나라이름 뒤에
'사람'을 뜻하는 人[rén]자를 붙히면
그 사람의 국적을 나타냅니다.

한국인 : 韩国人[Hánguórén]
중국인 : 中国人[Zhōngguórén]
일본인 : 日本人[Rìběnrén]

5 그는 학생이야?

张伟

Tā shì xuéshēng ma?
他是学生<u>吗</u>? ★ 문장 끝에 吗를 붙이면 의문문이 된다.

永明

Búshì. Tā búshì xuéshēng.
不是。他不是学生。

张伟

Tā shì shàngbānzú ma?
她是上班族吗?

永明

Shì. Tā shì shàngbānzú.
是。她是上班族。

张伟 : 그는 학생이야?
永明 : 아니. 그는 학생이 아니야.
张伟 : 그녀는 직장인이야?
永明 : 응. 그녀는 직장인이야.

---

6 너희 친구니?

大家

Lǎoshī hǎo.
老师好。

老师

Nǐmen hǎo.
你们好。

Nǐmen shì péngyou ma?
你们是朋友吗?

大家

Shì. Wǒmen shì péngyou.
是。我们是朋友。

大家 : 선생님, 안녕하세요.
老师 : 여러분, 안녕.
　　　너희 친구니?
大家 : 네, 저희는 친구예요.

TIP

上班族
上班族[shàng bān zú]를 직역하면
'출근+족'이라는 표현으로 주로
직장인을 뜻합니다.

Wǒ hěn shòu shàngbānzú huānyíng.
我很受上班族欢迎.
나는 직장인들에게 인기가 많아.

是 동사
是[shì] 동사는 'A는 B이다'라는 뜻으로
중국어에서 자주 등장하는 동사 중 하나
입니다.

Wǒ de guīmì!
我的闺蜜!
나의 베프!

7 이건 제 것인가요?

李娜
Zhège shì wǒ de ma?
这个是我的吗? 명사 뒤 的를 붙이면 소유격이 된다.

张敏
Shì。Zhège shì nǐ de。
是。这个是你的。

李娜
Xièxie。
谢谢。

张敏
Búkèqì。
不客气。

李娜 : 이건 제 것인가요?
张敏 : 네. 이건 당신 것입니다.
李娜 : 감사합니다.
张敏 : 별말씀을요!

Cāicāi wǒ shì shénme.
猜猜我是什么.
내가 뭔지 맞혀봐.

不客气

不客气[búkèqì]의 뜻은 여러 가지가 있습니다. 첫 번째로 '무례하다'라는 뜻이 있고, 두 번째는 '사양하지 않다'라는 뜻과, 마지막으로 '고맙습니다'에 상응하는 '천만에요/별말씀을요'라는 뜻이 있습니다.

8 당신이 샤오메이의 엄마입니까?

文博
Nǐ shì Xiǎoměi de māma ma?
你是小美的妈妈吗?

小明
Búshì。Wǒ shì Xiǎoměi de jiějie。
不是。我是小美的姐姐。

文博
Duìbùqǐ。
对不起。

小明
Méiguānxi。
没关系。

文博 : 당신이 샤오메이의 엄마입니까?
小明 : 아니요. 저는 샤오메이의 언니입니다.
文博 : 죄송합니다.
小明 : 괜찮아요.

姐姐

姐姐[jiějie]는 누나/언니의 통칭으로 중국에서는 '누나'와 '언니'를 따로 구분하지 않습니다.

9 오랜만이야.

张伟
Bùhǎoyìsī。
不好意思。

Nǐ shì Xiǎomíng ba?
你是小明吧? ◁ 의문문 끝에 吧를 붙이면
확인차 묻는 어감을 나타낸다.

小明
Hǎojiǔ bú jiàn。
好久不见。

张伟
Hǎojiǔ bú jiàn。
好久不见。

张伟 : 저기요.
　　　 너 샤오밍 맞지?
小明 : 오랜만이야.
张伟 : 오랜만이야.

不好意思
不好意思[bù hǎo yì si]는 여러 가지 뜻이
있습니다. 통상적으로 '죄송합니다'라는
뜻으로 많이 사용하고 '실례합니다' 또는
'창피하다'라는 뜻으로도 많이 쓰입니다.

10 여기가 도서관인가요?

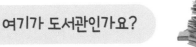

秀英
Zhèlǐ shì túshūguǎn ma?
这里是图书馆吗?

路人
Búshì。Zhèlǐ shì sùshè。
不是。这里是宿舍。

秀英
Nà me, nàlǐ shì túshūguǎn ma?
那么，那里是图书馆吗?

路人
Shì。Nàlǐ shì túshūguǎn。
是。那里是图书馆。

秀英 : 여기가 도서관인가요?
路人 : 아니요. 여기는 기숙사입니다.
秀英 : 그러면 저기가 도서관인가요?
路人 : 네. 저기가 도서관입니다.

宿舍
宿舍[sù shè]는 '기숙사' 또는 '숙소'라는
뜻을 가지고 있습니다.

Zhùyì xiāojìnshíjiān.
注意宵禁时间.
통금시간 주의하세요.

11 그것들은 뭐예요?

王明

Nàxiē shì shénme?
那些是什么?

张娜

Nàxiē shì wǒ de bǐjìběn.
那些是我的笔记本。 ◀

王明

Zhèxiē shì shénme?
这些是什么?

张娜

Zhèxiē shì wǒ de shū.
这些是我的书。

王明 : 그것들은 뭐예요?
张娜 : 그것들은 제 공책입니다.
王明 : 이것들은 뭐예요?
张娜 : 이것들은 제 책입니다.

笔记本

중국에서 공책을 뜻하는 단어는 공책을 사용하는 용도에 따라서 다양한 단어가 존재합니다. 예를 들어 '연습공책'은 练习本[liàn xí běn]이고, '메모장'은 记事本[jì shì běn]입니다.

Yào bǎoshǒu mìmì.
要保守秘密.
비밀 지켜줘야 해요.

12 화장실은 어디에 있나요?

文博

Qǐng wèn, xǐshǒujiān zài nǎr?
请问, 洗手间在哪儿? ◀ 질문하기 앞서 '실례합니다'와 같은 의미로 사용된다.

路人

Xǐshǒujiān zài nàbiān.
洗手间在那边。

文博

Zěnme zǒu?
怎么走?

路人

Yìzhí zǒu jiù hǎo le.
一直走就好了。

文博 : 저기요. 화장실은 어디에 있나요?
路人 : 화장실은 저쪽에 있습니다.
文博 : 어떻게 가나요?
路人 : 쭉 가시면 됩니다.

洗手间

중국에서 화장실을 뜻하는 단어는 다양합니다. 다른 단어로는 卫生间[wèi shēng jiān], 厕所[cè suǒ] 등이 있습니다.

洗发水 [xǐfàshuǐ] : 샴푸
护发素 [hùfàsù] : 린스
沐浴露 [mùyùlù] : 바디워시

			我们	我们	我们	我们
我	们	뜻 한자 병음	wǒ men 우리	wǒ men	wǒ men	wǒ men
你	们	뜻 한자 병음				
咱	们	뜻 한자 병음				
他	们	뜻 한자 병음				
她	们	뜻 한자 병음				
它	们	뜻 한자 병음				
爷	爷	뜻 한자 병음				
奶	奶	뜻 한자 병음				
爸	爸	뜻 한자 병음				
妈	妈	뜻 한자 병음				
哥	哥	뜻 한자 병음				
弟	弟	뜻 한자 병음				

		뜻	
姐	姐	한자	
		병음	
妹	妹	뜻	
		한자	
		병음	
先	生	뜻	
		한자	
		병음	
师	傅	뜻	
		한자	
		병음	
女	士	뜻	
		한자	
		병음	
叔	叔	뜻	
		한자	
		병음	
阿	姨	뜻	
		한자	
		병음	
这	个	뜻	
		한자	
		병음	
那	个	뜻	
		한자	
		병음	
这	边	뜻	
		한자	
		병음	
那	边	뜻	
		한자	
		병음	
哪	边	뜻	
		한자	
		병음	

용맹한 항우는 끝까지 남아 싸우다 결국 스스로 목숨을 끊고 말았지.

그렇게 항우를 물리친 유방은 전국을 통일 할 수 있게 되었지만, 고민이 많았어.

진시황은 강력한 힘으로 전국을 통일하고도 빡빡한(?) 정치로 금방 무너졌고

항우도 군사력은 월등했지만, 강력한 지위를 갖지 못해 주변 제후국들에게 시달려야만 했지.

그래서 유방은 먼저 자신을 황제로 칭하여 지위를 공고히 하고, 공을 세운 자에게 동쪽 땅을 나누어 준 후

여러 가지 구실로 하나씩 제후국을 제거하기 시작했어.

토끼(중국 통일)를 잡기 위해 사냥개(충신)를 이용하고는 토끼가 잡히자 사냥개는 삶아 먹고 말아버린 거지.

토사구팽

유방은 자신을 따르던 옛 충신들 조차 철저히 제거하면서, 잠재적인 반항 세력을 없애버렸는데

야박하지만 그런 유방의 방식 덕분에, 안정적으로 통일된 국가를 운영할 수 있었지.

어때, 한나라는 그 이름만으로도 중국 역사에 얼마나 큰 영향을 주었는지 알 수 있겠지?

한자

한족

그런 한나라의 치세가 안정적으로 지속되는가 싶더니

유교   漢   율령

세월이 흘러 한나라는 쪼개지고 다시 한번 혼란의 시기가 찾아오는데

유교   漢   율령

우리에게 익숙한 삼국지의 시대야!

위, 촉, 오. 이 세 나라는 치고받고 장난 아니었어.

한나라의 정통을 이어받은 위나라는 가장 강력한 국가였지만

내 빽이야

漢

실제로 전국을 통일한 것은 진(晉)나라였어.

진나라는 위나라를 계승한 나라야.

당시, 북방 초원지대의 유목민족도 힘을 키워가고 있었는데, 진나라는 그들에게 북쪽 땅을 내어주고 남쪽으로 이동하게 돼. 남과 북이 서로 대립하는 시기인 거지.

응? 아까 나왔던 진나라가 또 나온 거 아니냐고?

하하, 한국어 발음이 같아서 헷갈릴 수 있겠지만, 완전 다른 나라야.

秦
qín 친

晉
Jìn 찐

다시 돌아와서, 사실 중원 이북에는 항상 유목민들이 활동하고 있었어.

그들은 북방의 척박한 초원지대보다, 따뜻하고 자원이 풍부한 중원을 약탈하려 했지.

이 시기부터 본격적으로 남쪽 땅을 노리기 시작했지!

그 팽팽한 긴장을 깨고 왕좌에 오른 건 수나라였지만

잦은 전쟁과 대운하 건설 등, 무리한 정치사업으로 금방 끝나버리고 말았고

계획은 완벽했는데..!

그 자리를 꿰찬 건 당나라야!

당나라는 실크로드를 통해 서방과 교역하며 문화, 경제 등 다방면에 발전을 이루었지.

잘 부탁하오~

저야 말로~

당시 수도인 장안에만 100만의 인구가 살았다니, 얼마나 번화했는지 상상이 가지?

아주 풍요롭구만~

물론 당나라 시기에도 주변국들이 많이 있었어.

옆 동네는 뭐가 저렇게 시끄러워.

서쪽에는 위구르족과 티베트족, 북쪽에는 몽골족과 거란족이 자리 잡고 있었지.

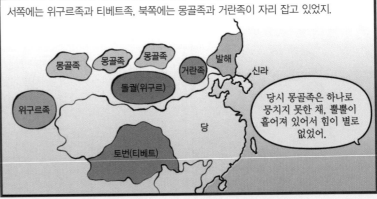

몽골족
몽골족
몽골족
거란족
발해
신라
돌궐(위구르)
위구르족
당
토번(티베트)

당시 몽골족은 하나로 뭉치지 못한 채, 뿔뿔이 흩어져 있어서 힘이 별로 없었어.

특히 거란족은 동북지역의 세력을 장악하며 점점 강대해지고 있었어.

한편, 당나라 내부에서는 황관의 횡포와 부패한 자들에 대한 불만이 폭발하였고

유목민의 침략도 거세졌어.

그렇게 국제적이고 화려하던 당나라의 시대도 서서히 막을 내리는데

다시 한번 중원을 차지하기 위한 기나긴 혼란의 시기를 예고하였지.

또 혼란이 몰려오는군.

이 때를 "오대십국"이라고 불러.

거란
진
연
조
기
후량
전촉
오
오월
초
민
남한

오대는 황하 유역인 중원에서 활약하던 다섯 개의 나라,
십국은 장강 유역인 강남지방에서 힘을 키운 나라들이었지.

거란

여진

고려

황하

5대 : 후량·후당·후진·후한·후주

장강

10국 : 오·남당·오월·민·형남
초·남한·전촉·후촉·북한*

*북한은 다른 십국들과 달리 북쪽에 위치.

이처럼, 수많은 나라가 생겼다
사라지기를 반복했다는 건데

얼마나 많은 세력이 뒤엉키어
싸웠는지 가늠이 가지?

이 시기 즈음에는 늘 중요한 위치였던
황하 유역 이외에도

물과 쌀이 풍부한 강남지방 역시
신도시로 주목받기 시작했어.

이제 땅을 두고 싸우는 일이 더
치열해지겠지?

중원 땅은 물론 강남지방에도
다들 침을 흘리기 시작했으니까 말이야.

아무튼 그 많은 나라 중에서 모두를
물리치고 당의 뒤를 이은 건 바로
송나라였어.

송나라는 당나라의 화려함보다,
고풍스럽고 귀족적인 문화를 키워 갔지.

그들은 전쟁보다는 글과 그림에 심취해
있었는데

전쟁의 불안 속에서도 문화와 예술의
꽃을 피웠던 거야.

하지만, 이때는 약육강식의 시대였던 거 알지? 약하면 잡아먹히고 마는 거지.

송나라와 북방 민족 간에 다툼이 점점 심해지던 시기였고

북쪽에선 바로 유목민 트리오가 힘자랑하기 시작하던 때였어.

먼저 전성기를 맞이한 건 거란족이야!

이제 우리 시대다! 하하하

거란족이 세운 요나라가 지금의 몽골지역과 위구르 지역, 발해까지 멸망시키며 세력을 확장했지.

그렇게 송나라의 북쪽 땅을 야금야금 정복하기 시작했는데

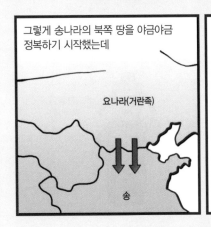

알다시피, 거란족은 유목민이지만, 중원에 살던 백성들은 농사를 짓는 한족이었거든.

그러다 보니 어려움이 많았어.

나랏일에 쉬운 일로 없지

사실, 이건 말이야. 수많은 유목민족이 골치 아프게 생각하던 거거든.

이 일을 어쩌지

이들은 싸움은 잘했기 때문에, 중원에 자리 잡는 데는 성공하지만, 한족을 통치하는 데에는 매우 서툴렀어.

그래서 번번이 긴 시간을 통치하는 건 실패하고 말았지.

거란 말로 쓴 책 없나?

110

하지만 요나라는 유목민족과 한족 간의 문화 차이를 확실히 인식하며

한족의 문화를 배우면서 유목민이 부족하던 통치능력도 키웠고

또한, 불교를 적극적으로 받아들이며, 조형미가 뛰어난 불상도 많이 남겼지.

전쟁만 잘한 게 아니네? 하하

한편, 국가간 세력다툼은 끊이지 않고 계속 이어졌는데

마침, 두 나라가 싸움에 여념이 없을 때, 만주족도 세력을 키워갔고

체력이나 길러야지

금이란 이름으로 나라를 세우며 역사에 등장하게 되었지.

金

이때 이름은 개명 전 이름인 여진족이었어.

요를 두려워한 송은 급부상한 신흥국, 금을 꼬셔서 함께 요를 공격했고

내가 혼~내줄게!

요는 결국 중원을 버리고 서쪽으로 후퇴해버렸어.

부여양

요나라(거란족)

서하

송

공공의 적이 사라진 송과 금은 다시 싸움을 시작했는데

VS

전쟁에서 밀리던 송은 결국, 더 남쪽으로 도망가야 했지.

북송

남송

남쪽으로 도망간 시기를 남송이라고 해.

하지만 아직 더 강력한 자가 등장하지 않았으니. 바로 몽골족이야.

주인공은 항상 마지막에 등장!

몽골족 역시 씨족들끼리 연대하며 서서히 힘을 키우고 있었지.

몽골

금

서요

서하

송

➡ 만화는 142쪽에서 계속 이어집니다. 111

02

명사 기본 문형

我是韩国人。
나는 한국인이에요.

자기 소개할 때 '나는 한국인입니다'라고 종종 말하죠.
중국에서는 위 문장을 是shì 동사를 써서 표현합니다.

$$\text{A} \quad \overset{\text{shì}}{是} \quad \text{B}$$

우리말로 직역하면 'A는 B이다'라는 뜻입니다.

A는 B이다

是shì 동사는 언뜻 보면 영어의 be 동사와 흡사합니다.
하지만 是shì 동사는 형용사와 함께 쓰이지 않는다는 점에서 다릅니다.
즉, A와 B자리엔 명사만 올 수 있는 것이죠.

명사A   是   명사B

두 명사 사이의 是shì 동사는 앞뒤 두 명사가
서로 같다고 인정하는 뜻으로 쓰입니다.

: 나는 한국인이에요.

Wǒ	shì	Hánguórén
我	是	韩国人
나	~이다	한국인

: 샤오밍은 학생이에요.

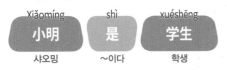

Xiǎomíng	shì	xuéshēng
小明	是	学生
샤오밍	~이다	학생

《 읽어보세요 Be동사와 다른 是동사

是[shì] 동사는 주어와 목적어가 같다고
인정하는 뉘앙스를 가져 영어의 be 동사
와 유사합니다. 하지만 다음 두 가지 이유
로 be 동사와 다릅니다.

❶ 동사 뒤는 항상 명사

형용사와 결합 가능한 be 동사와 달리,
是 동사는 뒤에 명사만 올 수 있습니다.

(1) 영어

I am happy. 형   (O)

I am a student. 명   (O)

(2) 중국어

: 저는 행복해요.

我 是 幸福. 형   (X)

: 저는 학생이에요.

我 是 学生. 명   (O)

❷ 인칭 변화가 없다

영어의 be 동사는 인칭 변화가 많습니다.
그러나, 是 동사는 원형 그대로 사용됩니다.

am = 是   are = 是
                 is = 是

be = 是
원형

《 읽어보세요 의미가 다양한 是동사

A와 B는 같다는 '인정'의 뜻 외에 是[shì]
동사는 여러 의미를 갖습니다.

❶ 존재 : 서랍 안에는 모두 책이다.

Chōutì lǐ / dōu / shì / shū.
抽屉里 / 都 / 是 / 书。
서랍 안에 / 모두 / ~이다 / 책

❷ 강조 (是...的) : 그는 한국에서 온 게 맞다.

Tā / shì / cóng Hánguó / lái / de。
他 / 是 / 从韩国 / 来 / 的。
그 / 맞다 / 한국에서 / 오다 / (강조)

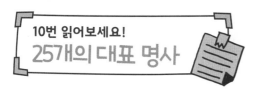

10번 읽어보세요!
25개의 대표 명사

따라 말하기

남자 nán rén **男人**	여자 nǚ rén **女人**	소녀 nǚ hái **女孩**	소년 nán hái **男孩**	어린이 xiǎo hái **小孩**
어른 chéng rén **成人**	엄마 mā ma **妈妈**	아빠 bà ba **爸爸**	남동생 dì di **弟弟**	여동생 mèi mei **妹妹**
오빠·형 gē ge **哥哥**	언니·누나 jiě jie **姐姐**	남편 zhàng fu **丈夫**	아내 qī zi **妻子**	친구 péng you **朋友**
이름 míng zi **名字**	학생 xué shēng **学生**	대학생 dà xué shēng **大学生**	선생님 lǎo shī **老师**	직장인 shàng bān zú **上班族**
의사 yī shēng **医生**	간호사 hù shi **护士**	경찰 jǐng chá **警察**	군인 jūn rén **军人**	소방관 xiāo fáng yuán **消防员**

 해석을 보고 빈칸에 알맞은 인칭대명사와 명사를 채워보세요.

1 저는 학생입니다.

( ) 是 ( )

2 그는 중국인입니다.

( ) 是 ( )

3 그들은 직장인입니다.

( ) 是 ( )

4 저희는 대학생입니다.

( ) 是 ( )

5 저는 미나입니다.

( ) 是 ( )

6 그는 선생님입니다.

( ) 是 ( )

7 그들은 경찰입니다.

( ) 是 ( )

8 저는 의사입니다.

( ) 是 ( )

9 그녀들은 간호사입니다.

( ) 是 ( )

10 그들은 군인입니다.

( ) 是 ( )

정답입니다!

1 我是学生。Wǒ shì xuéshēng.
3 他们是上班族。Tāmen shì shàngbānzú.
5 我是米娜。Wǒ shì Mǐnà.
7 他们是警察。Tāmen shì jǐngchá.
9 她们是护士。Tāmen shì hùshi.

2 他是中国人。Tā shì Zhōngguórén.
4 我们是大学生。Wǒmen shì dàxuéshēng.
6 他是老师。Tā shì lǎoshī.
8 我是医生。Wǒ shì yīshēng.
10 他们是军人。Tāmen shì jūnrén.

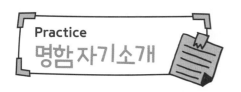

OLD STAIRS

王秀英

营销队长
[Tel] 010-1234-5678
[email] wangxiuying@com

제 이름은 왕슈잉입니다.
我 叫 王秀英。

저는 중국 사람입니다.
我 是 中国人。

저는 출판사 마케팅 팀장입니다.
**我 是 *出版社 的
*营销 *队长。**

***出版社** chūbǎnshè 출판사　***营销** yíngxiāo 마케팅
***队长** duìzhǎng 팀장

 아래 명함을 보고 다음 문장을 만들어보세요.

INTERNATIONAL
STUDENT
IDENTITY CARD

Studies at
University of Beijing
Name
Lee Ji Hoon
Born
10/28/1996

제 이름은 지훈입니다.
_____

저는 한국 사람입니다.
_____

저는 대학생입니다.
_____

·정답입니다!·

1 **我叫智训。** Wǒ jiào Zhìxùn。　2 **我是韩国人。** Wǒ shì Hánguórén。　3 **我是大学生。** Wǒ shì dàxuéshēng。

 위와 같이 본인의 학생증/명함을 만들고 자신을 소개해보세요.

제 이름은 _____ 입니다.
_____

저는 _____ 사람입니다.
_____

저는 _____ 입니다.
_____

누군가 나의 가족관계를 물을 때 '나는 여동생이 있어'라고 답할 수 있죠.
중국에서는 위 문장을 有 yǒu 동사를 써서 표현합니다.

A 有 B
yǒu

우리말로 직역하면 'A는 B를 가지고 있다'라는 뜻입니다.

A는 B를 가지고 있다

有 yǒu 동사도 마찬가지로 앞뒤로 명사가 옵니다.
두 명사 사이에 자리한 有 yǒu 동사는
A가 B를 소유함을 나타냅니다.

명사A	有	명사B

有 yǒu 동사는 소유의 의미가 있기 때문에
주로 A에는 사람이, B에는 사람 혹은 사물이 옵니다.

사람	有	사람/사물

: 나는 여동생이 있어요.

Wǒ	yǒu	mèimei
我	有	妹妹
나	~있다	여동생

: 나는 연필을 가지고 있어요.

Wǒ	yǒu	qiānbǐ
我	有	铅笔
나	~있다	연필

TIP

읽어
보세요 » **의미가 다양한 有동사**

有 [yǒu] 동사는 소유를 나타내는 '~를 가지
고 있다' 외에도 다양한 의미를 갖습니다.

❶ 소유 : 나는 돈을 가지고 있다.

Wǒ / yǒu / qián.
我 / 有 / 钱。
나 / 가지고 있다 / 돈.

❷ 존재 : 지갑 안에 돈이 있다.

Qiánbāo lǐ / yǒu / qián.
钱包里 / 有 / 钱。
지갑 안에 / 있다 / 돈.

❸ 발생 : 그는 병이 났다.

Tā / yǒu / bìng / le.
他 / 有 / 病 / 了。
그 / 생기다 / 병 / (변화).

❹ 비교 : 그녀는 이미 엄마만큼 키가 커졌다.

Tā / yǐjīng / yǒu / māma / gāo / le.
她 / 已经 / 有 / 妈妈 / 高 / 了。
그녀 / 이미 / 만큼 / 엄마 / 키크다 / (변화).

❺ 불특정 : 그는 어떤 때는 어린애 같다.

Tā / yǒu / shíhòu / hěn / xiàng / xiǎoháizi.
他 / 有 / 时候 / 很 / 像 / 小孩子。
그 / 어떤 / 때 / 매우 / ~와 같다 / 어린애.

사과	배	바나나	딸기	포도
píng guǒ 苹果	lí 梨	xiāng jiāo 香蕉	cǎo méi 草莓	pú táo 葡萄

개	고양이	닭	소	양
gǒu 狗	māo 猫	jī 鸡	niú 牛	yáng 羊

종이	표	책	일기	소설
zhǐ 纸	piào 票	shū 书	rì jì 日记	xiǎo shuō 小说

양말	장갑	옷	셔츠	양복
wà zi 袜子	shǒu tào 手套	yī fu 衣服	chèn shān 衬衫	xī fú 西服

자동차	버스	기차	자전거	택시
chē 车	gōng jiāo chē 公交车	huǒ chē 火车	zì xíng chē 自行车	chū zū chē 出租车

한눈에 배운다!
물건을 세는 양사

마리, 권, 장

양사는 사람, 사물의 단위나 동작의 횟수를 나타내는 단어를 말합니다.
우리말의 단위명사와 비슷하죠.

한국어	중국어
고양이 한 마리	1 只 猫
책 두 권	2 本 书
사과 세 개	3 个 苹果

하지만 어순은 다릅니다. 명사에 해당하는 '책'이 양사 뒤로 이동합니다.

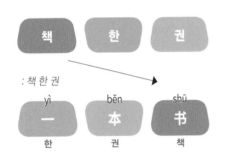

: 책 한 권

yì   běn   shū
一   本   书
한   권   책

<< 읽어 보세요   **자유로운 우리말 단위 어순**

수사와 단위가 함께 명사를 수식할 때, 우리말에는 두 가지 표현법이 있습니다.

❶ **고양이** 한 마리
❷ 한 마리 **고양이**

1번 표현을 더 많이 쓰기는 하지만 '한 마리'가 고양이 앞에 오는 2번 표현 또한 같은 의미로 해석이 됩니다.

<< 읽어 보세요   **엄격한 중국어의 단위 어순**

반면에 중국어는 수사와 양사의 어순이 고정되어 있습니다. 수사와 양사는 항상 수식의 대상인 명사 앞에 옵니다.

❶ 一 只 猫
    수사 양사 명사

수사 1의 성조 변화

숫자 1 一 yī 는 단독으로 읽을 때와 서수로 쓰일 때만 1성으로 읽습니다.
양사 앞에 오는 수사로 쓰일 때는 성조 변화가 일어나죠. 그러나 수사 一 yī 의 성조 변화는 어렵지 않습니다.
우선, 수사 一 yī 뒤에 1, 2, 3성이 오면 1성에서 4성으로 변화되어 一 yì 가 됩니다.

一张 yì zhāng   一条 yì tiáo   一本 yì běn
一 + 1성   一 + 2성   一 + 3성

그렇다면 4성이 오면 어떻게 변화할까요? 1성에서 2성으로 변화되어 一 yí 가 됩니다.

一件 yí jiàn
一 + 4성

경성이 와도 마찬가지입니다. 2성으로 변화되어 一 yí 라고 읽습니다.

一个 yí ge
一 + 경성

10번 읽어보세요!
꼭 알아야 하는 양사

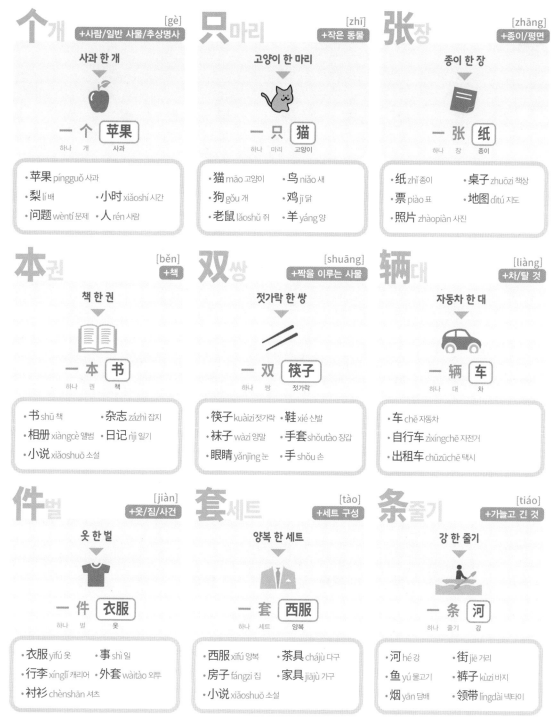

个 개 [gè]
+사람/일반 사물/추상명사

사과 한 개

一 个 苹果
하나 개 사과

- 苹果 píngguǒ 사과
- 梨 lí 배
- 小时 xiǎoshí 시간
- 问题 wèntí 문제
- 人 rén 사람

只 마리 [zhī]
+작은 동물

고양이 한 마리

一 只 猫
하나 마리 고양이

- 猫 māo 고양이
- 鸟 niǎo 새
- 狗 gǒu 개
- 鸡 jī 닭
- 老鼠 lǎoshǔ 쥐
- 羊 yáng 양

张 장 [zhāng]
+종이/평면

종이 한 장

一 张 纸
하나 장 종이

- 纸 zhǐ 종이
- 桌子 zhuōzi 책상
- 票 piào 표
- 地图 dìtú 지도
- 照片 zhàopiàn 사진

本 권 [běn]
+책

책 한 권

一 本 书
하나 권 책

- 书 shū 책
- 杂志 zázhì 잡지
- 相册 xiàngcè 앨범
- 日记 rìjì 일기
- 小说 xiǎoshuō 소설

双 쌍 [shuāng]
+짝을 이루는 사물

젓가락 한 쌍

一 双 筷子
하나 쌍 젓가락

- 筷子 kuàizi 젓가락
- 鞋 xié 신발
- 袜子 wàzi 양말
- 手套 shǒutào 장갑
- 眼睛 yǎnjīng 눈
- 手 shǒu 손

辆 대 [liàng]
+차/탈 것

자동차 한 대

一 辆 车
하나 대 차

- 车 chē 자동차
- 自行车 zìxíngchē 자전거
- 出租车 chūzūchē 택시

件 벌 [jiàn]
+옷/짐/사건

옷 한 벌

一 件 衣服
하나 벌 옷

- 衣服 yīfú 옷
- 事 shì 일
- 行李 xínglǐ 캐리어
- 外套 wàitào 외투
- 衬衫 chènshān 셔츠

套 세트 [tào]
+세트 구성

양복 한 세트

一 套 西服
하나 세트 양복

- 西服 xīfú 양복
- 茶具 chájù 다구
- 房子 fángzi 집
- 家具 jiājù 가구
- 小说 xiǎoshuō 소설

条 줄기 [tiáo]
+가늘고 긴 것

강 한 줄기

一 条 河
하나 줄기 강

- 河 hé 강
- 街 jiē 거리
- 鱼 yú 물고기
- 裤子 kùzi 바지
- 烟 yān 담배
- 领带 lǐngdài 넥타이

주의
일반적으로 '사람'을 수식할 때는 양사 个 gè를 사용합니다. 그러나 가족, 식구를 이야기할 때는 口 kǒu를, 직업과 신분을 이야기할 때는 名 míng 을, 공식적인 자리에서 상대방을 높일 때는 位 wèi를 사용합니다.
예) 네 식구 [四口人 sìkǒu rén], 세 명의 학생 [三名学生 sānmíng xuéshēng], 선생님 한 분 [一位老师 yíwèi lǎoshī]

Practice
알맞은 양사를 붙이자

따라 말하기

 빈칸 안에 알맞은 양사를 채워 넣으세요.

보기

gè	zhī	zhāng	běn	shuāng	liàng	jiàn	tào	tiáo
个	**只**	**张**	**本**	**双**	**辆**	**件**	**套**	**条**
개	마리	장	권	쌍	대	벌	세트	줄기

一 __只__ 狗 개 한 마리	两 __件__ 行李 캐리어 두 벌	三 __个__ 人 사람 세 개	四 __条__ 裤子 바지 네 줄기
一 __个__ 梨 배 한 개	两 __双__ 袜子 양말 두 쌍	三 __张__ 照片 사진 세 장	四 __本__ 相册 앨범 네 권
一 __本__ 小说 소설책 한 권	两 __只__ 狗 개 두 마리	三 __双__ 筷子 젓가락 세 쌍	四 __双__ 手套 장갑 네 쌍
一 ____ 巴士 버스 한 대 `01`	两 ____ 领带 넥타이 두 줄기 `02`	三 ____ 羊 양 세 마리 `03`	四 ____ 车 자동차 네 대 `04`
一 ____ 鱼 물고기 한 줄기 `05`	两 ____ 地图 지도 두 장 `06`	三 ____ 河 강 세 줄기 `07`	四 ____ 桌子 책상 네 장 `08`
一 ____ 西服 양복 한 세트 `09`	两 ____ 出租车 택시 두 대 `10`	三 ____ 日记 일기장 세 권 `11`	四 ____ 衣服 옷 네 벌 `12`
一 ____ 票 표 한 장 `13`	两 ____ 家具 가구 두 세트 `14`	三 ____ 外套 외투 세 벌 `15`	四 ____ 鸟 새 네 마리 `16`

정답입니다!

1 辆 liàng	2 条 tiáo	3 只 zhī	4 辆 liàng
5 条 tiáo	6 张 zhāng	7 条 tiáo	8 张 zhāng
9 套 tào	10 辆 liàng	11 本 běn	12 件 jiàn
13 张 zhāng	14 套 tào	15 件 jiàn	16 只 zhī

Practice
알맞은 양사를 붙이자

따라 말하기

✏️ 빈칸 안에 알맞은 양사와 명사를 채워 넣으세요.

잡지	자전거	신발	셔츠	사과	고양이
zázhì	zìxíngchē	xiézi	chènshān	píngguǒ	māo
杂志	自行车	鞋子	衬衫	苹果	猫

---

1 저는 잡지 한 권이 있어요.

我有　　　　　　.

2 저는 사과 한 개가 있어요.

我有　　　　　　.

3 저는 신발 두 켤레가 있어요.

我有　　　　　　.

4 저는 고양이 두 마리가 있어요.

我有　　　　　　.

5 저는 자전거 세 대가 있어요.

我有　　　　　　.

6 저는 신발 한 켤레가 있어요.

我有　　　　　　.

7 저는 셔츠 두 벌이 있어요.

我有　　　　　　.

8 저는 사과 네 개가 있어요.

我有　　　　　　.

9 저는 고양이 한 마리가 있어요.

我有　　　　　　.

10 저는 잡지 두 권이 있어요.

我有　　　　　　.

정답입니다!

1️⃣ 我有一本杂志。Wǒ yǒu yì běn zázhì。
3️⃣ 我有两双鞋子。Wǒ yǒu liǎng shuāng xiézi。
5️⃣ 我有三辆自行车。Wǒ yǒu sān liàng zìxíngchē。
7️⃣ 我有两件衬衫。Wǒ yǒu liǎng jiàn chènshān。
9️⃣ 我有一只猫。Wǒ yǒu yì zhī māo。

2️⃣ 我有一个苹果。Wǒ yǒu yí ge píngguǒ。
4️⃣ 我有两只猫。Wǒ yǒu liǎng zhī māo。
6️⃣ 我有一双鞋子。Wǒ yǒu yì shuāng xiézi。
8️⃣ 我有四个苹果。Wǒ yǒu sì ge píngguǒ。
🔟 我有两本杂志。Wǒ yǒu liǎng běn zázhì。

사고친 동생이 집에 어머니가 계신지 물을 때
'엄마는 집에 있어'라고 답할 수 있죠.
중국에서는 위 문장을 在 zài 동사를 써서 표현합니다.

우리말로 직역하면 'A는 B에 있다'라는 뜻입니다.

在 zài 동사도 마찬가지로 앞뒤로 명사가 옵니다.
다만 위치와 존재를 나타내는 동사인 만큼
명사의 자리가 확실하게 정해져 있습니다.
동사 뒤 명사에는 장소를 나타내는 명사만 올 수 있습니다.

: 나는 학교에 있어요.

Wǒ	zài	xuéxiào
我	在	学校
나	~에 있다	학교

: 아빠는 중국에 계세요.

Bàba	zài	Zhōngguó
爸爸	在	中国
아빠	~에 있다	중국

TIP

>> 읽어보세요 **장소명사란?**

장소명사란 장소를 나타내는 말로 지시대명사, 방위사, 명사가 있습니다.

지시대명사

나는 여기에 있어요.
我在这儿。

방위사

나는 앞쪽에 있어요.
我在前边。

명사

나는 학교에 있어요.
我在学校。

>> 읽어보세요 **존재의 在**

在[zài]는 사람이나 사물의 명확한 위치를 나타내는 동사이지만, '내 마음속'과 같이 추상적인 장소에 존재함을 나타내기도 합니다.

그는 내 마음속에 있어요.
他在我心里。
그 ~에 있다 내 마음 속

>> 읽어보세요 **전치사도 동사도 되는 在**

在[zài]는 동사 '~에 있다'의 의미로 사용되기도 하지만, 명사와 결합해 장소를 나타내는 전치사 '~에서'의 의미로도 사용됩니다.

그는 학교에서 일합니다.
他在学校工作。
그 ~에서 학교 일하다

在 zài 동사와 같이 위치와 존재를 나타내는 또 다른 동사가 있습니다.
바로 앞서 배운 是 shì 와 有 yǒu 동사입니다.

A 是 shì / 有 yǒu B

다만, 在 zài 동사와 어순이 다릅니다.
장소를 나타내는 명사는 동사 앞으로,
주어였던 사람·사물은 목적어 자리로 이동합니다.

사람·사물　在　장소명사
⤬
장소명사　是/有　사람·사물

그렇다면 是 shì 와 有 yǒu 동사는 어떤 차이가 있을까요?
우선 是 shì 동사는 질문하는 사람이 책상 위에 무언가가 있는
사실을 알고 있으며, 그 물건이 무엇인지를 묻는 느낌이라면,
有 yǒu 동사는 백지상태에서 책상 위에 무엇이 있는지 묻는 말이 됩니다.

是
Q. 〈장소명사〉에 있는 것은 〈무엇〉인가요?
A. 〈장소명사〉에 있는 것은 〈사람·사물〉입니다.

: 책상 위에 있는 것은 책이에요.

Zhuōzishàng　shì　shū
桌子上　是　书
책상 위　~에 있다　책

有
Q. 〈장소명사〉에 〈무언가〉가 있습니까?
A. 〈장소명사〉에 〈사람·사물〉이 있습니다.

: 책상 위에 책이 있어요.

Zhuōzishàng　yǒu　shū
桌子上　有　书
책상 위　~에 있다　책

TIP

《 읽어
보세요
특정 인물은 在동사와만

특정한 인물의 위치를 나타내려면 在[zài]
동사를 써서 표현할 수 있습니다.

샤오왕은 학교에 있습니다. (O)
小王在学校。
샤오왕 ~에 있다 학교

그러나 특정한 인물은 是[shì]와 有[yǒu]
동사와 함께 쓰일 수 없습니다.

학교에 있는 것은 샤오왕입니다. (X)
学校是小王。
학교 ~에 있다 샤오왕

학교에 샤오왕이 있습니다. (X)
学校有小王。
학교 ~에 있다 샤오왕

《 읽어
보세요
불특정 인물은 有동사와만

불특정한 인물의 위치를 나타내려면 有
[yǒu] 동사를 써서 표현할 수 있습니다.

교실 안에 두 사람이 있습니다. (O)
教室里有两个人。
교실 안 ~에 있다 두 사람

그러나 불특정한 인물은 是[shì]와 在[zài]
동사와 함께 쓰일 수 없습니다.

교실 안에 있는 것은 두 사람입니다. (X)
教室里是两个人。
교실 안 ~에 있다 두 사람

두 사람이 교실 안에 있습니다. (X)
两个人在教室里。
두 사람 ~에 있다 교실 안

이때 주의할 것은 '두 사람'이 이미 알고
있는 특정 인물일 경우 在[zài]동사와 함
께 쓰일 수 있다는 것입니다.

그 두 사람은 교실 안에 있습니다. (O)
两个人在教室里。
(그)두 사람 ~에 있다 교실 안

방향을 나타내는 명사를 방위사라고 합니다. 우리말의 '위, 아래, 안, 바깥'과 같은 것들이죠.

명사에는 그 자체로 장소를 나타내는 것과 그렇지 않은 것이 있습니다.
'중국, 북경, 교실, 사무실' 등이 장소를 나타낸다면,
'위, 아래, 안, 바깥'과 같은 단순 방위사는 그렇지 않은 것들이죠.
하지만 방위사 뒤에 '~쪽'과 같은 접미사가 붙으면 장소가 됩니다.
边 biān과 面 miàn이 그 대표적인 접미사입니다.

	一边(~쪽)	一面(~쪽)
위쪽	上边 shàng biān	上面 shàng miàn
아래쪽	下边 xià biān	下面 xià miàn
왼쪽	左边 zuǒ biān	左面 zuǒ miàn
오른쪽	右边 yòu biān	右面 yòu miàn
앞쪽	前边 qián biān	前面 qián miàn
뒤쪽	后边 hòu biān	后面 hòu miàn
안쪽	里边 lǐ biān	里面 lǐ miàn
바깥쪽	外边 wài biān	外面 wài miàn

边과 面은 모두 '쪽' 의미가 같다!

일반 명사를 장소화하는 또 다른 방법은 명사 뒤에 上 shàng과 里 lǐ를 붙이는 것입니다.
다음 예문을 살펴보겠습니다.

사과는 냉장고에 있어요. ❌
苹果在冰箱。
Píngguǒ zài bīngxiāng。

'냉장고'는 물건이지 장소가 아닙니다. 따라서 위 문장은 문법적으로 틀린 문장이 됩니다.
이때 '냉장고'를 장소화시키는 것이 바로 방위사 '안' 里 lǐ입니다.

사과는 냉장고 안에 있어요. ◎
苹果在冰箱里。
Píngguǒ zài bīngxiāng lǐ。

그렇다면 정확히 언제 上 shàng을 쓰고, 언제 里 lǐ를 쓸까요?
장소를 '면'으로 생각할 때는 上 shàng을, 장소를 '공간'으로 생각할 때는 里 lǐ를 씁니다. 예시를 통해 살펴볼까요?

qiáng shàng	zhuōzi shàng	tiānkōng shàng		qiánbāo lǐ	fángjiān lǐ	xīn lǐ
墙上	桌子上	天空上	⟷	钱包里	房间里	心里
벽 위	탁자 위	하늘 위		지갑 속	방 안	마음 속

동서남북

방향과 위치를 나타내는 명사가 방위사라면
동서남북이 빠질 수 없겠죠?
동서남북 역시 접미사와 결합됩니다.
접미사 边 biān과 面 miàn을 붙이면 장소화 됩니다.

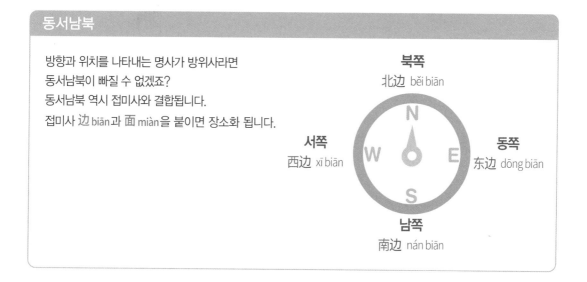

북쪽
北边 běi biān

서쪽
西边 xī biān

동쪽
东边 dōng biān

남쪽
南边 nán biān

따라 말하기

 그림과 해석을 보고 알맞은 방위사를 쓰세요.

1 왼쪽

左边
_____ ✎

2 뒤쪽

_____ ✎

3 위쪽

_____ ✎

4 앞쪽

_____ ✎

5 아래쪽

_____ ✎

6 바깥쪽

_____ ✎

7 안쪽

_____ ✎

8 오른쪽

_____ ✎

정답입니다!

1 **左边** zuǒbiān
3 **上边** shàngbiān
5 **下边** xiàbiān
7 **里边** lǐbiān

2 **后边** hòubiān
4 **前边** qiánbiān
6 **外边** wàibiān
8 **右边** yòubiān

128

따라 말하기

 빈칸에 알맞은 동사와 방위사를 채워보세요.

1 의자 위쪽에 있다

在 zài	椅子 yǐzi	上边

의자

2 상자 안쪽에 있다

在 zài	箱子 xiāngzi	里边

상자

3 의자 뒤쪽에 있다

4 상자 바깥쪽에 있다

5 의자 왼쪽에 있다

6 상자 앞쪽에 있다

7 의자 아래쪽에 있다

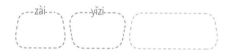

8 상자 오른쪽에 있다

9 의자 앞쪽에 있다

10 상자 뒤쪽에 있다

11 의자 오른쪽에 있다

12 상자 왼쪽에 있다

▶ 정답입니다! ◀

1 **在椅子上边。** Zài yǐzi shàngbiān。
3 **在椅子后边。** Zài yǐzi hòubiān。
5 **在椅子左边。** Zài yǐzi zuǒbiān。
7 **在椅子下边。** Zài yǐzi xiàbiān。
9 **在椅子前边。** Zài yǐzi qiánbiān。
11 **在椅子右边。** Zài yǐzi yòubiān。

2 **在箱子里边。** Zài xiāngzi lǐbiān。
4 **在箱子外边。** Zài xiāngzi wàibiān。
6 **在箱子前边。** Zài xiāngzi qiánbiān。
8 **在箱子右边。** Zài xiāngzi yòubiān。
10 **在箱子后边。** Zài xiāngzi hòubiān。
12 **在箱子左边。** Zài xiāngzi zuǒbiān。

한눈에 배운다!

짝꿍 부정부사

명사로 끝나는 부정문

기본 어순을 배웠다면, 부정문을 만들어볼까요?
앞서 배운 세 가지 동사 是 shì, 有 yǒu, 在 zài 의 부정문은 간단합니다.
각각의 동사 앞에 짝꿍 부정부사를 넣어주기만 하면 됩니다.

중국어에 부정부사는 不 bù, 没 méi 이렇게 두 가지 뿐입니다.
앞서 배운 예문으로 부정문을 만들어보겠습니다.

: 나는 학생이 아니에요.

: 나는 여동생이 없어요.

: 나는 학교에 없어요.

존재 是/有/在의 부정부사

확실한 짝꿍 부정부사가 있는 **是**[shì]동사
와, **有**[yǒu]동사와 달리, **在**[zài]동사는 **不**
[bù]와 **没**[méi] 모두 결합됩니다. 다만, 일
반적으로 **不**[bù]와 결합되며, **没**[méi]는 과
거의 부정 형식에서만 사용됩니다.

A	B
그는 회사에 없다.	不在
그는 회사에 없었다.	没在

단답 '아니다'

단답 '아니다'는 **不是**[búshì], **没有**[méiyǒu]
두 가지가 있지만, 쓰임에 차이가 있습니다.

不是 : 질문 대상이 명사인 경우	
Q. 그녀는 중국인입니까?	**不是** .A

没有 : 질문 대상이 형용사/동사인 경우 : 겸손하게 부정하는 경우	
Q. 너 밥 먹었어?	没有 .A
Q. 선생님 화났어?	没有 .A
Q. 너 성적이 좋구나?	没有 .A

不의 성조 변화를 주의하자

부정부사 **不**[bù]는 원래 4성입니다. 하지
만 뒤에 오는 단어가 4성일 때, **不**[bù]는
2성[bú]으로 변화합니다.

▶不 + 1성
不说 bù shuō

▶不 + 2성
不读 bù dú

▶不 + 3성
不买 bù mǎi

▶不 + 4성
不是 bù shì ━━━▶ bú shì

Let's start

한눈에 배운다!
명사로 끝나는 의문문

문장 끝 吗?

이어서 의문문을 배워보겠습니다.

중국어의 의문문은 하나만 기억하시면 됩니다.

처음 배웠던 기본 문형 문장 끝에 吗 ma 를 붙여주면 됩니다.

의문

앞서 배운 예문으로 의문문을 만들어보겠습니다.

: 당신은 학생인가요?

: 당신은 여동생이 있어요?

: 당신은 학교에 있어요?

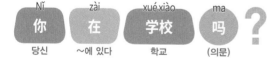

명사로 끝나는 질문하고 답하기

따라 말하기

가족 단톡방

동생: 누나, 대학생이야?
姐姐,你是大学生吗?

긍 나 대학생이야.
我是大学生。

부 나 대학생 아니야.
我不是大学生。

나

 각각의 의문문/긍정문/부정문을 참고하여 빈칸을 채워보세요.

1 오빠, 이거 초콜릿이야?
[   ]?

긍 이거 초콜릿이야.
这个是巧克力。

부 이거 초콜릿 아니야.
这个不是巧克力。

2 너 여동생 있어?
你有妹妹吗?

긍 나 여동생 있어.
[   ].

부 나 여동생 없어.
我没有妹妹。

3 너 회사에 있어?
你在公司吗?

긍 나 회사에 있어.
我在公司。

부 나 회사에 없어.
[   ].

4 할아버지는 중국 사람이에요?
[   ]?

긍 할아버지 중국 사람이야.
爷爷是中国人。

부 할아버지 중국 사람이 아니야.
爷爷不是中国人。

5

집에 자전거 있어요?
你家有自行车吗?

긍 자전거 있어.

.

부 자전거 없어.
没有自行车。

6

할머니, 공원에 계세요?
奶奶，你在公园吗?

긍 나는 공원에 있어요.
我在公园。

부 나는 공원에 없어요.

.

7

형은 의사야?

?

긍 나 의사야.
我是医生。

부 나 의사 아니야.
我不是医生。

8

앞쪽에 병원이 있나요?
前面有医院吗?

긍 앞쪽에 병원이 있습니다.

.

부 앞쪽에 병원이 없습니다.
前面没有医院。

9

교실 안에 사람이 있나요?
教室里面有人吗?

긍 교실 안에 한 명 있어요.
教室里面有一个人。

부 교실 안에 사람이 없어요.

.

10

누나 집에 있어?

?

긍 누나 집에 있어요.
姐姐在家。

부 누나 집에 없어요.
姐姐不在家。

· 정답입니다!

1 哥哥, 这个是巧克力吗? Gēge, zhège shì qiǎokèlì ma?
2 我有妹妹。 Wǒ yǒu mèimei。
3 我不在公司。 Wǒ bú zài gōngsī。
4 爷爷是中国人吗? Yéye shì Zhōngguórén ma?
5 有自行车。 Yǒu zìxíngchē。
6 我不在公园。 Wǒ bú zài gōngyuán。
7 哥哥是医生吗? Gēge shì yīshēng ma?
8 前面有医院。 Qiánmiàn yǒu yīyuàn。
9 教室里面没有人。 Jiàoshì lǐmiàn méi yǒu rén。
10 姐姐在家吗? Jiějie zài jiā ma?

1 저는 대학생입니다.

 永明

Wǒ shì yǒngmíng.
我是永明。

Wǒ shì Hánguórén.
我是韩国人。

Wǒ shì dàxuéshēng.
我是大学生。

Wǒ zhù zài shǒuěr.
我住在首尔。

永明 : 저는 용밍입니다.
　　　저는 한국인입니다.
　　　저는 대학생입니다
　　　저는 서울에 삽니다.

2 너 책 몇 권 있어?

 李娜

Nǐ yǒu jǐ běn shū?
你有几本书?

 张伟

Wǒ yǒu sān běn shū.
我有三本书。

Nǐ yǒu jǐ zhāng zhǐ?
你有几张纸?

 李娜

Wǒ yǒu wǔ zhāng zhǐ.
我有五张纸。

李娜 : 너 책 몇 권 있어?
张伟 : 나 책 세 권 있어.
　　　너 종이 몇 장 있어?
李娜 : 나 종이 다섯 장 있어.

TIP

Bié zhēténg wǒ le!
别折腾我了.
날 좀 그만 괴롭혀!

◀ 住在
住在는 '～에서 산다'라는 뜻입니다.

◀ 几
几는 '몇'이라는 뜻으로 주로 10이하의 확실하지 않은 수를 물을 때 쓰입니다.

따라 말하기

3 너 자동차 있어?

 文博
Nǐ yǒu chē ma?
你有车吗?

 张敏
Wǒ yǒu liǎng liàng chē.
我有两辆车。 개수를 셀 때는 二이 아닌 两을 써야 한다.

 文博
Zìxíngchē yě yǒu ma?
自行车也有吗?

 张敏
Wǒ méiyǒu zìxíngchē.
我没有自行车。

文博 : 너 자동차 있어?
张敏 : 나 자동차 두 대 있어.
文博 : 자전거도 있어?
张敏 : 아니. 자전거는 없어.

TIP

Qǐngràngyíxià.
请让一下.
좀 비켜주세요.

自行车
중국에서 '자전거'를 뜻하는 단어는 自行车[zìxíngchē]이외에도 单车[dān chē]라는 단어를 많이 사용하고 있습니다.

4 너 돈 있어?

 张娜
Nǐ yǒu qián ma?
你有钱吗?

 秀英
Wǒ yǒu qián.
我有钱。

 张娜
Nàme mǎi sān gè píngguǒ ba.
那么买三个苹果吧。

 秀英
Jiā lǐ yǒu píngguǒ.
家里有苹果。

张娜 : 너 돈 있어?
秀英 : 나 돈 있어.
张娜 : 그럼 사과 3개 사자.
秀英 : 집에 사과 있어.

吧
吧[ba]는 문장의 말미에 쓰여 상의·권유·명령 또는 승낙의 뜻을 가지고 있습니다.

Hǎo tián a~!
好甜啊~!
엄청 달다~!

5 책상 위에 뭐 있어?

小明

Zhuōzi shàngmiàn yǒu shénme?
桌子上面有什么？

李娜

Zhuōzi shàngmiàn yǒu yì zhāng dìtú.
桌子上面有一张地图。

小明

Zhuōzi xiàmiàn yǒu shénme?
桌子下面有什么？

李娜

Zhuōzi xiàmiàn yǒu yì zhī māo.
桌子下面有一只猫。

小明 : 책상 위에 뭐 있어?
李娜 : 책상 위에 지도 한 장 있어.
小明 : 책상 아래에 뭐 있어?
李娜 : 책상 아래에 고양이 한 마리 있어.

上面

上面shàngmiàn은 '위쪽'이라는 뜻 외에도 '표면', '분야', '상부, 상급' 등의 뜻이 있습니다.

Zhèér yǒu zuòwèi.
这儿有座位.
여기 자리 있어요

6 그는 회사에 있어?

王明

Tā zài gōngsī ma?
他在公司吗？

张娜

Tā bú zài gōngsī.
他不在公司。

王明

Nàme gōngsī lǐ yǒu shuí?
那么公司里有谁？

张娜

Gōngsī lǐ yǒu wǒ yí ge rén.
公司里有我一个人。

王明 : 그는 회사에 있어?
张娜 : 아니, 그는 회사에 없어.
王明 : 그럼 회사에 누구 있어?
张娜 : 회사에 나 혼자 있어.

谁

谁shuí는 '누구'라는 뜻을 가진 의문사입니다.

7 당신은 학생입니까?

 永明
Nǐ shì xuéshēng ma?
你是学生吗?

 张敏
Wǒ búshi xuéshēng.
我不是学生。

Nǐ shì shàngbānzú ma?
你是上班族吗?

 永明
Wǒ búshi shàngbānzú.
我不是上班族。

永明 : 당신은 학생입니까?
张敏 : 아니요. 저는 학생이 아닙니다.
　　　 당신은 직장인입니까?
永明 : 아니요, 저는 직장인이 아닙니다.

学生

学生[xuéshēng]은 '학생'이라는 뜻이며 동의어로는 学徒[xuétú] : 견습생, 실습생, 学员[xuéyuán] : 학생, 학예를 배우는 사람 등이 있습니다.

Nǐ dàodǐ shì shuí a?
你到底是谁啊?
넌 도대체 누구야?

8 너 형제자매 있니?

 李明
Nǐ yǒu xiōngdì jiěmèi ma?
你有兄弟姐妹吗?

 张伟
Méiyǒu, wǒ méiyǒu xiōngdì jiěmèi.
没有，我没有兄弟姐妹。

Nǐ ne? Nǐ yǒu xiōngdì jiěmèi ma?
你呢? 你有兄弟姐妹吗?

 李明
Wǒ yǒu liǎng gè jiějie.
我有两个姐姐。

李明 : 너 형제자매 있니?
张伟 : 아니, 나는 형제자매가 없어.
　　　 너는? 형제자매 있니?
李明 : 응, 나는 언니 두 명 있어.

兄弟姐妹

우리나라에서도 호구조사할 때 서로의 형제자매를 묻죠. 중국어에도 이에 해당하는 '형제자매'가 있습니다. 바로 '형제'를 뜻하는 兄弟[xiōngdì]와 '자매'를 뜻하는 姐妹[jiěmèi]의 합성어 兄弟姐妹[xiōngdìjiěmèi]입니다.

9 너 왼쪽에는 누구야?

李娜
Nǐ de zuǒbiān shì shuí?
你的左边是谁？

小明
Wǒ de zuǒbiān shì wǒ gēge.
我的左边是我哥哥。

李娜
Nǐ de yòubiān shì shuí?
你的右边是谁？

小明
Wǒ de yòubiān shì wǒ dìdi.
我的右边是我弟弟。

李娜 : 너 왼쪽에는 누구야?
小明 : 내 왼쪽은 우리 오빠야.
李娜 : 너 오른쪽은 누구야?
小明 : 내 오른쪽은 내 남동생이야.

TIP

哥哥
哥哥(gēge)는 앞서 배운 姐姐(jiějie)와 마찬가지로 형·오빠의 통칭으로 '형'과 '오빠'를 따로 구분하지 않습니다.

10 집에 누구 있어?

秀英
Jiā lǐ yǒu shuí?
家里有谁？

永明
Jiā lǐ yǒu bàba, māma hé wǒ.
家里有爸爸、妈妈和我。 '~와/과'라는 뜻으로 명사와 명사를 연결해 준다.

Nǐ zài nǎr?
你在哪儿？

秀英
Wǒ zài túshūguǎn.
我在图书馆。

秀英 : 집에 누구 있어?
永明 : 집에 아빠, 엄마 그리고 나 있어.
       너 어디야?
秀英 : 나 도서관이야.

哪儿
哪儿(nǎr)는 '어디'라는 뜻으로 때로는 반어구에 쓰여 부정을 나타낼 수도 있습니다.

Nǐ shénmeshíhòu huílái?
你什么时候回来？
너 언제 집에 돌아와?

11 누나 집에 있어?

张敏
Jiějie zài jiā ma?
姐姐在家吗?

爸爸
Tā bú zài jiā.
她不在家。

张敏
Nàme, tā zài nǎr?
那么，她在哪儿?

爸爸
Tā zài cāntīng.
她在餐厅。

张敏 : 누나 집에 있어?
爸爸 : 아니, 집에 없어.
张敏 : 그러면 어디에 있어?
爸爸 : 레스토랑에 있어.

TIP

Chī de hěn hǎo!
吃得很好!
잘 먹었습니다!

餐厅

우리말의 '식당'은 중국어로 다양하게 표현됩니다. 그 중 餐厅[cāntīng]은 '레스토랑'이라는 뜻으로 주로 규모가 크고 고급스러운 음식점을 가리킬 때 사용합니다.

饭馆 [fànguǎn] : 저렴하고 흔한 동네 밥집
餐厅 [cāntīng] : 규모있는 레스토랑
饭店 [fàndiàn] : 호텔급 럭셔리 레스토랑
食堂 [shítáng] : 학교, 회사 등의 구내식당

12 저쪽에 학교 있어요?

文博
Nàbiān yǒu xuéxiào ma?
那边有学校吗?

路人
Méiyǒu. Nàbiān méiyǒu xuéxiào.
没有。那边没有学校。

文博
Nàme, zhèbiān yǒu xuéxiào ma?
那么，这边有学校吗?

路人
Duì. Zhèbiān yǒu xuéxiào.
对。这边有学校。

文博 : 저쪽에 학교 있어요?
路人 : 아니요. 저쪽에 학교 없어요.
文博 : 그럼 이쪽에 학교 있나요?
路人 : 네. 이쪽에 학교 있어요.

Xūyào bāngmáng ma?
需要帮忙吗?
도와드릴까요?

对

对[duì]는 '대답하다, 향하다, 짝' 등 다양한 뜻을 가지고 있지만, 오직 한 글자만 있을 시에는 '맞다'라는 뜻을 가지고 있습니다.

男	人	뜻 한자 병음	男人 nán rén 남자	男人 nán rén	男人 nán rén	男人 nán rén
女	人	뜻 한자 병음				
老	师	뜻 한자 병음				
学	生	뜻 한자 병음				
苹	果	뜻 한자 병음				
草	莓	뜻 한자 병음				
衣	服	뜻 한자 병음				
袜	子	뜻 한자 병음				
鞋	子	뜻 한자 병음				
衬	衫	뜻 한자 병음				
杂	志	뜻 한자 병음				
一	个	뜻 한자 병음				

两	只	뜻	
		한자	
		병음	
三	张	뜻	
		한자	
		병음	
四	双	뜻	
		한자	
		병음	
五	辆	뜻	
		한자	
		병음	
六	件	뜻	
		한자	
		병음	
七	条	뜻	
		한자	
		병음	
上	面	뜻	
		한자	
		병음	
下	面	뜻	
		한자	
		병음	
前	面	뜻	
		한자	
		병음	
后	面	뜻	
		한자	
		병음	
左	边	뜻	
		한자	
		병음	
右	边	뜻	
		한자	
		병음	

몽골 하면 떠오르는 이름있지?
바로 칭기즈칸!

칭기즈칸은 몽골어로 "위대한 왕"이란
뜻이며, 몽골족의 지도자를 의미하지.

수많은 칭기즈칸 중에서 가장 널리
이름을 알린 사람은 테무친이야.

테무친의 아버지, 예수게이는
몽골부족 내 여러 씨족 중 하나의
지도자였는데

사이가 나쁜 타 부족에게 죽임을
당했어.

아버지의 죽음을 잊지 않고 복수의
칼을 갈던 테무친은

뛰어난 지도력을 바탕으로 몽골지역의
여러 씨족을 하나로 통일하였고

몽골지역의 세력은 테무친을 중심으로
하나가 되었어.

세력이 하나로 단단해지자, 그들은
무서운 속도로 성장하였고, 금나라와
송나라를 차례로 무너뜨렸으며

고려까지 쑥대밭을 만들어 놓고 말았지.
그때부터 고려에 기나긴 원의 간섭기가
시작되었어.

심지어 몽골은 고려 군사들을 강제로
이끌고 일본까지 침략하려 했는데,
바다에서 태풍을 만나 실패하고 말았어.

이렇게 몽골제국은 동유럽에서 고려까지
동서를 아우르는 대제국을 건설하였지.

※고려와 몽골의 여몽전쟁, 원의 간섭기.

물론, 그 어마어마한 땅을 다스리는 일은 쉽지 않았지.

그래서 테무친은 아들들에게 정복한 땅을 네 개로 나누어 주었는데

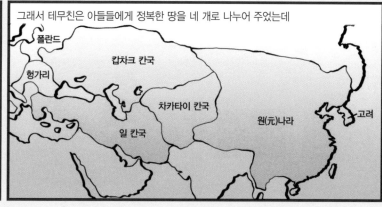

폴란드
헝가리
킵차크 칸국
차카타이 칸국
일 칸국
원(元)나라
고려

그중 하나가 원나라야!

쿠빌라이 칸

쿠빌라이 칸은 몽골제국의 제5대 칸이자, 원나라의 초대 황제이지.

잠깐, 몽골제국은 뭐고, 원나라는 뭐냐고?

사실 몽골제국은 몽골의 역사라고 할 수 있어.

몽골인이 세운 나라이니까!

하지만, 정복하는 것과 정복한 땅을 다스리는 건 또 다른 일이지.

사탕 먹을래?

네 개의 한(汗)국 중 원나라는 지금의 중국 땅에 세운 나라인데

원(元)나라

쿠빌라이 칸은 비록 몽골인이었지만

내 뿌리는 몽골

땅 위의 백성은 대다수가 한족이었고 그는 한족의 방식대로 나라를 통치하려 했어.

그래서 한족의 통치제도를 받아들이고 국명도 원(元)이라고 이름 지었지.

元

자자, 그럼 원나라의 역사는
중국의 것일까? 몽골의 것일까?

원나라는 중국 땅 위에서 일어난
역사이면서, 몽골족이 한족을 지배한
시기야.

그래서 몽골인의 역사라고 할 수 있지만

다수의 한족을 통치한 점에서 볼 때는
다를 수 있겠지.

게다가, 원나라는 다른 한(汗)국과 달리
한족의 문화에 영향을 받으며 그들의
통치방식을 채택하였어.

그러므로, 어떤 시각으로 보느냐에 따라
역사의 주인도 달라지는 거 아닐까?

몽골족이 한족의 영향을
받았다고 했지만, 완전히
한족의 문화에 동화되었던 건 아니야.

자신들도 유목민의 정신을
잃어버릴까 걱정이었지.

그래서 처음에는 통치고 뭐고,
한족의 재산을 약탈하고
괴롭히는 일에만 열중했지 뭐야.

이를 걱정스럽게 생각한 거란족 출신의
야율초재가 새로운 제안을 하였는데,
그게 바로 세금징수야.

몽골족은 유목 생활을 했기 때문에
봉건제도에 서툴렀고

한곳에 머물러 많은 백성을
안정적으로 거느리는 방법도 잘 몰랐어.

그런 그들에게 야율초재는 좀 더 세련된 통치를 알려주었던 거지.

물론, 한족의 삶이 더 나아진 건 아니야. 터무니없는 세금과 불공평한 사회에서 하루를 버티며 살아야 했지.

세금

몽골의 지배층은 신분제도를 통해 그들을 노예로 삼는 건 물론이고

반항 하기 전에..!

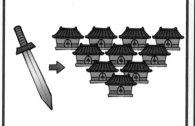

모여있는 것을 금지한 데다, 심지어 열 가구당 하나의 칼만 갖도록 하는 법도 만들었어.

몽골족의 괴롭힘은 강남지방의 한족에게 더욱 가혹했는데

송나라의 영향이 많이 남아있는 지역이라 더욱더 그러했지.

쿠빌라이 칸이 죽은 후, 제위 계승을 놓고 혼란에 빠지자

그 틈을 타 강남지방의 한족들도 분노를 표출하기 시작했어.

세상 살기 서러웠던 농민들이 들고일어난 거였지.

반란의 현장에는 불행한 삶을 살던 빈농 출신의 주원장도 있었어.

주원장

그는 하루 한 끼 제대로 먹기도 어려운 삶에서 벗어나고자, 절에 들어가 탁발승이 되었지만

절에서도 먹고 사는 일이 쉬운 건 아니었어.

세상이 그만큼 흉흉했던 거지.

그때, 마침 농민봉기에 참여하게 된 주원장은 숨겨진 재능을 발휘하며

그동안 열심히 한 보람이 있군

봉기 군의 강력한 지도자로 올라섰고, 강남 일대를 평정한 뒤, 원나라 세력을 몰아내면서

다시 한번 한족의 시대를 열었지.

핍박받던 시절을 잊지 않았던 주원장은 유목민족의 지배가 남긴 흔적을 말끔히 지우려 노력했어.

먼저, 유목민 특유의 호복과 변발을 금지하고

한족 고유의 옷차림과 머리 모양을 장려했지.

또한, 유교의 중요성을 강조하며, 한동안 시들었던 한족 문화를 회복시키려 했어.

중화회복!

이렇듯, 잦은 북방 유목민족의 침략은 한족에게 트라우마가 되었는데

해결책의 하나로, 유목 부족 간의 통합을 막기 위한 정책을 펼치고 있었어.

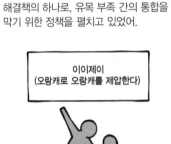

이이제이
(오랑캐로 오랑캐를 제압한다)

서로 대립하는 유목민족을 보면, 그들 중 한 편에 서서 싸움을 부추겼고

뒤에서 내 욕하더라

그 탓에 유목민의 연대는 힘들어졌지.

이런 이유로 같은 유목민족이라도 마냥 사이가 좋을순 없었던거야.

당시, 만주 지역에만 네 개의 여진족이 있었는데, 이들은 부족마다 특징이 달랐어. 농경과 유목을 병행하는 부족이 있는가 하면, 야만적 성격이 여전히 남아있는 부족도 있었지.

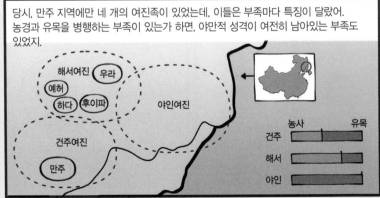

146

분열되어 있던 여진족도 조금씩 질서를 찾기 시작했는데

건주여진 출신의 누르하치는 여진족의 대통합을 이루게 돼.

누르하치

누르하치는 건주여진에서도 가장 힘이 약한 부족 출신으로

누르하치

건주여진 안에는 5개의 부족이 있었어.

누르하치의 아버지인 타쿠시는 명나라 군대에 대항할 힘이 없었고

내 말 듣는 게 좋을걸~

그들을 도와 다른 여진족을 토벌하며 겨우 부족의 명맥을 이어가고 있었지.

하지만, 타쿠시의 도움이 필요 없어지자, 명나라 군대는 그를 죽이고 말았어.

이를 눈앞에서 목격한 누르하치의 나이는 고작 스무 살이었고

청년 누르하치의 마음 속에는 큰 원한이 자리 잡았어. 기필코 아버지의 복수를 하리라 마음먹었지.

그리하여, 누르하치는 대항하기 역부족이던 명나라 대신, 먼저 주변 부족을 통합하는 데 힘을 쏟았어.

약한 부족을 하나씩 무너뜨리며 랴오둥반도에 큰 영향력을 갖게 되었고

해서여진의 하다, 후이파, 우라 부족을 연달아 접수하며

실하구먼

하다   후이파   우라

대부분의 여진족을 통합하였어.

➡ 만화는 174쪽에서 계속 이어집니다. **147**

03

동사 문형

我们喝奶茶。
우리는 밀크티를 마신다.

한눈에 배운다!
동사 기본 문형

목적어가 뒤로!

여러분, 혹시 처음 영어를 배웠던 때를 기억하시나요?
영어의 어순이 주어 + 동사로 시작한다는 문법부터 배웠지요.
중국어도 마찬가지로 주어 + 동사로 시작합니다.
동사가 술어가 되는 문형, 동사 문형을 살펴보도록 하겠습니다.

동사 문형

나는 **먹어요**.

주어의 행동, 동작을 묘사하는
동사가 술어인 문형.

동사 문형의 기본 어순은 우리말의 어순과 똑같습니다.
주어+동사 어순으로 이루어집니다.

주어 　　 동사

: 나는 먹어요.

Wǒ 　 chī
我 　　 吃
나 　　 먹다

다만 우리말과 다른 점이 있다면,
목적어가 동사 뒤에 온다는 점입니다.

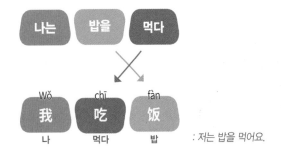

나는 　 밥을 　 먹다

Wǒ 　 chī 　 fàn
我 　 吃 　 饭
나 　 먹다 　 밥

: 저는 밥을 먹어요.

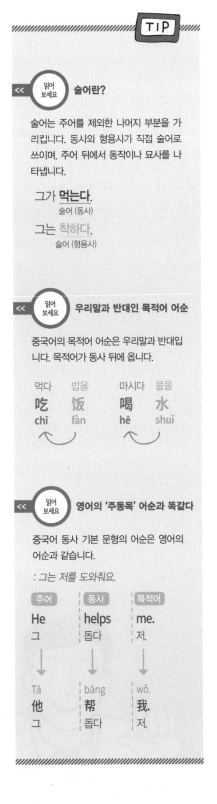

TIP

《 읽어
보세요 　 **술어란?**

술어는 주어를 제외한 나머지 부분을 가
리킵니다. 동사와 형용사가 직접 술어로
쓰이며, 주어 뒤에서 동작이나 묘사를 나
타냅니다.

그가 **먹는다**.
　　 술어 (동사)

그는 **착하다**.
　　 술어 (형용사)

《 읽어
보세요 　 **우리말과 반대인 목적어 어순**

중국어의 목적어 어순은 우리말과 반대입
니다. 목적어가 동사 뒤에 옵니다.

먹다 　 밥을
吃 　 饭
chī 　 fàn

마시다 　 물을
喝 　 水
hē 　 shuǐ

《 읽어
보세요 　 **영어의 '주동목' 어순과 똑같다**

중국어 동사 기본 문형의 어순은 영어의
어순과 같습니다.

: 그는 저를 도와줘요.

주어	동사	목적어
He	helps	me.
그	돕다	저.
↓	↓	↓
Tā	bāng	wǒ.
他	帮	我.
그	돕다	저.

의미가 가벼워지는 동사 중첩

중국어는 단어를 반복하여 사용하는 중첩이 많습니다.
동사의 중첩은 어떤 동작을 짧고 가볍게 시도함을 의미합니다.
때문에 동사의 중첩은 동작·행위를 나타내는 동사만 가능합니다.

중첩 방식은 동사의 음절에 따라 나뉩니다. 우선, 1음절 동사의 중첩을 살펴보겠습니다.

동작 동사라..
뛰다는 되고,
사랑하다는 안 되겠군..

1음절 동사

A			
AA	你看。	Nǐ kàn。	보세요.
	你看看。	Nǐ kàn kan。	잠깐 보세요.

두 번째 음절은
경성으로 읽습니다.

A一A	你看。	Nǐ kàn。	보세요.
	你看一看。	Nǐ kàn yi kàn。	한 번 보세요.

가운데 一 yī 는 숫자 1을
의미하는 한자입니다.
一 yī 는 경성으로 읽습니다.

자주 사용되는 중첩 동사

想想	xiǎng xiang	생각해보다.	听听	tīng ting	들어보다.	走走	zǒu zou	산책해보다.
尝尝	cháng chang	맛보다.	等等	děng deng	기다려보다.	跳跳	tiào tiao	춤춰보다.
试试	shì shi	시도해보다.	学学	xué xue	배워보다.	说说	shuō shuo	말해보다.

2음절 동사

AB → ABAB

我们讨论吧。	Wǒ men tǎo lùn ba。	우리 토론합시다.
我们讨论讨论吧。	Wǒ men tǎo lun tǎo lun ba。	우리 토론해봅시다.

이때, 동사 B에 해당하는 두 번째, 네 번째 음절은 경성으로 읽습니다.

자주 사용되는 중첩 동사

复习复习	fù xi fù xi	복습해보다.	研究研究	yán jiu yán jiu	연구해보다.
休息休息	xiū xi xiū xi	쉬엄쉬엄하다.	学习学习	xué xi xué xi	공부해보다.
考虑考虑	kǎo lü kǎo lü	고려해보다.	收拾收拾	shōu shi shōu shi	정리해보다.
介绍介绍	jiè shao jiè shao	소개해보다.	思考思考	sī kao sī kao	숙고해보다.

가다, 떠나다	걷다, 가다	달리다	먹다	마시다
qù 去	zǒu 走	pǎo 跑	chī 吃	hē 喝

보다	듣다	말하다	이야기해주다	알다
kàn 看	tīng 听	shuō 说	gào su 告诉	zhī dào 知道

약속하다	만나다	기다리다	들어가다	나가다
yuē dìng 约定	jiàn miàn 见面	děng 等	jìn qù 进去	chū qù 出去

묻다	대답하다	좋아하다	사랑하다	미워하다
wèn 问	huí dá 回答	xǐ huan 喜欢	ài 爱	tǎo yàn 讨厌

사다	팔다	주다	가지고 있다	사용하다
mǎi 买	mài 卖	gěi 给	yǒu 有	yòng 用

 앞서 배운 동사를 활용하여 문장을 만들어보세요.

1 나는 기다린다.

我等。

2 그들은 만난다.

_____

3 그들은 먹는다.

_____

4 그녀가 대답한다.

_____

5 저는 가지고 있습니다.

_____

6 그가 준다.

_____

7 우리는 약속한다.

_____

8 그들은 걷는다.

_____

9 그는 말한다.

_____

10 나는 간다.

_____

11 그녀가 본다.

_____

12 그들은 이야기해주다.

_____

▸ 정답입니다!

1 我等。Wǒ děng。
3 他们吃。Tāmen chī。
5 我有。Wǒ yǒu。
7 我们约定。Wǒmen yuēdìng。
9 他说。Tā shuō。
11 她看。Tā kàn。

2 他们见面。Tāmen jiànmiàn。
4 她回答。Tā huídá。
6 他给。Tā gěi。
8 他们走。Tāmen zǒu。
10 我走。Wǒ zǒu。
12 他们告诉。Tāmen gàosu。

목적어는 동사 뒤에 온다

따라 말하기

 해석을 보고 다음의 단어를 순서대로 정렬해보세요.

집	친구	밀크티	차	비	컴퓨터
jiā	péngyou	nǎichá	chá	yǔ	diànnǎo
家	朋友	奶茶	茶	雨	电脑

1 그들은 집을 산다.

买 家 他们

他们 买 家

---

2 나는 친구를 만난다.

朋友 我 见

↳

---

3 우리는 밀크티를 마신다.

我们 奶茶 喝

↳

---

4 그녀는 차를 좋아한다.

喜欢 茶 她

↳

---

5 나는 차를 마신다.

喝 我 茶

↳

---

6 그는 비를 싫어한다.

他 喜欢 雨 不

↳

---

7 그들은 친구를 기다린다.

等 他们 朋友

↳

---

8 그는 컴퓨터를 사용한다.

用 电脑 他

↳

정답입니다!

1 他们买家。Tāmen mǎi jiā。
3 我们喝奶茶。Wǒmen hē nǎichá。
5 我喝茶。Wǒ hē chá。
7 他们等朋友。Tāmen děng péngyou。

2 我见朋友。Wǒ jiàn péngyou。
4 她喜欢茶。Tā xǐhuan chá。
6 他不喜欢雨。Tā bù xǐhuan yǔ。
8 他用电脑。Tā yòng diànnǎo。

따라 말하기

✏️ 아래 병음을 읽을 수 있게 연습한 후 한자로 쓰세요.

01
学校
Wǒ qù xuéxiào。
└ 나 ┘└ 가다 ┘└ 학교. ┘

我 去 学 校。

02
音乐
Tā tīng yīnyuè。
└ 그녀 ┘└ 듣다 ┘└ 음악. ┘

03
漫画
Tā xǐhuan mànhuà。
└ 그 ┘ 좋아하다 └ 만화. ┘

04
电影
Wǒ kàn diànyǐng。
└ 나 ┘└ 보다 ┘└ 영화. ┘

05
饮料
Tā mǎi yǐnliào。
└ 그 ┘└ 사다 ┘└ 음료수. ┘

06
汉字
Tā zhīdào hànzì。
└ 그녀 ┘└ 알다 ┘└ 한자. ┘

정답입니다!

1 Wǒ qù xuéxiào。我去学校。
2 Tā tīng yīnyuè。她听音乐。
3 Tā xǐhuan mànhuà。他喜欢漫画。
4 Wǒ kàn diànyǐng。我看电影。
5 Tā mǎi yǐnliào。他买饮料。
6 Tā zhīdào hànzì。她知道汉字。

한눈에 배운다!

동사 부정문

NO만 붙여주면 끝

다음은 부정표현을 배워보겠습니다.

동사 문형의 부정문 역시 동사 앞에 부정부사 不 bù를 붙여줍니다.

이때, 부정부사 不 bù는 의지를 부정합니다.

NO bù | 주어 | 不 | 동사 | 목적어

앞서 배운 예문으로 부정 표현을 만들어보겠습니다.

: 저는 밥을 안 먹어요.

Wǒ	bù	chī	fàn
我	不	吃	饭
저	(부정)	먹다	밥

하지만 앞서 배운 부정부사는 두 가지였죠.

위 문장에 부정부사 不 bù가 아닌 没 méi를 붙이면 어떻게 될까요?

NO méi | 주어 | 没 | 동사 | 목적어

부정부사 没 méi는 동사 앞에 놓여

어떤 동작이나 변화가 일어나지 않았음을 나타냅니다.

'밥을 먹었다'라는 동작 자체를 부정하므로 '밥을 안 먹었다'가 됩니다.

: 저는 밥을 안 먹었어요.

Wǒ	méi	chī	fàn
我	没	吃	饭
저	(과거 부정)	먹다	밥

TIP

 읽어보세요 **비동작동사에는 무조건 不**

'먹다'와 같이 동작을 나타내는 동사가 동작동사라면, '모르다', '닮다'와 같은 동사는 비동작동사입니다. 이와 같은 비동작동사를 부정할 때는 부정부사 不[bù]를 사용합니다. 没[méi]와는 결합이 불가능합니다.

나는 그를 모릅니다. (O)
我不认识他。
나 (부정) 알다 그

나는 그를 몰랐습니다. (X)
我没认识他。
나 (부정) 알다 그

 읽어보세요 **의지 부정은 不
동작, 변화 부정은 没**

헷갈리는 부정부사 不[bù]와 没[méi], 질문과 답변을 예시로 문맥 차이를 살펴보겠습니다.

그 졸업 파티 갔어?

不 : 저는 가지 않아요.

Wǒ	bù	qù.
我	不	去.
저	의지 부정	가다.

부정부사 不[bù]는 파티 시점과 상관없이 파티에 참여하지 않겠다는 의지를 보여줍니다.

没 : 저는 가지 않았어요.

Wǒ	méi	qù.
我	没	去.
저	동작 부정	가다.

반면 부정부사 没[méi]는 의지와 상관없이 가지 않았다, 가지 못했다는 뉘앙스를 풍기죠.

이어서 의문문을 배워보겠습니다.

동사 의문문은 역시 기본 문형 문장 끝에 吗 ma 를 붙여주면 됩니다.

앞서 배운 예문으로 의문문을 만들어보겠습니다.

: 당신은 밥 먹어요?

위 문장이 밥을 먹을 것인지 말 것인지를 묻는 말이라면,

이번엔 동작의 상태를 묻는 의문문을 배워보겠습니다.

'당신은 밥을 먹었나요(먹은 상태인가요)'라고 질문한다면 어떻게 표현할까요?

: 당신은 밥 먹었어요?

어순은 간단합니다. 밥을 먹은 상태를 묻는 것이기 때문에

상황의 변화를 의미하는 어기조사 了 le 를 吗 ma 앞에 붙여줍니다.

읽어보세요 어기조사 了

어기조사 了[le]는 문장 끝에 놓여 어떤 상태나 상황이 발생한 사실을 인정하는 의미를 갖습니다.

: 그는 여자친구가 생겼다.

Tā	yǒu	nǚpéngyou	le.
他	有	女朋友	了.
그	있다	여자친구	(변화)

: 그는 일을 찾았다.

Tā	zhǎodào	gōngzuò	le.
他	找到	工作	了.
그	찾았다	일	(변화)

이처럼 여태까지 그렇지 않았던 것이 '그렇게 변화되었다'라는 의미로 문장 끝에 놓습니다.

읽어보세요 수식이 없는 목적어엔 꼭 필요한 어기조사 了

중국어는 목적어에 수식이 없거나, 동사를 꾸미는 부사 없이 문장을 끝맺으면 부자연스럽습니다.

나는 편지를 썼다. (X)
我写信。
나 쓰다 편지

이럴 때는 문미에 어기조사 了[le]를 붙여 문장을 안정적으로 끝맺을 수 있습니다.

나는 편지를 썼다. (O)
我写信了。
나 쓰다 편지 (변화)

따라 말하기

가족 단톡방

동생

누나, 밥 먹어?
姐姐, 你**吃**饭吗?

긍
나 밥 먹어.
我**吃**饭.

부
나 밥 안 먹어.
我**不吃**饭.

나

✏️ 각각의 의문문/긍정문/부정문을 참고하여 빈칸을 채워보세요.

1
형, 학교 가?
哥哥, 你去学校吗?

긍 나 학교 가.
_____.

부 나 학교 안 가.
我不去学校。

2
너 컴퓨터 사?
_____?

긍 나 컴퓨터 사.
我买电脑。

부 나 컴퓨터 안 사.
我不买电脑。

3
너 영화 봐?
你看电影吗?

긍 나 영화 봐.
我看电影。

부 나 영화 안 봐.
_____.

4
누나, 친구 만나?
姐姐, 你见朋友吗?

긍 나 친구 만나.
_____.

부 나 친구 안 만나.
我不见朋友。

5

형, 술 마셔?

[   ] ?

긍 나 술 마셔.
我喝酒。

부 나 술 안 마셔.
我不喝酒。

6

할아버지, 라디오 들으세요?
爷爷，你听收音机吗？

긍 나 라디오 들어.
我听收音机。

부 나 라디오 안 들어.
[   ] .

7

어머니, 고양이 좋아하세요?
妈妈，你喜欢猫吗？

긍 나 고양이 좋아해.
[   ] .

부 나 고양이 안 좋아해.
我不喜欢猫。

8

아버지, 그를 아세요?

[   ] ?

긍 나 그를 알아.
我认识他。

부 나 그를 몰라.
我不认识他。

9

너 집에 들어가?
你回家吗？

긍 나 집에 들어가.
我回家。

부 나 집에 안 들어가.
[   ] .

10

너 컴퓨터 사용해?
你用电脑吗？

긍 나 컴퓨터 사용해.
[   ] .

부 나 컴퓨터 사용하지 않아.
我不用电脑。

정답입니다!

1 我去学校。Wǒ qù xuéxiào。
2 你买电脑吗? Nǐ mǎi diànnǎo ma?
3 我不看电影。Wǒ bú kàn diànyǐng。
4 我见朋友。Wǒ jiàn péngyou。
5 哥哥, 你喝酒吗? Gēge, nǐ hē jiǔ ma?
6 我不听收音机。Wǒ bù tīng shōuyīnjī。
7 我喜欢猫。Wǒ xǐhuan māo。
8 爸爸, 你认识他吗? Bàba, nǐ rènshi tā ma?
9 我不回家。Wǒ bù huí jiā。
10 我用电脑。Wǒ yòng diànnǎo。

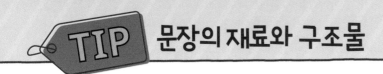

문장의 재료와 구조물

문장을 하나의 완공된 집이라고 생각한다면,
품사는 집을 만들어내기 위해 사용되는 재료,
문장성분은 집을 이루는 구조물입니다.

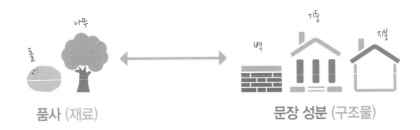

| 품사 (재료) | 문장 성분 (구조물) |

중국어 문장은 다음 문장 성분의 순서로 이루어집니다.

주어

주어는 서술의 대상으로 동작이나 상태의 주체가 됩니다.

영희가 / 책을 / 읽는다
고양이는 / 귀엽다

술어

술어는 주어의 동작, 상태, 성질을 서술합니다.

영희가 / 책을 / 읽는다
고양이는 / 귀엽다

목적어

목적어는 동작의 대상이 되는 말을 가리킵니다.

영희가 / 책을 / 읽는다
고양이는 / 귀엽다

이때, '돌'이라는 재료가 '지붕'과 '벽'과 같이 다른 구조물에 쓰이듯,
명사라는 품사가 문장 내에서 주어와 목적어와 같이 다른 문장성분으로 쓰일 수 있습니다.

그렇다면, '돌'과 같은 재료에는 어떠한 것들이 있을까요?
다음은 중국어의 품사입니다.

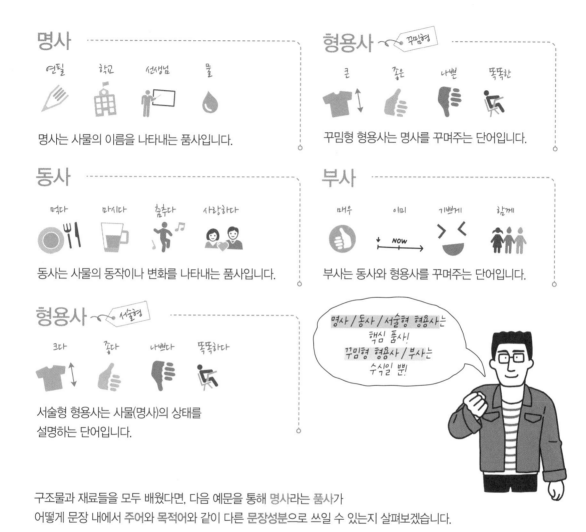

구조물과 재료들을 모두 배웠다면, 다음 예문을 통해 명사라는 품사가
어떻게 문장 내에서 주어와 목적어와 같이 다른 문장성분으로 쓰일 수 있는지 살펴보겠습니다.

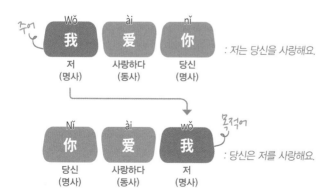

한눈에 배운다!
동사를 꾸미는 부사

가끔, 자주

따라 말하기

1
마셔요.

2
가끔 마셔요.

3
줄곧 마셔요.

부사는 동사에 구체적이고 부가적인 의미를 더해줍니다.
그 중, 같은 일이나 현상이 반복되는 정도를 나타내는 부사를
빈도부사라고 합니다.

빈도부사 + 동사

: 내내 책을 보다.

yìzhí
一直
내내

kànshū
看书
책을 보다

: 자주 가요.

jīngcháng
经常
자주

qù
去
가다

빈도부사 또한 어순이 우리말과 같습니다.
'항상', '자주'와 같은 빈도부사는 동사 앞에 오며,
반복되는 횟수에 따라 4가지 단계로 나눌 수 있습니다.

빈도부사   동사

10%	드물게	**很少**	hěnshǎo
40%	가끔	**有时候**	yǒushíhòu
70%	자주	**经常 / 常常**	jīngcháng / chángcháng
100%	줄곧, 내내	**一直**	yìzhí

TIP

읽어
보세요
빈도부사는 형용사도 꾸민다

빈도부사는 술어로 올 수 있는 동사와 형
용사 모두를 꾸밀 수 있습니다.

그녀의 성적은 항상 좋았다.
　　　　빈도부사　형용사

그녀는 항상 열심히 공부한다.
　　빈도부사　　　　　동사

읽어
보세요
자주 쓰이는 又/再/还

자주 쓰이는 빈도부사 중 又[yòu], 再[zài],
还[hái]는 동작과 상태의 중복을 나타냅
니다. 셋 다 '또, 다시'라는 뜻을 갖지만,
쓰임새가 조금씩 다릅니다.

또, 다시
又   ⊕   이미 발생한 일
yòu

또, 다시
再   ⊕   – 아직 발생하지 않은 일
zài   – 동사를 직접 수식

또, 다시
还   ⊕   – 아직 발생하지 않은 일
hái   – 조동사와 함께 수식

한눈에 배운다!

명사를 꾸미는 형용사

的의 용법

꾸밈형 형용사는 일반적으로 명사를 수식하며,
명사 앞에 놓여 다음과 같은 어순으로 이루어집니다.
이때 的 de 는 우리말의 '～한, ～의'과 동일한 역할을 합니다.

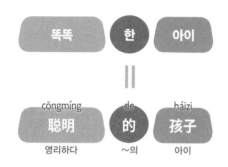

똑똑	한	아이
=	=	=
cōngmíng 聰明 영리하다	de 的 ～의	háizi 孩子 아이

하지만 모든 꾸밈형 형용사에 的 de 가 쓰이진 않습니다.
다음과 같은 경우, 的 de 는 생략됩니다.

① 1음절 형용사가 명사를 수식할 때

1음절 형용사 + 的(de 생략) + 명사

: 나쁜 사람

huài 坏 나쁘다 rén 人 사람

② 직업, 고유명사일 때

직업, 고유명사 + 的(de 생략) + 명사

: 영어 선생님

yīngyǔ 英语 영어 lǎoshī 老师 선생님

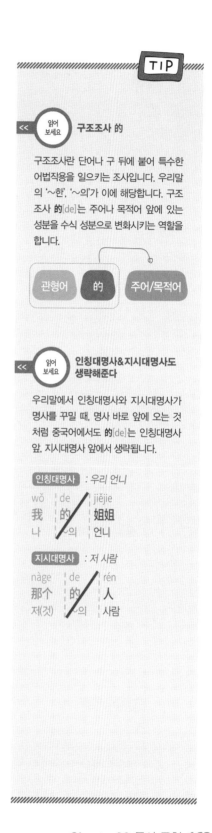

TIP

읽어 보세요 《《 **구조조사 的**

구조조사란 단어나 구 뒤에 붙어 특수한
어법작용을 일으키는 조사입니다. 우리말
의 '～한', '～의'가 이에 해당합니다. 구조
조사 的[de]는 주어나 목적어 앞에 있는
성분을 수식 성분으로 변화시키는 역할을
합니다.

관형어 + 的 + 주어/목적어

읽어 보세요 《《 **인칭대명사&지시대명사도 생략해준다**

우리말에서 인칭대명사와 지시대명사가
명사를 꾸밀 때, 명사 바로 앞에 오는 것
처럼 중국어에서도 的[de]는 인칭대명사
앞, 지시대명사 앞에서 생략됩니다.

인칭대명사 : 우리 언니

wǒ 我 나 de 的(생략) ～의 jiějie 姐姐 언니

지시대명사 : 저 사람

nàge 那个 저(것) de 的(생략) ～의 rén 人 사람

따라 말하기

 앞서 배운 동사와 빈도부사를 활용하여 문장을 만들어보세요.

1
내내 듣다.

一直听。

2
드물게 말하다.

_____

3
자주 만나다.

_____

4
가끔 사용하다.

_____

5
드물게 나가다.

_____

6
자주 걷다.

_____

7
가끔 가다.

_____

8
줄곧 기다리다.

_____

9
줄곧 좋아하다.

_____

10
드물게 팔다.

_____

11
자주 마시다.

_____

12
가끔 들어가다.

_____

정답입니다!

1 一直听。Yìzhí tīng。

3 常常见。Chángcháng jiàn。

5 很少出去。Hěnshǎo chūqù。

7 有时候去。Yǒushíhòu qù。

9 一直喜欢。Yìzhí xǐhuan。

11 经常喝。Jīngcháng hē。

2 很少说。Hěnshǎo shuō。

4 有时候用。Yǒushíhòu yòng。

6 经常走。Jīngcháng zǒu。

8 一直等。Yìzhí děng。

10 很少卖。Hěnshǎo mài。

12 有时候进去。Yǒushíhòu jìnqù。

 1번 보기와 같이 상단에 있는 형용사를 활용해 명사를 수식하고 병음을 써주세요.

1 맛있는 과일 　好吃 hǎochī

hǎochī　　de　　shuǐguǒ
好吃　　的　　水果

2 달콤한 주스 　甜蜜 tiánmì

guǒzhī
果汁

3 재미있는 영화 　有趣 yǒuqù

diànyǐng
电影

4 예쁜 옷 　漂亮 piàoliang

yīfu
衣服

5 똑똑한 친구 　聪明 cōngmíng

péngyou
朋友

6 비싼 옷 　贵 guì

yīfu
衣服

7 신선한 과일 　新鲜 xīnxiān

shuǐguǒ
水果

8 시원한 주스 　凉爽 liángshuǎng

guǒzhī
果汁

9 유명한 영화 　有名 yǒumíng

diànyǐng
电影

10 착한 친구 　善良 shànliáng

péngyou
朋友

정답입니다!

1 好吃的水果 hǎochī de shuǐguǒ
3 有趣的电影 yǒuqù de diànyǐng
5 聪明的朋友 cōngmíng de péngyou
7 新鲜的水果 xīnxiān de shuǐguǒ
9 有名的电影 yǒumíng de diànyǐng

2 甜蜜的果汁 tiánmì de guǒzhī
4 漂亮的衣服 piàoliang de yīfu
6 贵的衣服 guì de yīfu
8 凉爽的果汁 liángshuǎng de guǒzhī
10 善良的朋友 shànliáng de péngyou

03 이 표현 꼭 외우자! 동사 문형

1 너 뭐해?

李明
Nǐ zài gàn shénme?
你在干什么?

文博
Wǒ zài kàn shū.
我在看书。

Nǐ zài gàn shénme?
你在干什么?

李明
Wǒ zài kàn diànshì.
我在看电视。

李明 : 너 뭐해?
文博 : 나 책 봐.
　　　　넌 뭐해?
李明 : 난 텔레비전 봐.

 TIP

干什么
干什么[gàn shén me]는 '뭐 하고 있어요' 또는 '어째서'라는 뜻을 가지고 있습니다.

Nǐ kàn Zhōngguó diànshìjù ma?
你看中国电视剧吗?
중국 드라마 보세요?

2 너 뭐 먹어?

张敏
Nǐ chī shénme?
你吃什么?

小明
Wǒ chī miànbāo.
我吃面包。

Nǐ hē shénme?
你喝什么?

张敏
Wǒ hē niúnǎi.
我喝牛奶。

张敏 : 너 뭐 먹어?
小明 : 나는 빵을 먹어.
　　　　넌 뭐 마셔?
张敏 : 난 우유를 마셔.

牛奶
중국에서 '우유'를 뜻하는 단어는 牛奶[niú nǎi] 또는 牛乳[niú rǔ]가 있습니다. 둘 다 직역할 시 '소의 젖'이라는 뜻이지만, 牛乳[niú rǔ]는 젖소가 출산 후 3일 안에 짠 우유를 뜻하는 것으로 영양적 가치가 더 높습니다.

3 이거 어때요?

☺ ☐ ☺ ☐ ☹ ☑

Nǐ kànyikàn.
张娜 你看一看。

Zhège zěnmeyàng?
这个怎么样?

Wǒ bù zhīdào.
秀英 我不知道。

Wǒ xiǎngyixiǎng.
我想一想。

张娜 : 한 번 보세요.
　　　이거 어때요?
秀英 : 잘 모르겠어요.
　　　생각 좀 해볼게요.

4 여기서 뭐해요?

Nǐ zài zhèr gàn shénme?
张伟 你在这儿干什么?

Wǒ děng péngyou.
李娜 我等朋友。

Nǐ zài zhèlǐ zuò shénme?
你在这里做什么?

Wǒ hē kāfēi.
张伟 我喝咖啡。

张伟 : 여기서 뭐해요?
李娜 : 친구를 기다려요.
　　　여기서 뭐 하세요?
张伟 : 커피 마셔요.

5 밥 먹었어요?

王明
Nǐ chī fàn le ma?
你吃饭了吗?

李娜
Wǒ hái méi chī fàn.
我还没吃饭。

Nǐ chī fàn le ma?
你吃饭了吗?

王明
Wǒ chī fàn le.
我吃饭了。

王明 : 밥 먹었어요?
李娜 : 밥 아직 안 먹었어요.
　　　밥 먹었어요?
王明 : 밥 먹었어요.

还
还[hái]는 '아직', '더', '또' 등의 뜻을 가
지고 있습니다.

Kànqǐlái hǎohǎochī!
看起来好好吃!
맛있겠다!

6 너도 책 자주 봐?

秀英
Tā zài gàn shénme?
他在干什么?

永明
Tā yìzhí zài kàn shū.
他一直在看书。　'줄곧'이라는 뜻이다.

秀英
Nǐ yě chángcháng kàn shū ma?
你也常常看书吗?

永明
Wǒ hěnshǎo kàn shū.
我很少看书。

秀英 : 걔 뭐해?
永明 : 걔 계속 책 봐.
秀英 : 너도 책 자주 봐?
永明 : 나는 드물게 봐.

看书
看书[kàn shū]는 '책을 보다'라는 뜻이며
동의어로는 读书[dú shū], 念书[niàn shū]
: 책을 읽다, 공부하다 등이 있습니다.

7 귀여운 공책은 누구 거야?

小明

Kě'ài de bǐjìběn shì shuí de?
可爱的笔记本是谁的?

张伟

Kě'ài de bǐjìběn shì wǒ de.
可爱的笔记本是我的。

小明

Nǐ yòu mǎi le ma?
你又买了吗?

张伟

Zhè shì wǒ mèimei gěi wǒ de bǐjìběn.
这是我妹妹给我的笔记本。

小明 : 귀여운 공책은 누구 거야?
张伟 : 귀여운 공책은 내 거야.
小明 : 너 또 샀어?
张伟 : 이건 동생이 나한테 준 공책이야.

8 너 영어 수업 들어?

文博

Nǐ tīng yīngyǔ kè ma?
你听英语课吗? ☆ 일반적으로 과목명 뒤에 붙어 강의임을 나타낸다.

张娜

Wǒ tīng yǔwén kè.
我听语文课。

文博

Nǐ xǐhuan yǔwén kè ma?
你喜欢语文课吗?

张娜

Wǒ xǐhuan yǔwén kè.
我喜欢语文课。

文博 : 너 영어 수업 들어?
张娜 : 아니, 나는 어문 수업 들어.
文博 : 너는 어문 수업 좋아해?
张娜 : 응 나는 어문 수업 좋아해.

Yīngyǔkè hěn wúliáo.
英语课很无聊.
영어 수업 지루해.

9 너 남자친구 있어?

文博
Nǐ yǒu nánpéngyou ma?
你有男朋友吗? ✦ '남자'와 '친구'의 합성어로, 앞에 '여성'을 뜻하는 女를 붙이면 '여자친구'가 된다.

张娜
Dāngrán ā.
当然啊。

Xiāngchù yǐjīng 3 nián duō le。
相处已经3年多了。

文博
Shì ma? Zhǐyǒu wǒ bù zhīdào.
是吗? 只有我不知道。

文博 : 너 남자친구 있어?
张娜 : 당연하지.
　　　이미 3년쯤 만났어.
文博 : 그래? 나만 몰랐네.

相处
相处[xiāngchǔ]는 직역하면 '함께 살다, 함께 지내다'라는 의미이지만, 연인 관계에서는 '사귀다, 교제하다'라는 뜻으로 쓰입니다.

10 이건 뭐야?

小明
Zhège shì shénme?
这个是什么?

张伟
Zhè shì wǒ māma zuò de miànbāo。
这是我妈妈做的面包。

小明
Tā yòu zuò miànbāo le ma?
她又做面包了吗?

张伟
Tā ǒuěr zuò miànbāo。
她偶尔做面包。

小明 : 이건 뭐야?
张伟 : 우리 엄마가 만든 빵이야.
小明 : 또 만드셨어?
张伟 : 엄마는 가끔 빵 만드셔.

Wǒ jiào kǎsītílā.
我叫卡斯提拉.
나는 '카스테라'라고 해.

偶尔
偶尔[ǒuěr]은 '가끔'을 뜻하며, 동의어로는 时而[shíér] 또는 有时[yǒushí]이 있습니다.

따라 말하기

11 너 밀크티 자주 마셔?

王明
Nǐ jīngcháng hē nǎichá ma?
你经常喝奶茶吗?

永明
Wǒ bù jīngcháng hē nǎichá.
我不经常喝奶茶。

Nǐ jīngcháng hē nǎichá ma?
你经常喝奶茶吗?

王明
Wǒ jīngcháng hē nǎichá.
我经常喝奶茶。

王明 : 너 밀크티 자주 마셔?
永明 : 아니, 나 자주 안 마셔.
　　　너는 밀크티 자주 마셔?
王明 : 나는 밀크티 자주 마셔.

TIP

奶茶

奶茶[nǎichá] : 밀크티는 중국의 가장 대중적인 음료이며, 대표적인 밀크티 메뉴는 다음과 같습니다.

珍珠奶茶 [zhēnzhūnǎichá] : 버블 밀크티
香芋奶茶 [xiāngyùnǎichá] : 타로 밀크티
抹茶奶茶 [mǒchánǎichá] : 말차 밀크티
咖啡奶茶 [kāfēinǎichá] : 커피 밀크티

---

12 중국어 선생님은 누구야?

秀英
Zhōngwén lǎoshī shì shuí?
中文老师是谁?

李明
Zhōngwén lǎoshī shì wǒ jiějie.
中文老师是我姐姐。

秀英
Tā shì zěnmeyàng de rén?
她是<u>怎么样</u>的人? '어떠하다'라는 뜻을 가진 의문사다.

李明
Tā shì cōngmíng de rén.
她是聪明的人。

秀英 : 중국어 선생님은 누구야?
李明 : 중국어 선생님은 내 언니야.
秀英 : 언니는 어떤 사람이야?
李明 : 언니는 똑똑한 사람이야.

聪明

聪明[cōngming]은 '총명하다', '영리하다', '똑똑하다'는 뜻으로 주로 어린 아이에게 많이 사용합니다.

		去	去	去	去	去	去	去	去	去
去	뜻 한자 병음	qù 가다	qù	qù	qù	qù	qù	qù	qù	qù
走	뜻 한자 병음									
吃	뜻 한자 병음									
喝	뜻 한자 병음									
看	뜻 한자 병음									
听	뜻 한자 병음									
说	뜻 한자 병음									
等	뜻 한자 병음									
买	뜻 한자 병음									
卖	뜻 한자 병음									
给	뜻 한자 병음									
有	뜻 한자 병음									

想	想	뜻	
		한자	
		병음	
学	学	뜻	
		한자	
		병음	
尝	尝	뜻	
		한자	
		병음	
喜	欢	뜻	
		한자	
		병음	
讨	厌	뜻	
		한자	
		병음	
约	定	뜻	
		한자	
		병음	
见	面	뜻	
		한자	
		병음	
知	道	뜻	
		한자	
		병음	
很	少	뜻	
		한자	
		병음	
经	常	뜻	
		한자	
		병음	
常	常	뜻	
		한자	
		병음	
一	直	뜻	
		한자	
		병음	

그리고 여진에서 만주란 이름으로 개명을 한 후, 후금을 건국하였지.

힘을 잃어가던 몽골족마저 삼켜버린 만주족은

국호를 다시 청으로 바꾸며 한 단계 더욱 강력해졌어.

그렇게 만주족은 주변의 나라들을 하나씩 침략하기 시작했고

당시 조선에게도 굴욕적인 패배를 안겨주었지.

※병자호란, 삼전도의 굴욕.

결국 명나라까지 완벽히 굴복시켰고, 만주족의 중국 지배시대를 열게 돼!

사실, 우리가 떠올리는 중국의 이미지를 보면 만주족의 것이 많아.

"변발"과 "치파오"는 만주족의 전통이야.

만주족은 자신의 고유한 문화를 유지함과 동시에

만주 부족 중에는 한족에 이미 상당히 동화되어 있던 부족도 있었어.

한족의 제도를 배우며 그들과 협력하였고

이러한 노력으로 만주 문화와 한족 문화가 서로 뒤섞이며 발전하는 시기가 될 수 있었어.

여기까지만 봐도, 정말 많은 민족이 중국 땅을 두고 치열하게 싸웠다는 걸 알게 되었지?

이 땅의 역사가 한족만의 것이 아니며 다양한 문화가 존재했다는 것도 말이야.

다만, 어떤 민족이 지배하는 시기라 해도, 한족 문화는 계속 이어져 왔다는 점이 특별하다고 할 수 있지.

그 덕에, 아직도 중국 땅에는 수많은 한자 문헌이 남아있을 수 있었던 거야.

역사가 켜켜이 쌓인 글과 말. 우리는 중국의 언어가 익숙하다고 느끼다가도 너무 다른 모습에 덜컥 겁을 먹기도 해.

알아, 알아. 중국어가 어렵지? 아마 그건 한자와 성조가 주는 불편함 때문일지도 몰라.

그래도 녀석들이 꽤 매력적이야. 다른 언어에는 없는 특별한 아이들이니 소장 가치 굿이지.

아, 물론 성조가 있는 언어는 또 있어. 베트남어와 태국어가 바로 성조 언어지.

어? 성조가 뭐냐고? 이런이런… 그 정도야?

성조는 음의 높낮이를 말하는데, 음의 변화를 통해 의미를 전달하는 언어를 성조 언어라고 해.

중국어는 네 개의 성조가 있고 태국은 다섯 개~ 베트남은 여섯 개나 있지~

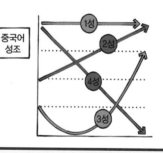

근데 말이야, 아주 먼 옛날에는 성조 언어가 더 많이 있었던 거 같아.

지금이야 수많은 단어로 다양하게 표현할 수 있지만, 그때는 그렇지 못했겠지?

그래서 어떤 명확한 단어가 아닌 소리(음의 높낮이)로 표현해야 했을지도 몰라.

마치 주파수로 대화하는 것처럼 말이야.

한국어도 성조 언어의 흔적이 남아있는 거 알아?

물론 거의 없어졌다고 봐야 하지만, 경상도 사투리에서 흔적을 발견할 수 있어.

나 여기 있어요~

경상도 사투리 쓰는 사람들은 알텐데

주변 친구들에게 한번 물어보렴.

'2의e 제곱, e의2 제곱'을 읽어보라고 하면 2와 e를 구분해서 발음한다는 사실을 알 수 있지!

2의e 제곱

e의2 제곱

뭐? 성조가 음의 높낮이라면, 밥 먹었어? 라고 할 때, 어미를 올리니까, 그것도 성조 아니냐구?

밥 먹었어?

에이, 성조가 그렇게 간단하겠어? 여기서 말하는 성조와 억양은 달라.

응응 많이 달라

억양   성조

안녕하세요? 라고 말할 때, 음의 높낮이가 달라진다고 의미가 달라지진 않잖아?

안녕하세요?   안녕하세요?

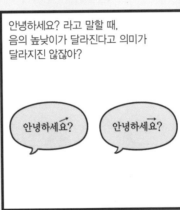

단지 기분을 표현하거나, 태도를 나타낼 뿐이지.

안녕하세요?

안녕하세요?

그에 비해, 성조 언어에서는 성조에 따라 의미가 달라져.

무슨 소리냐고?

중국어의 "si"(스)를 4성으로 발음하면 숫자 4(四)가 되고, 3성으로 발음하면 죽을 사(死)가 되지.

si → 스   중국어   4성 ⬊ ― 4
                    3성 ⬈ ― 死

오... 숫자 사를 말하려다가 죽음까지 이야기하게 되는 그런...

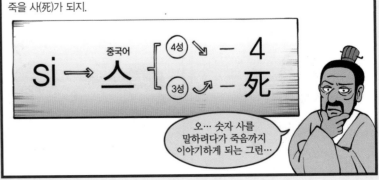

176

하하, 성조에 얼마나 민감한지 알겠지?

아, 중국어에 네 개의 성조가 있다고 했지만, 원래 정해진 규칙이 있었던 건 아니야.

이건, 아주 먼 옛날부터 입으로 전해 내려오는 관습 같은 것이라서

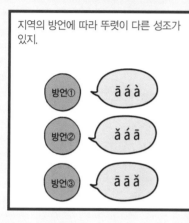

지역의 방언에 따라 뚜렷이 다른 성조가 있지.

중국 알지? 대륙 스케일! 넓은 땅 만큼 방언의 차이도 사이즈가 달라~

한국으로 치면 제주도 방언 정도 되려나?

혼저옵서.
(어서 오세요.)

근데 한두 개가 아니라, 몇백 개의 제주도 사투리가 있는 거지.

대표적으로 광동어는 성조가 무려 9개나 있어~ 무시무시하지?

광동어 성조

1 2 3 4 5 6 7 8 9

그렇다 보니 중국어의 성조를 딱 네 개! 라고 말하는 것도 무리가 있지.

별이 딱 네 개~
...는 아냐!

중국 땅에 살아있는 방언들을 어떻게 무시하겠니.

내 안에
방언, 성조 있다

그래도 표준어는 있을 거 아냐?
중국에선 표준어를 보통화라고 불러.

普通话

보통화는 말이야.

나라의 보편적인 의사소통, 보편적인 통용이란 의미로 지은 이름이야.

많고 복잡하던 언어 탓에 소통이 어렵던 점을 해소하고자 정부에서 언어를 통일하고자 했는데

진시황처럼 말이야~

우리 이렇게 네 개 성조만 쓰자~ 라고 약속한 거야.

우리 약속한 거야~

수도인 베이징 방언을 기초로 하여, 네 개 성조가 표준이 되었지.

베이징

ā á ǎ à
1성 2성 3성 4성

그러면 어떻게 되겠니? 일단, 다들 통일된 언어를 쓰니까 소통이 쉬워졌어.

뭐, 그것만 있겠니? 당연히 불협화음도 있었지.

그래, 인생이 원래 그래

지방 사람들은 사투리로 말하는 게 훨씬 편하고 그게 좋았던 거야.

아, 좀 답답한데

소통은 원활해졌지만, 지방의 특색이 사라지는 단점이 있었어.

다 똑같은 차가 돼버렸어

에이~ 표준어 좀 쓴다고 사투리가 사라지기야 하겠어? 라고 말하는 사람!

네! 네!

근데 중국 스케일이 장난 아니라 했지? 사투리가 거의 외국어 수준이라고~

중국의 방언은 성조만이 아니라, 발음이 다른 것도 있어.
물론, 소수민족의 언어도 다르지.
자, 어디 한번 볼까. 이건 중국의 방언과 소수민족 언어의 분포를 보여주는 지도야.

카자흐어
위구르
만주어
한국어
칼미크어
몽골어
진어
암도어
민베이어
티베트어
샹어
오어
민동어
간어
민중어
민난어
다수의 소수 민족언어
쫭어
객가어
광동어

178

사투리라고 해도 서로 충분히 이해되지 않을 정도의 차이가 있어서

각 지방의 말을 독립된 언어라고 봐도 무리가 없을 정도야.

실제로 스페인 사람과 이탈리아 사람은 각자의 언어로 소통이 가능하다잖아?

외국어라 해도 그만큼 유사하다는 거지.

반면에 중국은 외국어도 아닌 방언이 서로 이해가 안 될 정도로 차이가 심한 거야.

우린 안 되겠다

게다가 소수민족의 언어까지 있으니 말 다 했지…소수민족은 자신들의 언어를 가지고 살고 있지만

학교나 공적인 자리에서는 표준중국어(보통화)를 사용했어.

보통화 씁시다~!

그 탓에 점점 소수민족의 언어가 설 자리를 잃고 있어서 안타까운 점도 있지.

민족어 까묵….

다시 돌아와서, 중국어의 성조는 이렇게 다양하기 때문에

성조1 성조2 성조3

보통화의 성조를 완벽하게 배웠다고 하더라도 중국어 전부를 할 줄 안다고는 할 수 없어.

그 말은, "그럼 뭣 하러 배워?" 가 아니라 성조에 쫄 거 없다는 이야기지!

어차피 정해진 답은 없는 거잖아?

성조

여기서 잠깐! 또, 또! 지금 뭔가 의심스러운 눈빛 하는 사람!

따 칭

"성조도 다르고 심지어 발음도 다른데 어떻게 소통하냐!" 라고 묻고 싶지?

웃기게 생겼네

성조 지는 발음

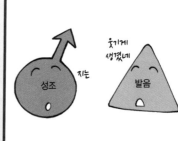

➡ 만화는 202쪽에서 계속 이어집니다. **179**

04

형용사 문형

今天有点儿冷。
오늘은 조금 춥다.

한눈에 배운다!
형용사의 두 역할

우리말과 똑같다

우리말 형용사는 2가지 역할을 합니다.
문장의 끝에서 주어를 서술하기도 하며, 명사를 꾸미기도 합니다.

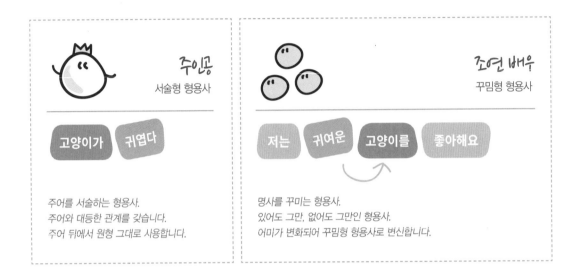

주인공
서술형 형용사

고양이가 귀엽다

주어를 서술하는 형용사.
주어와 대등한 관계를 갖습니다.
주어 뒤에서 원형 그대로 사용합니다.

조연 배우
꾸밈형 형용사

저는 귀여운 고양이를 좋아해요

명사를 꾸미는 형용사.
있어도 그만, 없어도 그만인 형용사.
어미가 변화되어 꾸밈형 형용사로 변신합니다.

중국어의 형용사도 이와 똑같이 2가지 역할을 합니다.
앞서 꾸밈형 형용사는 형용사 뒤 조사 的 de 를 붙인다는 사실을 배웠죠.
그렇다면 서술형 형용사는 어떠할까요? 다행히도 서술형 형용사는 원형 그대로 사용합니다.

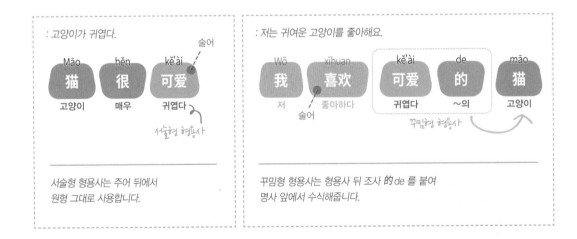

: 고양이가 귀엽다.

Māo	hěn	kě'ài
猫	很	可爱
고양이	매우	귀엽다

술어
서술형 형용사

서술형 형용사는 주어 뒤에서
원형 그대로 사용합니다.

: 저는 귀여운 고양이를 좋아해요.

Wǒ	xǐhuan	kě'ài	de	māo
我	喜欢	可爱	的	猫
저	좋아하다	귀엽다	~의	고양이

술어
꾸밈형 형용사

꾸밈형 형용사는 형용사 뒤 조사 的 de 를 붙여
명사 앞에서 수식해줍니다.

한눈에 배운다!
형용사 기본 문형

습관성 부사
很

다음은 서술형 형용사가 술어가 되는 형용사 문형입니다.

날씨가 좋아요.

형용사 문형
주어의 성질, 상태를 묘사하는
형용사가 술어인 문형.

중국어 기본 형용사 문형의 어순은 우리말과 똑같습니다.
주어 + 형용사 어순으로 이루어집니다.
다만, 중국어는 형용사 앞에 정도부사 很 hěn 을 붙여줍니다.

| 주어 | 부사 | 형용사 |

: 날씨가 좋아요.

Tiān qì	hěn	hǎo
天气	很	好
날씨	(매우)	좋다

이때 很 hěn 은 '매우'라는 사전적 의미를 갖지만,
실제 문장에서는 뜻을 지니지 않고 습관처럼 사용됩니다.

그렇다면, 습관성 부사 很 hěn 이 빠지면, 문장은 어떤 의미를 갖게 될까요?
중국어에서 형용사가 습관성 부사의 수식 없이 단독으로 쓰일 경우,
문장이 미완성된 느낌을 줍니다. 문장이 완결되지 않고,
그 후에 다른 문장이 이어질 것 같은 뉘앙스를 풍기죠.

: 날씨가 좋아요 …

Tiān qì	hǎo
天气	好	■ ■ ■ ■
날씨	좋다

TIP

<< 읽어
보세요

형용사 습관성 부사 很

중국어 형용사의 기본 문형에 부사 '매우'
가 포함되어 있습니다. 부사 '매우'가 꼭
들어가야만 문장이 성립되는 것은 아닙
니다. 하지만 습관성 부사 很[hěn]의 수식
없이는 문장이 어색할 만큼 자주 쓰인다
는 것이죠. 그만큼 자주 쓰여 실제 문장에
서는 '매우'라는 뜻을 지니지 않습니다. 그
렇다면 정도부사 '매우'의 뜻을 부각시키
고 싶을 때는 어떻게 할까요? 이때는 부
사 很[hěn]을 강조해서 읽으면 됩니다.

: 날씨가 매우 좋아요.

Tiān qì	hěn	hǎo.
天气	很	好.
날씨	매우	좋다.

부사 很[hěn] 외에 다른 정도부사도 자주
사용됩니다. 그러나 다른 정도부사는 很
[hěn]과 달리 사전적인 의미를 나타냅니다.

: 강아지가 정말 귀여워요.

Xiǎogǒu	zhēn	kě'ài.
小狗	真	可爱。
강아지	정말	귀엽다.

따라 말하기

행복하다 xìng fú **幸福**	슬프다 bēi shāng **悲伤**	외롭다 gū dān **孤单**	속상하다 shāng xīn **伤心**	화나다 shēng qì **生气**
즐겁다 kāi xīn **开心**	기쁘다 gāo xìng **高兴**	귀엽다 kě'ài **可爱**	예쁘다 hǎo kàn **好看**	만족스럽다 mǎn yì **满意**
자유롭다 zì yóu **自由**	지루하다 wú liáo **无聊**	특별하다 tè bié **特别**	영리하다 cōng míng **聪明**	어리석다 bèn **笨**
건강하다 jiàn kāng **健康**	약하다 róu ruò **柔弱**	용감하다 yǒng gǎn **勇敢**	수줍어하다 hài xiū **害羞**	친절하다 qīn qiè **亲切**
무례하다 wú lǐ **无礼**	걱정하다 dān xīn **担心**	깜짝 놀라다 jīng yà **惊讶**	성실하다 chéng shí **诚实**	게으르다 lǎn **懒**

따라 말하기

 앞서 배운 형용사를 활용하여 문장을 만들어보세요.

1 나는 행복합니다.

Wǒ	hěn	xìngfú
我	很	幸福

2 그는 건강하다.

Tā	hěn	jiànkāng
他	很	健康

3 그들은 게으르다.

4 우리는 즐겁다.

5 그녀는 외롭다.

6 당신은 예쁩니다.

7 너희는 친절하다.

8 나는 특별하다.

9 그녀들은 성실하다.

10 그들은 영리하다.

11 우리는 용감하다.

12 그는 무례하다.

정답입니다!

1 我很幸福。Wǒ hěn xìngfú。

3 他们很懒。Tāmen hěn lǎn。

5 她很孤单。Tā hěn gūdān。

7 你们很亲切。Nǐmen hěn qīnqiè。

9 她们很诚实。Tāmen hěn chéngshí。

11 我们很勇敢。Wǒmen hěn yǒnggǎn。

2 他很健康。Tā hěn jiànkāng。

4 我们很开心。Wǒmen hěn kāixīn。

6 你很漂亮。Nǐ hěn piāoliàng。

8 我很特别。Wǒ hěn tèbié。

10 他们很聪明。Tāmen hěn cōngmíng。

12 他很无礼。Tā hěn wúlǐ。

한눈에 배운다!
형용사를 꾸미는 부사

약간, 매우

따라 말하기

습관처럼 형용사와 붙는 정도부사 很 hěn 이외에
형용사의 정도를 한정하는 정도부사를 배워보도록 하겠습니다.

1 춥다.

2 약간 춥다.

3 너무 춥다.

정도부사 + 형용사

: 약간 추워요.

yǒudiǎnr
有点儿
약간

lěng
冷
춥다

: 너무 어려워요.

tài
太
너무

nán
难
어렵다

중국어 부사의 어순은 우리말의 어순과 같습니다.
'매우', '약간'과 같은 부사는 형용사 앞에 오며,
정도의 강도에 따라 4가지 단계로 나눌 수 있습니다.

정도부사　형용사

10%	약간·조금	**有点儿**	yǒudiǎnr
40%	제법·꽤	**挺**	tǐng
70%	아주·매우	**很 / 非常**	hěn / fēicháng
100%	너무	**太**	tài

TIP

읽어 보세요

정도부사는 동사도 꾸민다

정도부사는 대체로 형용사를 꾸밉니다. 하지만 일부 정도부사는 동사도 꾸밉니다.

그녀는 조금 늦었다.
　　　부사　형용사

그녀는 조금 마셨다.
　　　부사　동사

중국어도 마찬가지입니다.

: 그녀는 콜라를 조금 마셨다.

Tā shāoshāo hē le kělè.
她 稍稍 喝了 可乐。
　　부사　동사

읽어 보세요

자주 쓰이는 정도부사

자주 쓰이는 정도부사 중 비교의 의미를 나타내는 부사 比较/更/最가 있습니다. 자주 쓰이는 만큼 알아두면 좋겠죠?

비교적 ~하다 (다른 것과 견주어 판단)
比较
bǐjiào

더욱 ~하다 (한발 더 나아간 것)
更
gèng

가장 ~하다 (비교 대상 중 1순위)
最
zuì

앞서 배운 동사 중첩은 동작을 짧고 가볍게 시도함을 나타냈다면,
이번에 배울 형용사 중첩은 반대로 형용사의 의미를 더욱 강조합니다.
형용사 역시 음절에 따라 중첩 방식이 나뉩니다. 우선, 1음절 형용사부터 살펴볼까요?

1음절 형용사

A → AA 的

> 중첩 형용사는 이미 의미가 강조되었기에 很 hěn과 같은 정도부사는 함께 쓰이지 않습니다.

이때, 주의할 점은 1) 중첩된 형용사 뒤에 어기조사 的 de를 붙여 쓴다는 점과
2) 모든 형용사가 중첩되진 않는다는 점입니다. 형용사 중첩은 다음 예시들만 기억하세요.

他个子高。	Tā gè zi gāo。	그는 키가 큽니다.
他个子高高的。	Tā gè zi gāo gāo de。	그는 키가 매우 큽니다.
他拥有高高的个子。	Tā yōng yǒu gāo gāo de gè zi。	그는 매우 큰 키를 갖고 있다.

두 번째 음절을 강하게 발음합니다.

자주 사용되는 중첩 형용사

大大的	dà dà de	매우 크다	小小的	xiǎo xiǎo de	매우 작다	轻轻的	qīng qīng de	매우 가볍다
长长的	cháng cháng de	매우 길다	白白的	bái bái de	매우 하얗다	红红的	hóng hóng de	매우 빨갛다

2음절 형용사

AB → AABB 的

房间很干净。	Fáng jiān hěn gān jìng。	방은 깨끗합니다.
房间里干干净净的。	Fáng jiān lǐ gān gan jìng jìng de。	방은 매우 깨끗합니다.
这是一间干干净净的房间。	Zhè shì yì jiān gān gan jìng jìng de fáng jiān。	여기는 매우 깨끗한 방입니다.

네 번째 음절을 가장 강하게 발음하고, 두 번째 음절은 경성으로 발음합니다.

자주 사용되는 중첩 형용사

明明白白的	míng ming bái bái de	매우 명백하다	痛痛快快的	tòng tong kuài kuài de	매우 통쾌하다
清清楚楚的	qīng qing chǔ chǔ de	매우 분명하다	漂漂亮亮的	piào piao liàng liàng de	매우 아름답다

따라 말하기

따뜻하다	덥다	시원하다	춥다	가깝다
nuǎn huo 暖和	rè 热	liáng kuai 凉快	lěng 冷	jìn 近
멀다	크다	작다	길다	짧다
yuǎn 远	dà 大	xiǎo 小	cháng 长	duǎn 短
높다	낮다	얇다	두껍다	가볍다
gāo 高	dī 低	báo 薄	hòu 厚	qīng 轻
무겁다	좁다	넓다	빠르다	느리다
zhòng 重	zhǎi 窄	kuān 宽	kuài 快	màn 慢
밝다	어둡다	하나의	많다	적다
míng liàng 明亮	hēi àn 黑暗	dān yī 单一	duō 多	shǎo 少

 앞서 배운 형용사와 부사를 활용하여 문장을 만들어보세요.

1
약간 **크다.**
有点儿大。

2
아주 **가볍다.**

3
제법 **두껍다.**

4
약간 **밝다.**

5
매우 **많다.**

6
꽤 **시원하다.**

7
너무 **춥다.**

8
조금 **빠르다.**

9
조금 **느리다.**

10
매우 **낮다.**

11
꽤 **무겁다.**

12
너무 **어둡다.**

▸ 정답입니다!

1 **有点儿大。** Yǒudiǎnr dà。
3 **挺厚。** Tǐng hòu。
5 **很多。** Hěn duō。
7 **太冷。** Tài lěng。
9 **有点儿慢。** Yǒudiǎnr màn。
11 **挺重。** Tǐng zhòng。

2 **很轻。** Hěn qīng。
4 **有点儿明亮。** Yǒudiǎnr míngliàng。
6 **挺凉快。** Tǐng liángkuai。
8 **有点儿快。** Yǒudiǎnr kuài。
10 **很低。** Hěn dī。
12 **太黑暗。** Tài hēiàn。

한눈에 배운다!
형용사 부정문

기본 문형을 배웠다면, 이제 부정문을 배워보겠습니다.
형용사 문형의 부정표현은 일반적으로 부정부사 不 bù 를
형용사 앞에 붙이기만 하면 됩니다.

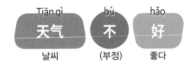

앞서 배운 예문으로 부정표현을 만들어보겠습니다.

: 날씨가 안 좋아요.

Tiān qì	bù	hǎo
天气	不	好
날씨	(부정)	좋다

위 예문처럼 일반 부정문에서 습관성 부사 很 hěn 은 사라집니다.
필요 없음에도 불구하고 부정부사 不 bù 와 함께 쓰인다면,
부사 很 hěn 은 '매우'라는 의미를 갖게 됩니다.

: 날씨가 매우 안 좋아요.

Tiān qì	hěn	bù	hǎo
天气	很	不	好
날씨	매우	(부정)	좋다

그리고 형용사 앞에 부정부사 没 méi 가 오면
이는 상태에 변화가 없음을 나타냅니다.

: 병이 아직 낫지 않았어요.

Bìng	hái	méi	hǎo
病	还	没	好
병	아직	(부정)	좋다

> **읽어 보세요**
>
> **중첩 형용사는
> 부정부사를 쓰지 않는다**
>
> 형용사가 중첩되면 묘사적 의미가 강화되
> 기 때문에 정도부사나 부정부사의 수식을
> 받지 않습니다.
>
> *그의 집은* 매우 매우 *깨끗합니다.* (X)
> 他的家很干干净净的。
> 　　부사　중첩형용사
>
> *그의 집은* 안 매우 *깨끗합니다.* (X)
> 他的家不干干净净的。
> 　　부사　중첩형용사
>
> 만약 '그의 집은 깨끗하지 않습니다'라고
> 말한다면 다음과 같이 말해야 합니다.
>
> *그의 집은* 안 *깨끗합니다.* (O)
> 他的家不干净。
> 　　부사 형용사

한눈에 배운다!
형용사 의문문

문장 끝 吗?

이어서 의문문을 배워보겠습니다.
형용사의 부정문도 마찬가지로 기본 문형 문장 끝에
吗 ma를 붙여주면 됩니다.

앞서 배운 예문으로 의문문을 만들어보겠습니다.
의문문도 마찬가지로 습관성 부사 很 hěn 은 사라집니다.

: 날씨가 좋은가요?

동사 문형의 의문문에서 동작의 상태를 물을 때는
변화를 의미하는 어기조사 了 le 를 吗 ma 앞에 붙여준다고 배웠습니다.
형용사 역시 변화를 물을 경우, 了 le 를 붙여줍니다.

: 병은 다 나았나요?

: 지쳤나요?

<< 읽어 보세요   **형용사랑도 어울리는 了**

어기조사 了[le]는 문장 끝에 놓여 그렇지
않았던 것들이 그렇게 변화되었음을 인정
하는 의미를 갖습니다. 따라서 동사뿐 아
니라 형용사도 함께 쓰이죠.

: 날씨가 추워졌어요

Tiānqì	lěng	le.
天气	冷	了.
날씨	춥다	(변화).

: 그녀는 살이 빠졌어요.

Tā	shòu	le.
她	瘦	了.
그녀	마르다	(변화).

따라 말하기

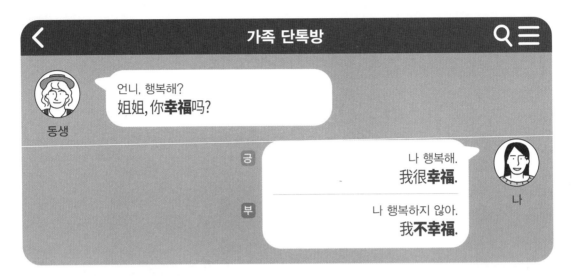

가족 단톡방

동생
언니, 행복해?
姐姐, 你**幸福**吗?

긍
나 행복해.
我很**幸福**.

부
나 행복하지 않아.
我**不幸福**.

나

✏️ 각각의 의문문/긍정문/부정문을 참고하여 빈칸을 채워보세요.

1
형, 슬퍼?
哥哥, 你悲伤吗?

긍 나 슬퍼.
我很悲伤。

부 나 슬프지 않아.
[   ].

2
아버지, 화나셨어요?
[   ]?

긍 나 화났어.
我很生气。

부 나 화 안 났어.
我没生气。

3
언니, 외로워?
姐姐, 你孤单吗?

긍 나 외로워.
[   ].

부 나 외롭지 않아.
我不孤单。

4
너 즐거워?
你开心吗?

긍 나 즐거워.
我很开心。

부 나 즐겁지 않아.
[   ].

5 할아버지, 건강하시죠?

[   ]?

긍 나 건강해.
我很健康。

부 나 건강하지 않아.
我不健康。

6 어머니, 만족스러우세요?
妈妈, 你满意吗?

긍 나 만족스러워.
[   ].

부 나 만족스럽지 않아.
我不满意。

7 너 지루해?
你无聊吗?

긍 나 지루해.
我很无聊。

부 나 지루하지 않아.
[   ].

8 할머니, 속상하세요?

[   ]?

긍 나 속상해.
我很伤心。

부 나 속상하지 않아.
我不伤心。

9 너 성실해?
你诚实吗?

긍 나 성실해.
[   ].

부 나 성실하지 않아.
我不诚实。

10 너 게을러?
你懒吗?

긍 나 게을러.
我很懒。

부 나 게으르지 않아.
[   ].

· 정답입니다! ·

1 我不悲伤。Wǒ bù bēishāng。
2 爸爸, 你生气了吗? Bàba, nǐ shēngqì le ma?
3 我很孤单。Wǒ hěn gūdān。
4 我不开心。Wǒ bù kāixīn。
5 爷爷, 你健康吗? Yéye, nǐ jiànkāng ma?
6 我很满意。Wǒ hěn mǎnyì。
7 我不无聊。Wǒ bù wúliáo。
8 奶奶, 你伤心吗? Nǎinai, nǐ shāngxīn ma?
9 我很诚实。Wǒ hěn chéngshí。
10 我不懒。Wǒ bù lǎn。

04 이 표현 꼭 외우자! 형용사 문형

1 오늘 날씨 어때?

张伟
Jīntiān tiānqì zěnmeyàng?
今天天气怎么样?

秀英
Jīntiān tiānqì hěn lěng.
今天天气很冷。

张伟
Zuótiān yǒudiǎn rè.
昨天有点热。

秀英
Rè ma? Wǒ gǎnjué yǒudiǎnr lěng.
热吗？我感觉有点儿冷。 '느끼다'라는 뜻이다.

张伟 : 오늘 날씨 어때?
秀英 : 오늘 날씨 너무 추워.
张伟 : 어제는 조금 더웠는데.
秀英 : 더웠어? 나는 조금 추워.

冷

冷[lěng]은 '춥다, 차갑다'라는 뜻이며,
비슷한 단어인 冻[dòng]은 '얼다, 춥다,
차갑다'라는 뜻을 가지고 있습니다.

2 음식 맛은 어때?

李娜
Fàncài de wèidao zěnmeyàng?
饭菜的味道怎么样？

永明
Hěn là.
很辣。

李娜
Jiàgé zěnmeyàng?
价格怎么样？

永明
Jiàgé yǒudiǎnr guì.
价格有点儿贵。

李娜 : 음식 맛은 어때?
永明 : 너무 매워.
李娜 : 가격은 어때?
永明 : 가격도 약간 비싸.

辣

辣[là]는 '맵다, 매운 맛'이라는 뜻이며 한
국에서도 유명한 麻辣烫[málàtàng] : 마
라탕을 고를 때 다음과 같이 맵기의 정
도를 나누어 설명합니다.

微辣[wēilà] : 약간 매운맛
中辣[zhōnglà] : 중간 매운맛
超辣[chāolà] : 진짜 매운맛

3 회사가 멀어?

 张敏
Gōngsī yuǎn ma?
公司远吗?

 小明
Hěn yuǎn.
很远。

 张敏
Dìtiězhàn lí jiā yuǎn ma?
地铁站离家远吗?

거리를 나타낼 때 기준점이 되는
장소를 나타내는 명사 앞에 쓴다.

 小明
Yǒudiǎn yuǎn.
有点远。

张敏 : 회사가 멀어?
小明 : 많이 멀어.
张敏 : 지하철역은 집에서 멀어?
小明 : 조금 멀어.

地铁站

地铁站[dìtiězhàn]은 '지하철역'이라는 뜻
입니다. 하지만 중국 대도시를 제외하
고 다른 지방 도시에서는 아직 지하철이
보편화되지 않았기 때문에 대중교통으
로는 대부분 '시내버스' 公交车[gōngjiāo
chē]를 많이 이용합니다.

4 학교 환경은 어때?

 王明
Xuéxiào huánjìng zěnmeyàng?
学校环境怎么样?

 李明
Hěn gānjìng.
很干净。

 王明
Tóngxué men zěnmeyàng?
同学们怎么样?

 李明
Hěn qīnqiè.
很亲切。

王明 : 학교 환경은 어때?
李明 : 깨끗해.
王明 : 친구들은 어때?
李明 : 친절해.

干净

干净[gānjìng]은 '깨끗하다'라는 뜻이며
반대말로는 脏脏[zāng zāng] '더럽다'가 있
습니다.

Hēibǎn hěn gānjìng.
黑板很干净.
칠판이 깨끗하다.

5 그는 지금 매우 화났어.

 张敏
Lǎo bǎn xīnqíng zěnmeyàng?
老板心情怎么样?

 王明
Tā xiànzài hěn shēngqì.
他现在很生气。

 张敏
Yǒu shénme shì le ma?
有什么事了吗?

 王明
Gùkè tài wúlǐ le.
顾客太无礼了。

张敏 : 사장님 기분은 어때?
王明 : 그는 지금 매우 화났어.
张敏 : 무슨 일 있었어?
王明 : 손님이 너무 무례했어.

6 넌 무슨 동물 좋아해?

 李明
Nǐ xǐhuan shénme dòngwù?
你喜欢什么动物?

 张娜
Wǒ xǐhuan kě'ài de māo.
我喜欢可爱的猫。

 李明
Xiǎogǒu zěnmeyàng?
小狗怎么样?

 张娜
Xiǎogǒu yě hěn kě'ài.
小狗也很可爱。 습관성 부사 很

李明 : 넌 무슨 동물 좋아해?
张娜 : 귀여운 고양이가 좋아.
李明 : 강아지는 어때?
张娜 : 강아지도 귀여워.

TIP

Bié rě wǒ shēngqì!
别惹我生气!
날 열 받게 하지 매!

无礼
无礼[wúlǐ]는 '무례하다'라는 뜻이며 반대말로는 有礼[yǒulǐ]가 있습니다.

小狗
중국에서는 동물의 명칭 앞에 小[xiǎo] : 작다를 추가함으로써 어떤 동물의 어린 시절을 표현합니다. 小狗[xiǎo gǒu]를 직역하면 '작은 개'이며 '강아지'라는 뜻입니다. 여기서 小[xiǎo]를 빼면 말 그대로 '개(성인견)'라는 뜻이 됩니다.

7 난 이미 건강해.

 Nǐ xǐhuan yùndòng ma?
李娜 你喜欢运动吗?

 Bù xǐhuan. Yùndòng hěn wúliáo.
文博 不喜欢。运动很无聊。

 Shìliàng yùndòng jiù huì biàn jiànkāng.
李娜 适量运动就会变健康。 '〜하면'이라는 뜻이다.

 Wǒ yǐjīng hěn jiànkāng.
文博 我已经很健康。

李娜 : 너 운동 좋아해?
文博 : 안 좋아해. 운동은 지루해.
李娜 : 적당히 운동을 하면 건강해져.
文博 : 난 이미 건강해.

TIP

Zhùyì jiànkāng.
注意健康.
건강에 주의하세요.

适量

适量[shìliàng]은 '적당량'을 뜻하며 반대
말로는 过量[guòliàng] : 한계량 초과가
있습니다.

8 방은 어때?

 Fángjiān zěnmeyàng?
秀英 房间怎么样?

 Fángjiān gānganjìngjìng de.
永明 房间干干净净的。

 Wèizhì zěnmeyàng?
秀英 位置怎么样?

 Fángjiān wèizhì tǐng hǎo de.
永明 房间位置挺好的。

秀英 : 방은 어때?
永明 : 방은 매우 깨끗해.
秀英 : 위치는 어때?
永明 : 방 위치는 꽤 좋아.

Fángjià guò gāo.
房价过高.
집값이 너무 비싸다.

挺

挺[tǐng]은 여기서 '매우, 아주'라는 뜻이
며 동의어로는 很[hěn]가 있습니다.

9 너 짐 많아?

 王明
Xíngli duō ma?
行李多吗?

 小明
Xíngli tài duō.
行李太多。

 王明
Xíngli zhòng ma?
行李重吗?

 小明
Hěn zhòng.
很重。

王明 : 너 짐 많아?
小明 : 짐 너무 많아.
王明 : 짐 무거워?
小明 : 너무 무거워.

行李
行李[xíngli]는 '짐'이라는 뜻 외에도 '수
화물'이라는 뜻이 있어 주로 공항에서
많이 사용합니다.

Néng lái jiē wǒ ma?
能来接我吗?
나 데리러 올 수 있어?

10 잘 지내?

 张伟
Guò de zěnmeyàng?
过得怎么样?

 永明
Xiànzài shēntǐ hěn bù hǎo.
现在身体很不好。

 张伟
Yǒu shénme shìqíng ma?
有什么事情吗?

 永明
Bìng hái méi hǎo.
病还没好。 '아직 ~하지 않았다'라는 뜻으로
자주 쓰이는 부사+부정부사 조합이다.

张伟 : 잘 지내?
永明 : 지금 몸이 매우 안 좋아.
张伟 : 무슨 일 있어?
永明 : 병이 아직 낫지 않았어.

Hǎohǎo xiūxi.
好好休息.
푹 쉬어.

生病
生病[shēng bìng]은 '병에 걸리다'라는 뜻
으로 주로 감기, 몸살이 났을 때, 많이
사용되며 반대말로는 健康[jiàn kāng] :
건강, 건강하다가 있습니다.

11 시간 맞춰 잘 도착했어?

李娜
Ànshí dàodá le ma?
按时到达了吗?

秀英
Yǒudiǎn wǎn le。
有点晚了。

李娜
Yǒu shénme shìqíng ma?
有什么事情吗?

秀英
Tiānqì hěn bù hǎo。
天气很不好。

李娜 : 시간 맞춰 잘 도착했어?
秀英 : 조금 지각했어.
李娜 : 무슨 일 있었어?
秀英 : 날씨가 너무 안 좋았어.

天气

天气(tiān qì)는 '날씨'를 뜻합니다. 일기예보에 자주 등장하는 날씨 표현을 익혀볼까요?

晴 [qíng] : 맑다
多云 [duōyún] : 흐림(구름 낌)
雾 [wù] : 안개
雨 [yǔ] : 비
雪 [xuě] : 눈

---

12 나는 그가 너무 좋아.

文博
Nǐ xǐhuan tā ma?
你喜欢他吗?

张娜
Wǒ zhēnde hěn xǐhuan tā。
我真的很喜欢他。 '정말이지 너무나'라는 뜻의 중복 부사로 강조하고 싶을 때 쓴다.

文博
Rénpǐn zěnmeyàng?
人品怎么样?

张娜
Tā lǎolaoshíshí de。
他老老实实的。

人品

人品(rén pǐn)은 주로 '인품, 인격'을 뜻하지만 중국 젊은이들 사이에서 人品不好 (rén pǐn bù hǎo)는 '인품이 안 좋다'라는 뜻 외에도 '운이 없다'라는 뜻으로 많이 사용됩니다.

文博 : 너는 그가 좋아?
张娜 : 나는 그가 너무 좋아.
文博 : 인품은 어때?
张娜 : 되게 성실해.

汉字 쓰기노트 ✏️

大	뜻	大	大	大	大	大	大	大	大	大
	한자	dà 크다	dà	dà	dà	dà	dà	dà	dà	dà
	병음									
小	뜻									
	한자									
	병음									
长	뜻									
	한자									
	병음									
短	뜻									
	한자									
	병음									
轻	뜻									
	한자									
	병음									
重	뜻									
	한자									
	병음									
高	뜻									
	한자									
	병음									
低	뜻									
	한자									
	병음									
挺	뜻									
	한자									
	병음									
很	뜻									
	한자									
	병음									
太	뜻									
	한자									
	병음									
还	뜻									
	한자									
	병음									

단어		뜻	
幸	福	한자	
		병음	
悲	伤	뜻	
		한자	
		병음	
开	心	뜻	
		한자	
		병음	
生	气	뜻	
		한자	
		병음	
可	爱	뜻	
		한자	
		병음	
聪	明	뜻	
		한자	
		병음	
健	康	뜻	
		한자	
		병음	
诚	实	뜻	
		한자	
		병음	
亲	切	뜻	
		한자	
		병음	
明	白	뜻	
		한자	
		병음	
漂	亮	뜻	
		한자	
		병음	
清	楚	뜻	
		한자	
		병음	

후후, 그래도 한가지 공통적인 부분! 바로, 한자!

중국의 방언은 서로 입말은 다르지만, 글자는 같아.

한자는 약 8만 자가 있는데, 그중에서 자주 쓰이는 글자가 6,500자 정도야.

중국어를 성조의 언어라 한다면, 형제는 베트남어와 태국어!

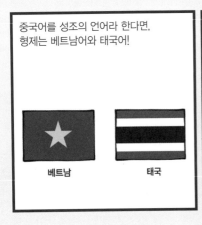

한자의 언어라 한다면, 한국어와 일본어가 베스트프렌드라 할 수 있겠네.

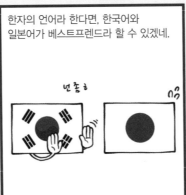

하지만 이들은 서로 조금씩 다른 한자를 쓰고 있어.

간체자는 중국본토에서 주로 사용하고 있는데, 쓰기 어렵고 복잡하던 한자를 조금 간략하게 만든 거야.

사람들이 쉽고 빨리 배울 수 있도록 하기 위해서였지.

반면에 한국, 대만과 홍콩지역에서는 정체자를 사용하고 있고

일본도 조금씩 바꾸어서 사용하고 있어.

베트남은 한자를 가지고 새로운 글자를 만들어 사용하기도 했어. 신기하지?

이렇게 한자로 뭉쳐진 그룹을 우리는 한자문화권이라 불러.

예부터 중국의 문자인 한자와 그 사회 및 문화의 영향을 받은 나라들이야.

이 중에서 한국과 베트남은 각자의 문자 체계를 통해 한자에서 꽤 독립하였고

나랏말싸미 듕귁에 달아

일본은 여전히 한자를 혼용하고 있지.

요놈의 한자!
너무 복잡해서 어려워 보이지?

한자

내 속인 내가 너무도 많아서~

하긴, 한자는 중국 사람들도 어려워해. 대체 이런 무서운(?) 한자는 어디서부터 온 거냐고?

어디 보자, 그건 아주 먼 옛날, 그러니까 내가 갑골문을 만들었던 그 시절부터 이야기해야 해.

아, 그전에 중국의 역사는 무진장 길고 복잡하기 때문에 다시 한번 표를 보고 큰 그림을 이해해보자!

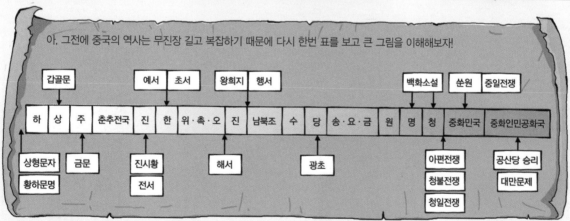

갑골문				예서	초서		왕희지	행서						백화소설	쑨원	중일전쟁
하	상	주	춘추전국	진	한	위·촉·오	진	남북조	수	당	송·요·금	원	명	청	중화민국	중화인민공화국
상형문자	금문		진시황		해서			광초				아편전쟁		공산당 승리		
황하문명			전서									청불전쟁		대만문제		
												청일전쟁				

자, 한자의 역사는 말이지. 아주 먼 옛날, 호랑이 담배 피던 시절보다 더 옛날, 인류문명의 시작과도 연관되어 있지!

무슨 소리냐고?

한자의 형태를 보아서 알 수 있듯이, 그 시작은 상형문자거든.

이건 또 무슨 소리냐고?

상형문자는 물체를 본떠서 만들었는데 木은 나무를, 山은 산을 보고 만들었어.

그렇다 보니, 그림과 글자는 묘한 혈연 관계를 맺고 있었지.

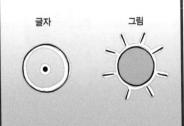

당시에는 이런 글자들이 많이 있었는데

	해	물	사람	별
수메르	⊔	⼁	⼔	✳
이집트	⊙	∿	⼈	✳

인류의 문명이 시작한 곳에는 이러한 문자들의 흔적이 많이 남아있지.

인류 4대 문명 중 하나인 황하문명이 중국 땅에서 시작한 거 기억하지?

물론, 글자를 누가 딱 만들었다고 말하기 힘들잖아?

세종대왕! 그래그래 한글 빼고

그래서 여러 전설들이 존재하는데, 한자에도 전설이 있어.

나 사연 있는 한자야

한자

바로, 내가 만든 갑골문 이야기야! 갑골문은 한자의 시작이라 할 수 있거든.

갑골문자

사람

소

별

땅

해

때는 바야흐로 상나라 시대. 나는 사관 (史官)으로서 위대하신 황제(黃帝)님을 보필하고 있었지.

황皇제가 아니라 황黃제! 황皇제는 진시황이 처음 사용한 이름이야.

어느 날, 현명하신 황제님은 체계적인 문자가 없음을 슬퍼하셨고, 문자를 만들라는 명을 내리셨어.

창힐은 문자를 만들라.

뭐, 그때까진 문자 그거 별거 있겠어? 라고 생각했었지.

대~충 만들지 뭐~

사실, 내가 만들기 전에도 몇 개 있긴 했거든.

끈의 매듭을 이용한 〈 결승 〉

나무 같은 곳에 홈을 파서 사용한 〈 서계 〉

근데 우리가 농경도 시작하고~ 모여서 살고~ 이러니까 할 말이 너무 많아진 거 있지.

알아 들을랑가

더는 그런 간단한 걸로 안 되겠더라고.

어제 요만큼 밭 갈았음

어디에서 어디까지라는겨?

이제 와서 하는 말이지만, 나 너무 힘들었어. 고민이 이만저만이 아니었지.

세종대왕 존경해.

그래서 답답한 마음에 바람이나 쐬려고 양허(陽虛)의 산에 올라갔는데

거기서 집채 만한 거북이를 본거야! 내가 또 시력이 죽이잖아.

거북이 등껍질을 보니 뭔가 문양이 있는데, 이게 어떤 이야기를 하는 것 같지 뭐야.

그때부터 나는 이 네 개의 눈으로 세상을 유심히 살펴보기 시작했어.

파   칭

하늘의 별, 땅 위의 산 그리고 강.

비행 중에 쌓인 피로를 풀기 위해 잠깐 땅에 앉은 새들의 발자국.

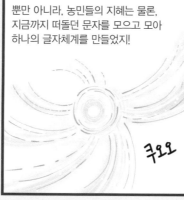

뿐만 아니라, 농민들의 지혜는 물론, 지금까지 떠돌던 문자를 모으고 모아 하나의 글자체계를 만들었지!

쿠오오

그게 바로 이 갑골문(甲骨文)이야!

갑골문
(甲骨文)

파   앗

거북이의 배딱지나 소의 뼈 등에 글을 썼다고 해서 지어진 이름이지.

사실, 갑골문은 일상생활이 아닌 점을 칠 때 많이 사용했는데

하늘의 뜻은 무엇인가..!

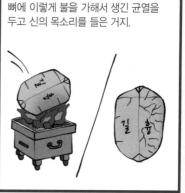

뼈에 이렇게 불을 가해서 생긴 균열을 두고 신의 목소리를 들은 거지.

길   흉

출토된 갑골문의 흔적을 보면, 대부분 점을 친 후의 결과들이 적혀 있어.

한자의 역사를 알아보는 아주 귀중한 자료라 할 수 있지!

갑골문이라~ 근데 어째 지금의 한자랑 너무 다르지 않아요? 라고 누가 물어볼 거 같은데.

하하, 그래, 갑골문은 글자보다 그림에 가까워. 하지만 현존하는 한자의 원형을 이루고 있지.

바로 체계화된 문자의 시대가 열린 거야! 어때? 갑골문은 어느 정도 이해했겠지?

자, 그럼 다음으로 넘어가 볼까? 한자의 변화가 여기서 멈추면 섭섭하잖아.

상나라 이후, 주나라에 와서는 청동기 위에 새긴 금문(金文)이 발전하였는데

당시에는 청동기를 금이라고 불렀어

금문은 권력자의 정치적 선전과 약속을 기록하는 데 많이 쓰였지.

약속은 지켜야 하니까

갑골문이 신의 도구라면, 금문은 인간의 도구로써, 쓰이는 문자의 시대를 열었다고 할 수 있어.

근본적인 문자의 사용방식과 위상이 변한 거지

금문을 써 놓았던 청동기는 주로 제사에 사용하는 도구였는데

청동기를 소유하는 건 권력을 가진 것과 같은 의미였어.

정鼎은 밥을 짓는 도구로 권력의 상징이었어

그래서 청동기 위에 글을 남겨 자신의 권력을 과시하곤 한 거였지.

나도 한번 새겨볼까~

금문이 등장한 후에는 갑골문 시대에 비교적 통일되었던 문자가 다시 다양해지더니

춘추전국시대에 이르러서는 각 나라의 문자가 서로 다르게 되었지.

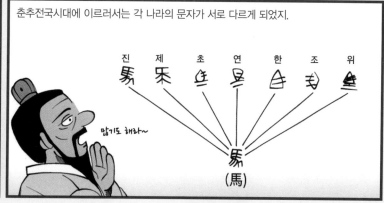

말기도 해라~

이미 배워서 알고 있듯이, 진(秦)나라가 전국을 통일하면서 문자도 하나로 통일하고자 했고

통일하라!

이 시기 등장한 게 전서(篆書)!

우리는 보통 전서를 소전(小篆)이라고도 해.

전서에는 고문, 대전, 소전이 있는데, 그중에서 가장 마지막 단계의 서체가 바로 이 소전이야.

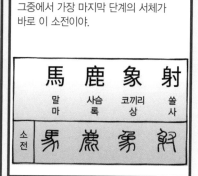

이것도 진시황제가 승상인 이사에게 명을 내려 만든 글자체지.

성심을 다하겠나이다.

소전은 갑골문과 금문이 가진, 그림의 성격이 줄어들고 좌우 대칭적이며, 둥글둥글한 선이 특징이야.

무시무시한 공포정치를 일삼던 진나라가 무너지고 한나라의 시대가 열리는데

아, 그 얘긴 그만해....

우리가 말하는 한자 역시 이때 생겨난 예서(隸書)와 관련이 있어!

예서

美術, 書藝

당시, 하급 관리인 도례(徒隸)사이에서 쓰이던 서체라는 의미로 예(隸)서라고 불리게 되었지.

딱 봐도 엄청난 변화가 보이지? 소전의 필획과 구조를 조금 부드럽게 변형시킨 거야.

➡ 만화는 228쪽에서 계속 이어집니다. 207

05

의문문 활용

중국어에서는 문장 끝에 吗 ma를 붙이면 의문문이 됩니다.
우리말의 의문문에서 '입니까'를 붙이는 것과도 비슷하므로 이해하기 쉽습니다.

~입니까

+ 吗 ?

他是学生。	Tā shì xuéshēng 。	그는 학생입니다.	평서문
他是学生吗?	Tā shì xuéshēng ma?	그는 학생입니까?	의문문
他有妹妹。	Tā yǒu mèimei 。	그는 여동생이 있습니다.	평서문
他有妹妹吗?	Tā yǒu mèimei ma?	그는 여동생이 있습니까?	의문문

보통 문장 끝에 吗 ma가 붙는 의문문은
동사의 긍정형이나 부정형을 이용해 답변합니다.

他是学生吗?	Tā shì xuéshēng ma?	그는 학생입니까?	의문문
是/不是。	Shì / Bú shì 。	네/아니오.	답변
他有妹妹吗?	Tā yǒu mèimei ma?	그는 여동생이 있습니까?	의문문
有/没有。	Yǒu / Méi yǒu 。	있습니다/없습니다.	답변

그런데 의문문에 있어서 吗 ma는 꼭 필요한 존재일까요?
그저 문장 끝의 억양을 상승시키는 것만으로도 의문문이 되기도 합니다.

他是学生。	Tā shì xuéshēng 。	그는 학생입니다.	평서문
他是学生↗?	Tā shì xuéshēng ?	그는 학생입니까?	의문문
他有妹妹。	Tā yǒu mèimei 。	그는 여동생이 있습니다.	평서문
他有妹妹↗?	Tā yǒu mèimei ?	그는 여동생이 있습니까?	의문문

TIP

《 읽어 보세요　**어기조사는 항상 경성**

문장 끝에 오는 어기조사 吗[ma], 吧[ba],
呢[ne]는 언제나 경성으로 발음됩니다.

《 읽어 보세요　**억양 의문문은 친한 사람에게**

의문조사 吗[ma]를 쓰지 않고 문장 끝의
억양을 상승시키는 억양 의문문은 주로
친밀한 관계에서 사용됩니다.

문장 끝에 吗 ma와 같이 붙는 조사를 어기조사라고 합니다.
의문문을 만드는 어기조사는 吗 ma 뿐만이 아닙니다.

기정사실을 재차 확인하고자 물을 때 우리는 추측의 의미로
문장 끝에 '～이지요?', 혹은 '맞지요?'를 사용합니다.
이와 같은 맥락으로 중국어에서는 문장 끝에 吧 ba 를 붙입니다.

他是学生。	Tā shì xuéshēng。	그는 학생입니다.	평서문
他是学生吧?	Tā shì xuéshēng ba?	그는 학생이지요?	의문문
他有妹妹。	Tā yǒu mèimei。	그는 여동생이 있습니다.	평서문
他有妹妹吧?	Tā yǒu mèimei ba?	그는 여동생이 있지요?	의문문

또한 평서문에서 술어를 생략하고 명사 뒤 呢 ne를 붙이면
같은 문맥상에서 반문할 때 쓰는 의문문이 됩니다.
우리말의 '～는요?'와 같은 맥락으로 이해하시면 됩니다.

他是学生。	Tā shì xuéshēng。	그는 학생입니다.	평서문
你呢?	Nǐ ne?	당신은요?	의문문
那是我的书包。	Nà shì wǒ de shūbāo。	저것은 나의 책가방입니다.	평서문
你的书包呢?	Nǐ de shūbāo ne?	당신의 책가방은요?	의문문

TIP

<< 읽어보세요 **어기조사란**

우리말 '취업했구나'의 '～구나'를 어기조사라 합니다. 중국어에도 이처럼 문장 끝에 놓여 말하는 이의 기분을 나타내는 어기조사가 있습니다.

<< 읽어보세요 **吧는 명령문, 긍정문에 呢는 평서문에도 쓴다**

어기조사 吧[ba]는 의문문 외에도 명령문, 긍정문 등 다양한 어기로 쓰입니다.

명령문 : 빨리 가요!

Kuài	zǒu	ba!
快	走	吧!
빨리	가다	(강조)!

긍정문 : 좋아요!

Hǎo	ba!
好	吧!
좋다	(강조)!

어기조사 呢[ne] 역시 평서문에서 사용됩니다. 다만, 可[kě], 还[hái]와 같은 특정 부사와 함께 옵니다.

평서문 : 오늘은 진짜 덥네요.

Jīntiān	kě	rè	ne!
今天	可	热	呢!
오늘	진짜	덥다	(강조)!

평서문 : 그는 아직 기다리고 있어요.

Tā	hái	děng	zhe	ne!
他	还	等	着	呢!
그	아직	기다리다	(진행)	(강조)!

한눈에 배운다!
정반 의문문

'있어? 없어?'와 같이 질문자가 긍정형과 부정형을 병렬하여
둘 중 한 가지를 고르게 하는 것을 정반 의문문이라 합니다.
이때, 긍정형과 부정형 자리에는 동사와 형용사가 쓰입니다.

A 不 A ?

└─ 긍정 ─┘ └──── 부정 ────┘

우선, 동사의 정반 의문문을 살펴보겠습니다.
긍정형과 부정형이 병렬되는 것 자체로 의문문이 되기 때문에
정반 의문문 끝에 어기조사 吗 ma 는 올 수 없습니다.

他是不是学生?	Tā shì bu shì xuéshēng?	그는 학생인가요, 아닌가요?
你喝不喝酒?	Nǐ hē bu hē jiǔ?	당신은 술을 마시나요, 안 마시나요?
你吃不吃?	Nǐ chī bu chī?	당신은 먹을 건가요, 안 먹을 건가요?

다음 동사가 2음절일 경우엔 어떻게 병렬할까요?
동사나 형용사가 2음절일 경우에도 똑같이 긍정형과 부정형을 나열해 줍니다.
다만, 회화체에서는 긍정형의 둘째 음절을 종종 생략합니다.

你喜(欢)不喜欢她?	Nǐ xǐ(huan) bu xǐhuan tā?	당신은 그녀를 좋아하나요, 안 좋아하나요?
你睡(觉)不睡觉?	Nǐ shuì(jiào) bu shuìjiào?	당신은 잠잘 건가요, 안 잘 건가요?

동사뿐 아니라 형용사도 병렬이 가능합니다.

学校大不大?	Xuéxiào dà bu dà?	학교는 큰가요, 안 큰가요?
人多不多?	Rén duō bu duō?	사람이 많은가요, 안 많은가요?
你冷不冷?	Nǐ lěng bu lěng?	당신은 추운가요, 안 추운가요?

TIP

정반 의문문과 吗의 차이

정반 의문문은 두 가지 답변을 모두 염두
에 두고 의문을 표현하는 중립적인 의문
문입니다. 답을 어느 정도 예상하고 묻는
어기조사 吗[ma] 의문문과 차이가 있습니
다.

不는 경성

정반 의문문에서 부정부사 不[bù]는 경성
不[bu]로 발음됩니다.

A没A 는?

부정부사 没[méi]는 어떤 동작이나 변화
가 일어나지 않았음을 나타냅니다. 부정
부사 没[méi] 역시 정반 의문문에 사용됩
니다. 하지만 형용사는 没[méi]와 쓰이지
않으니 주의해주세요.

의문문 : 밥 먹었어요, 안 먹었어요?

Chī	méi	chī	fàn?
吃	没	吃	饭?
먹다	(부정)	먹다	밥?

2음절 형용사도 똑같다

형용사가 2음절일 경우에도 똑같이 긍정
형과 부정형을 나열해 줍니다.

의문문 : 시원한가요, 안 시원한가요?

Liángkuai	bu	liángkuai?
凉快	不	凉快?
시원하다	(부정)	시원하다?

선택 의문문

A 혹은 B, 둘 중의 어느 것 하나를 선택해야 할 때 두 가지 선택항목
사이에 영어의 or에 해당하는 还是 hái shi 을 사용합니다.
이때, 두 선택항목 A와 B에 문장의 술어 부분이 옵니다.

A 还是 B ?

└ 선택항목 ┘ └────── or ──────┘ └ 선택항목 ┘

| 你吃还是我吃? | Nǐ chī háishi wǒ chī? | 네가 먹을래? 내가 먹을까? |
| 你喝酒还是喝水? | Nǐ hē jiǔ háishi hē shuǐ? | 술 마실래, 물 마실래? |

중복되는 주어는 생략이 가능하지만, 보통 동사는 생략하지 않습니다.
하지만, 이때 사용하는 동사가 是 shì일 경우,
还是 hái shi 의 是 shì와 중복을 피하고자 동사를 중복하지 않습니다.

| 他是学生还是老师? | Tā shì xuéshēng háishi lǎoshī? | 그는 학생인가요, 선생인가요? |

선택 의문문 역시 동사뿐 아니라, 형용사도 还是 hái shi 을 사용합니다.

学校大还是小?	Xuéxiào dà háishi xiǎo?	학교는 큰가요, 작은가요?
人多还是少?	Rén duō háishi shǎo?	사람이 많은가요, 적은가요?
今天冷还是暖和?	Jīntiān lěng háishi nuǎnhuo?	오늘 추운가요, 따뜻한가요?

TIP

<< 읽어 보세요 **다양한 선택항목 A or B**

선택 의문문의 선택항목으로 다양한 성분
이 올 수 있습니다. 동사와 还是 [háishi]
사이에 목적어, 부사어는 물론, 아예 문장
자체가 선택항목이 될 수도 있습니다.

내가 갈까 **还是 네가** 갈래?
주어   or   주어

이게 좋니 **还是 저게** 좋니?
목적어   or   목적어

그가 먹었나 还是 그녀가 치웠나?
문장   or   문장

따라 말하기

해석을 보고 어기조사 의문문을 만들어보세요.

바쁘다	싫어하다	돌아오다
máng **忙**	bùxǐhuan **不喜欢**	huílái **回来**

내일	학교	수박
míngtiān **明天**	xuéxiào **学校**	xīguā **西瓜**

1
그는 바쁩니다.
他很忙。
→
그는 바쁩니까?
他忙吗?

2
그는 내일 돌아옵니다.
他明天回来。
→
그는 내일 돌아옵니까?

3
그녀는 학교에 있다.
她在学校。
→
그녀는 학교에 있지요?

4
그는 수박을 싫어한다.
他不喜欢西瓜。
→
그는 수박을 싫어하지요?

5
나 내일 돌아올게.
我明天回来。
→
그녀는?

6
나 오늘은 바빠.
我今天忙。
→
내일은요?

• 정답입니다! •

1 他忙吗? Tā máng ma?
2 他明天回来吗? Tā míngtiān huílái ma?
3 她在学校吧? Tā zài xuéxiào ba?
4 他不喜欢西瓜吧? Tā bù xǐhuan xīguā ba?
5 她呢? Tā ne?
6 明天呢? Míngtiān ne?

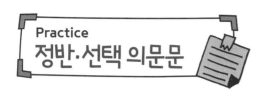

Practice
정반·선택 의문문

따라 말하기

 해석을 보고 정반 의문문 혹은 선택 의문문을 만들어보세요.

키	커피	차	중국	일본	신발
gèzi 个子	kāfēi 咖啡	chá 茶	Zhōngguó 中国	Rìběn 日本	xiézi 鞋子

1
너 밥 먹을래?
你吃饭吗?
→
너 밥 먹을래, 안 먹을래?
你吃不吃饭?

2
그는 키가 큽니까?
他个子高吗?
→
그는 키가 큽니까, 안 큽니까?

3
학교에 사람이 많은가요?
学校人多吗?
→
학교에 사람이 많은가요, 안 많은가요?

4
너는 뭐 마실래?
你喝什么?
→
너는 커피 마셔, 아니면 차 마셔?

5
선생님 어디 가세요?
老师去哪儿?
→
선생님 중국 가세요, 아니면 일본 가세요?

6
신발이 커?
鞋子大吗?
→
신발이 커, 아니면 작아?

정답입니다!

1 你吃不吃饭? Nǐ chī bu chī fàn?　　　　2 他个子高不高? Tā gèzi gāo bu gāo?

3 学校人多不多? Xuéxiào rén duō bu duō?　　　4 你喝咖啡还是喝茶? Nǐ hē kāfēi háishi hē chá?

5 老师去中国还是去日本? Lǎoshī qù Zhōngguó háishi qù Rìběn?　　　6 鞋子大还是小? Xiézi dà háishi xiǎo?

세상에 질문하는 방법은 딱 두 가지 있습니다.
그중 첫 번째는 이미 배운 내용으로,
스스로 완성된 문장을 만든 후
참인지 거짓인지를 묻는 방식입니다.

┌── 코끼리는 사과를 먹습니다.　（평서문）
└── 코끼리는 사과를 먹습니까?　（의문문）

누군가 이런 질문을 해온다면 우리는 '예' 혹은 '아니오'로 대답해야 합니다.
OX 퀴즈에 OX로 답하는 셈이죠.
반면 두 번째 방식은 애초에 완성된 문장을 만들지 않습니다.
문장에서 어떤 한 단어를 대신해 의문사를 집어넣는 방식이죠.

┌── 코끼리는 사과를 먹습니다.
└── 누가 사과를 먹습니까?

┌── 코끼리는 아침마다 사과를 먹습니다.
└── 코끼리는 언제 사과를 먹습니까?

┌── 코끼리는 나무 아래서 사과를 먹습니다.
└── 코끼리는 어디에서 사과를 먹습니까?

┌── 코끼리는 사과를 먹습니다.
└── 코끼리는 무엇을 먹습니까?

┌── 코끼리는 코로 사과를 먹습니다.
└── 코끼리는 어떻게 사과를 먹습니까?

┌── 코끼리는 배고파서 사과를 먹습니다.
└── 코끼리는 왜 사과를 먹습니까?

이렇듯, 의문사란 의문의 초점이 되는 사물, 상태를 지시하는 말로
'누가, 언제, 어디에서, 무엇을, 어떻게, 왜' 6가지가 이에 해당합니다.

TIP

<< 읽어보세요 **의문대명사와 吗**

일반적으로 의문대명사는 앞서 배운 어기조사 吗[ma]와 함께 쓰이지 않습니다. 의문대명사 자체로도 의문문이 되기 때문입니다. 하지만 의문대명사와 어기조사 吗[ma]가 함께 쓰이는 경우를 발견할 수 있습니다.

Yǒu shénme xiāoxi ma?
有什么消息吗? 뭔가 소식이 있습니까?

이 같은 경우는 앞서 쓰인 의문대명사가 의문의 기능이 아닌 임의(정해지지 않은 것)의 기능을 하므로 가능합니다. 즉, '어떤' 소식이 있는지를 묻는 것이 아니라, 소식이 있는지, 없는지를 묻는 것입니다.

<< 읽어보세요 **평서문에서는 임의의 기능**

위에서 설명했듯이 의문대명사는 의문이 아닌 임의의 기능을 하기도 합니다. 평서문에서 쓰는 의문대명사가 그 예입니다.

Qù nǎér dōu méi wèntí.
去哪儿都没问题。 어디를 가도 괜찮아요.

Nǐ zěnme niàn dōu kěyǐ.
你怎么念都可以。 어떻게 읽어도 상관없어요.

<< 읽어보세요 **의문대명사와 呢**

의문대명사는 어기조사 吗[ma]와 함께 쓰이지 않지만, 어기조사 呢[ne]는 예외적으로 쓰일 때가 있습니다. 의문대명사가 쓰인 의문문 끝에 呢[ne]가 부가된다면, 이 의문문은 구체적인 대답을 요구하는 의문문으로 변합니다.

Tā zuò shénme ne?
他做什么呢? 그는 무엇을 하나요?

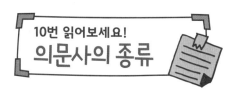

10번 읽어보세요!
의문사의 종류

따라 말하기

아래의 6개의 의문사에 대해서 배워보도록 하겠습니다.

누가 **谁** shuí Who		언제 **什么时候** shén me shí hòu When	
어디 **哪儿** nǎr Where		무엇 **什么** shén me What	
어떻게 **怎么** zěn me How		왜 **为什么** wèi shén me Why	

소리 내어 읽어보고 쓰며 외워보세요.

1. 누가　　**谁**

2. 언제　　**什么时候**

3. 어디　　**哪儿**

4. 무엇　　**什么**

5. 어떻게　　**怎么**

6. 왜　　**为什么**

만약, 인칭대명사 '그'가 '샤오밍'이라는 인물을 대체하는 단어라면,
의문사 '누구' 역시 **묻고자 하는 대상을 대체하는 단어**입니다.
답변부터 살펴보며 어떻게 의문대명사를 바꾸어 넣는지 살펴보겠습니다.

谁 누가 ·· who

: 누가(샤오밍) 가요?

什么时候 언제 ··········· when

: 그는 언제(내일) 가요?

哪儿 어디 ·· where

: 그는 어디(한국에) 가요?

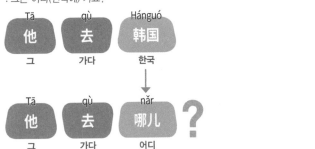

TIP

>> 읽어 보세요 **谁의 두 가지 발음**

의문대명사 **谁**는 [shéi]와 [shuí] 두 가지 발음법이 있습니다. 일반적으로 [shéi]로 발음하지만, 올바른 병음 표기법은 [shuí] 입니다.

>> 읽어 보세요 **그 외의 시간 의문대명사**

시간과 관련된 의문대명사가 '언제'만 있는 것은 아니죠.

얼마 동안
多久
duōjiǔ

언제
几时
jǐshí

>> 읽어 보세요 **哪儿 와 哪里 둘 다 '어디'**

哪儿[nǎr] 와 哪里[nǎli]는 둘 다 '어디'라는 뜻을 가진 의문대명사입니다. 북방은 儿[ér]화음을 많이 사용하므로 哪儿[nǎr]을 더 자주 쓰지만, 뉘앙스 차이가 없어 대체해도 무방합니다.

의문문 : 그는 어디 가요?

Tā	qù	nǎr?
他	**去**	**哪儿?**
그	가다	어디?

||

Tā	qù	nǎli?
他	**去**	**哪里?**
그	가다	어디?

다음은 목적, 수단, 이유에 관한 의문사입니다.
우리말과 어순이 다를 뿐이지,
의문사를 만드는 방법은 똑같습니다.

 TIP

什么 무엇 --------- what

: 그는 무엇을(책을) 봐요?

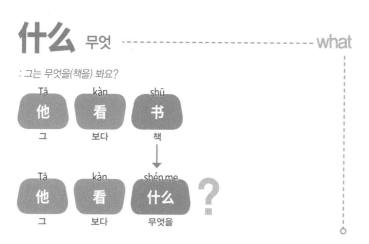

Tā   kàn   shū
他   看   书
그   보다   책

Tā   kàn   shén me
他   看   什么   ?
그   보다   무엇을

怎么 어떻게 --------- how

: 그는 어떻게(비행기로) 가요?

Tā   chéng fēijī   zǒu
他   乘飞机   走
그   비행기 타고   가다

Tā   zěn me   zǒu
他   怎么   走   ?
그   어떻게   가다

<< 읽어보세요   '어때요'는 怎么样

중국어로 '~는 어때요'를 표현하려면 '어떻게'를 의미하는 의문사 怎么[zěnme] 뒤에 모양을 뜻하는 样[yàng]을 붙여 말합니다.

의문문 : 이거 어때요?
Zhège   zěnmeyàng?
这个   怎么样?
이것   어때요?

为什么 왜 --------- why

: 그는 왜(다이어트를 위해) 안 먹어요?

Tā   wèile jiǎnféi   bù   chī
他   为了减肥   不   吃
그   다이어트를 위해 (부정)   먹다

Tā   wèi shén me   bù   chī
他   为什么   不   吃   ?
그   왜   (부정)   먹다

<< 읽어보세요   '왜'도 되는 怎么

'어떻게'를 의미하는 의문사 怎么[zěnme]와 동사 사이에 부사가 오면 의문사 怎么[zěnme]는 '왜'라는 의미로 사용됩니다.

의문문 : 당신은 왜 내일 떠나요?
Nǐ   zěnme   míngtiān   zǒu?
你   怎么   明天   走?
당신   왜   내일   가다?

따라 말하기

 빈칸에 알맞은 의문사를 채워보세요.

가다	전화하다	일어나다	잠자다	울다	원하다
qù 去	dǎdiànhuà 打电话	qǐchuáng 起床	shuìjiào 睡觉	kū 哭	yào 要

1 누가 전화할래?

_____ 打电话？

2 언니는 언제 일어나?

姐姐 _____ 起床？

3 누나는 어디 가?

姐姐去 _____ ？

4 오빠는 무엇을 원해?

哥哥要 _____ ？

5 언니는 언제 자?

姐姐 _____ 睡觉？

6 형은 왜 안 갔어?

哥哥 _____ 没去？

7 누나는 왜 안 자?

姐姐 _____ 不睡觉？

8 샤오밍은 어떻게 가?

小明 _____ 去？

9 누나 어디서 자?

姐姐在 _____ 睡？

10 형 왜 울어?

哥哥 _____ 哭？

11 누가 울어?

_____ 哭？

12 너는 어떻게 자?

你 _____ 睡觉？

·정답입니다!·

1 谁 shuí
2 什么时候 shén me shí hòu
3 哪儿 nǎr
4 什么 shén me
5 什么时候 shén me shí hòu
6 为什么 wèi shén me
7 怎么 zěn me
8 怎么 zěn me
9 哪儿 nǎr
10 为什么 wèi shén me
11 谁 shuí
12 怎么 zěn me

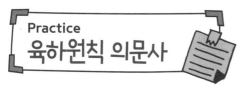

Practice
육하원칙 의문사

따라 말하기

 해석을 보고 다음의 단어를 순서대로 정렬해보세요.

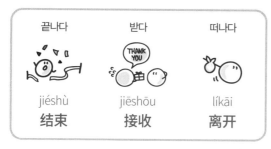

끝나다	받다	떠나다
jiéshù 结束	jiēshōu 接收	líkāi 离开

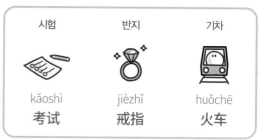

시험	반지	기차
kǎoshì 考试	jièzhǐ 戒指	huǒchē 火车

1 너 시험 언제 끝나?

你　结束　什么时候　考试

↳ _____

2 누가 시험 끝났어?

结束　谁　考试　了

↳ _____

3 언니 뭐 받았어?

接收　姐姐　了　什么

↳ _____

4 그녀는 어디 있어?

在　哪儿　她

↳ _____

5 그는 어떻게 떠나?

他　离开　怎么

↳ _____

6 기차는 언제 떠나?

离开　什么时候　火车

↳ _____

7 너는 왜 떠나?

为什么　你　离开

↳ _____

8 누가 반지 줬어?

了　谁　给　戒指

↳ _____

・ 정답입니다! ・

1 你考试什么时候结束? Nǐ kǎoshì shénmeshíhòu jiéshù?　2 谁考试结束了? Shuí kǎoshì jiéshù le?
3 姐姐接收了什么? Jiějie jiēshōu le shénme?　4 她在哪儿? Tā zài nǎr?
5 他怎么离开? Tā zěnme líkāi?　6 火车什么时候离开? Huǒchē shénmeshíhòu líkāi?
7 你为什么离开? Nǐ wèishénme líkāi?　8 谁给了戒指? Shuí gěi le jièzhǐ?

1 어디로 출장 갔어?

 永明
Nǐ jīntiān lái pàiduì ma?
你今天来派对吗?

 张娜
Bú qù。 Wǒ jīntiān máng。
不去。我今天忙。

 永明
Wèishénme máng?
为什么忙?

 张娜
Wǒ lái chūchāi le。
我来出差了。

 永明
Qù nǎr chūchāi?
去哪儿出差?

 张娜
Lái Zhōngguó le。
来中国了。

 永明
Shénmeshíhòu qù de?
什么时候去的?

 张娜
Shàngzhōu lái de。
上周来的。

 永明
Nà shénmeshíhòu huílái?
那什么时候回来?

 张娜
Xiàzhōu huì huíqù。
下周会回去。

永明 : 너 오늘 파티에 올거야?
张娜 : 아니. 나 오늘 바빠.
永明 : 왜 바빠?
张娜 : 나 출장 왔어.
永明 : 어디로 출장 갔어?
张娜 : 중국 왔어.
永明 : 언제 갔어?
张娜 : 지난주에 왔어.
永明 : 그럼 언제 돌아와?
张娜 : 다음 주에 돌아갈 거야.

 TIP

派对

派对[pàiduì]는 외래어로 '파티'라는 뜻이며 주로 홍콩 지역에서 많이 사용합니다. 중국 내륙에서는 宴会[yànhuì]또는 晚会[wǎnhuì]를 주로 많이 사용하여 '파티'를 표현합니다.

Huānyíng nín dào Zhōngguó lái.
欢迎您到中国来.
중국에 오신 것을 환영합니다.

上周&下周

上周[shàngzhōu]와 下周[xiàzhōu]는 각각 '지난 주', '다음 주'라는 뜻이며 동의어로는 上个星期[shànggèxīngqī] : 지난 주 및 下个星期[xiàgèxīngqī] : 다음 주 등이 있습니다.

2 그럼 오늘 저녁에 영화 볼 거야?

秀英
Nǐ xiànzài zài xuéxiào?
你现在在学校?

小明
Bù, wǒ xiànzài zài kāfēitīng。
不, 我现在在咖啡厅。

秀英
Shì xuéxiào fùjìn de kāfēitīng ba?
是学校附近的咖啡厅吧?

小明
Shì wǒmen jiā fùjìn de kāfēitīng。
是我们家附近的咖啡厅。

秀英
Nǐ zài xuéxí ma?
你在学习吗?

小明
Wǒ zài zuò zuòyè。
我在做作业。

秀英
Nà jīntiān wǎnshàng kàn bu kàn diànyǐng?
那今天晚上看不看电影?

小明
Zuò wán zuòyè qù ba。
做完作业去吧。

秀英
Liù diǎn háishi qī diǎn?
6点还是7点?

小明
Qī diǎn jiànmiàn ba。
7点见面吧。

秀英 : 너 지금 학교야?
小明 : 아니. 지금 카페에 있어.
秀英 : 학교 근처 카페지?
小明 : 우리 집 근처에 있는 카페야.
秀英 : 공부하고 있어?
小明 : 숙제하고 있어.
秀英 : 그럼 오늘 저녁에 영화 볼 거야?
小明 : 숙제 끝나고 가자.
秀英 : 6시, 아니면 7시?
小明 : 7시에 만나자.

TIP

Wǒ huì jiǎnchá zuòyè。
我会检查作业.
내가 숙제 검사할 거야.

作业

作业[zuòyè]는 '숙제' 또는 '작업'이라는 뜻입니다. 중국의 현지 학교에서는 매일 매일 엄청난 양의 숙제를 내주기 때문에 한국의 초·중·고등학교 학생들과 같이 학업 외 자기 계발이나 학원 문화가 발달하지 않았습니다.

做作业 [zuò zuòyè] 는 '숙제를 하다'는 뜻이며, 동시에 写作业 [xiě zuòyè] '숙제를 쓰다' 라고도 자주 표현된다.

吧

어기조사 의문문에서 문장 끝에 吧[ba]를 붙이면 추측의 의미가 더해진다고 배웠습니다. 하지만 吧[ba]는 의문문이 아니더라도 평서문 끝에 붙어 권유, 명령의 의미를 나타내기도 합니다.

3 같이 축구할래?

 张伟
Nǐ yào yìqǐ tīqiú ma?
你要一起踢球吗?

 文博
Duìbùqǐ。Xiànzài tī bùliǎo zúqiú。
对不起。现在踢不了足球。 ◀

 张伟
Yǒu shénme shìqíng ma?
有什么事情吗?

 文博
Yǒu dìfāng yàoqù。
有地方要去。 ◀

 张伟
Qù nǎr?
去哪儿?

 文博
Qù xuéyuàn。
去学院。

 张伟
Shénme shíhòu xiàkè?
什么时候下课?

 文博
Liù diǎn xiàkè。
6点下课。

 张伟
Xiàkè hòu nǐ lái tīqiú háishi huí jiā?
下课后你来踢球还是回家?

 文博
Qù tīqiú。
去踢球。 ◀

张伟 : 같이 축구할래?
文博 : 미안해. 지금은 축구 못해.
张伟 : 무슨 일 있어?
文博 : 어디 갈 일이 있어.
张伟 : 어디 가는데?
文博 : 학원 가.
张伟 : 수업 언제 끝나?
文博 : 6시에 끝나.
张伟 : 끝나면 축구하러 올 거야, 집 갈 거야?
文博 : 축구하러 갈게.

 TIP

~不了

不了[bùliǎo]는 동사나 형용사 뒤에 쓰이며 '~할 수 없다'는 의미를 나타냅니다.

[Tā de fùmǔ dōu xiǎo, tā gāo bùliǎo。]
他的父母都小,他高不了.
그의 부모는 모두 작다, 그는 클 수 없다.

地方

地方[dìfāng]은 이때 '(가야 할) 곳'이라는 뜻이며 다른 뜻으로는 '지방', '현지' 등이 있습니다.

踢球와 구기 종목

踢球[tīqiú]는 말 그대로 '공을 차다'라는 뜻이며 '축구 경기를 하다'라고 해석하면 됩니다.

足球[zúqiú] : 축구
篮球[lánqiú] : 농구
乒乓球[pīngpāngqiú] : 탁구
棒球[bàngqiú] : 야구
排球[páiqiú] : 배구
羽毛球[yǔmáoqiú] : 배드민턴
网球[wǎngqiú] : 테니스
保龄球[bǎolíngqiú] : 볼링

Wǒ shì zúqiúmí.
我是足球迷.
나는 축구 팬이야.

4 물 마실래, 차 마실래?

张娜
Zhège liàolǐ bú là ma?
这个料理不辣吗?

王明
Yǒudiǎn là。
有点辣。

张娜
Hē shuǐ háishi hē chá?
喝水还是喝茶?

王明
Hē shuǐ。
喝水。

张娜
Bīng de háishi rè de?
冰的还是热的?

王明
Bīng de。
冰的。

张娜
Nǐ chī bu chī mǐfàn?
你吃不吃米饭?

王明
Bù chī。Wǒ chī bǎo le。
不吃。我吃饱了。

张娜
Nà chī shuǐguǒ ma?
那吃水果吗?

王明
Hǎode。Xièxiè。
好的。谢谢。

张娜 : 이 요리 안 매워?
王明 : 조금 매워.
张娜 : 물 마실래, 차 마실래?
王明 : 물 마실래.
张娜 : 차가운 거, 뜨거운 거?
王明 : 차가운 거.
张娜 : 너 밥은 먹을래?
王明 : 아니. 나 배불러.
张娜 : 그럼, 과일 먹을래?
王明 : 그래. 고마워.

TIP

辣의 다양한 활용법
怕辣 [pà là] : 매운 거 못 먹어요.
(매운 거 무서워해요.)
不怕啦 [bú pà la] : 매운 거 잘 먹어요.
(매운 거 안 무서워해요.)
怕不辣 [pà bú là] : 매운 거 너무 좋아해요.
(안 매울까 봐 무서워요.)

水&茶
水[shuǐ]와 茶[chá]는 각각 '물'과 '차'라
는 뜻이며, 중국 식당에서는 여름이나
겨울이나 기본적으로 뜨거운 차를 주
기 때문에 시원한 생수를 원한다면 얼
음물을 뜻하는 冰水[bīngshuǐ]를 주문해
야 합니다. 만약 배앓이가 걱정된다면
미네랄워터(광천수)를 뜻하는 矿泉水
[kuàngquánshuǐ]를 주문해보세요.

米饭
米饭[mǐfàn]은 '쌀밥'이라는 뜻입니다. 대
부분의 중국 남부 지방 사람들은 식당에
서 반찬으로 먼저 배를 채운 뒤, 더 배고
픈 사람들만 추가로 밥을 시켜 먹습니
다. 추가로 중국의 북부 지방 사람들은
주로 밀가루 음식을 주식으로 먹습니다.

Yǒuméiyǒu bīng de?
有没有冰的?
차가운 거는 없나요?

5 대학교는 언제 졸업해?

 张敏
Dàxué shénmeshíhòu bìyè?
大学什么时候毕业?

 李娜
Míngnián bìyè.
明年毕业。

 张敏
Bìyè hòu dǎsuàn qù nǎr?
毕业后打算去哪儿?

 李娜
Dǎsuàn qù Hǎinán lǚyóu.
打算去海南旅游。

 张敏
Zěnme qù?
怎么去?

 李娜
Zuò fēijī qù.
坐飞机去。

 张敏
Liù yuè qù háishi qī yuè qù?
6月去还是7月去?

 李娜
Qī yuè qù.
7月去。

 张敏
Hé shuí qù?
和谁去?

 李娜
Hé māma yìqǐ qù.
和妈妈一起去。

张敏 : 대학교는 언제 졸업해?
李娜 : 내년에 졸업해.
张敏 : 졸업하고 어디 갈 계획이야?
李娜 : 하이난으로 여행 갈 계획이야.
张敏 : 어떻게 가?
李娜 : 비행기 타고 가.
张敏 : 6월에 가? 7월에 가?
李娜 : 7월에 가.
张敏 : 누구랑 같이 가?
李娜 : 엄마랑 같이 가.

毕业
'대학교를 졸업하다'라는 문장을 번역할 때 '술어+목적어' 구조로 毕业[bìyè] 大学[dàxué]라는 오류를 범할 수 있다. 그러나 毕业는 '마치다'의 毕와 '학업'의 业로 이뤄진 '동사+명사' 구조의 단어이므로 뒤에 목적어를 취할 수 없다. 그러므로 大学毕业가 올바른 표현이다.

打算
打算[dǎsuàn]은 '~할 계획이다'라는 뜻으로 동의어로는 计划[jìhuà], 规划[guīhuà] 등이 있습니다.

海南
海南[Hǎinán]성은 중국의 대표적인 휴양지로 중국에서 가장 큰 섬입니다. 위치는 홍콩 아래쪽에 위치하고 있으며 사계절이 따뜻하여 겨울에 중국인들이 많이 찾는 곳입니다.

Qǐng jìhǎo ānquándài.
请系好安全带.
안전벨트를 매세요

6 무엇을 찾으세요?

 店员
Nǐhǎo? Zài zhǎo shénme?
你好? 在找什么?

 李明
Wǒ yào yī gōngjīn mángguǒ。
我要1公斤芒果。

 店员
Hái yǒu xūyào de ma?
还有需要的吗?

 李明
Yǒu cǎoméi ma?
有草莓吗?

 店员
Méi yǒu。Xiànzài búshì cǎoméi dāngjì de shíhòu。
没有。现在不是草莓当季的时候。

 李明
Nà cǎoméi dāngjì shì shénme shíhòu?
那草莓当季是什么时候?

 店员
Chūntiān。Èr yuèfèn zuǒyòu。
春天。2月份左右。

 李明
Nà gěi wǒ mángguǒ ba。
那给我芒果吧。

 店员
Zhǐ xūyào yī gōngjīn ma?
只需要1公斤吗?

 李明
Shì de。Zhǐ yào yī gōngjīn。
是的。只要1公斤。

店员 : 안녕하세요? 무엇을 찾으세요?
李明 : 망고 1kg 주세요.
店员 : 필요하신 거 더 있으세요?
李明 : 딸기 있나요?
店员 : 아니요. 지금은 딸기 철이 아니에요.
李明 : 그럼 딸기 철은 언제에요?
店员 : 봄입니다. 2월쯤이요.
李明 : 그럼 망고만 주세요.
店员 : 1kg만 필요하세요?
李明 : 네. 1kg만 주세요.

TIP

公斤

公斤[gōngjīn]은 '1 kg(킬로그램)'에 해당하는 무게 단위이며, 중국에서는 '0.5 kg'를 뜻하는 斤[jīn]도 많이 사용합니다.

Xiànzài dāngjì shuǐguǒ yǒu nàxiē?
现在当季水果有哪些?
지금 제철 과일은 뭐가 있어요?

当季水果

当季[dāngjì]는 '제철'이라는 뜻으로 동의어로는 应季[yìngjì], 时令[shílìng] 등이 있습니다.

芒果[mángguǒ] : 망고
草莓[cǎoméi] : 딸기
葡萄[pútáo] : 포도
橘子[júzi] : 귤
橙子[chéngzi] : 오렌지
桃子[táozi] : 복숭아
香蕉[xiāngjiāo] : 바나나
猕猴桃[míhóutáo] : 키위
菠萝[bōluó] : 파인애플
西瓜[xīguā] : 수박
荔枝[lìzhī] : 리치(여지)
哈密瓜[hāmìguā] : 중국식 메론
李子[lǐzi] : 자두
车厘子[chēlízi] : 체리
柠檬[níngméng] : 레몬

이로써 네모난 틀에 갇혀 있던 글자가 훨씬 체계적이고 부드럽게 변화하여

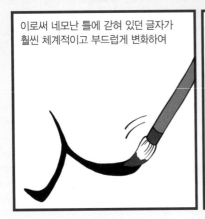

고문자가 갖고 있던 그림적 성격에서 벗어났지!

이제야 좀 글자 같구먼!

그 다음, 위진남북조 시대에 이르러서는 해서(楷書)가 등장하는데

해서

美術, 書藝

예서가 넓적했다면 해서는 길쭉해졌어.

예서 | 해서

美 | 美

해(楷)는 모범, 표준을 뜻하고, 필획에 생략이 없어, 가장 완벽한 형태라고 말할 수 있지.

日 人 羊

해서는 지금의 글자와 완전 비슷하지?

바로, 모든 서체의 모범적 기준이 되는 서체인거야!

모범

해서

해서는 오늘날까지도 인쇄물 등에서 표준으로 쓰일 정도라고!

서체 얘기를 하면 또 빼놓을 수 없는 사람이 있는데 바로, 서성(書聖)왕희지야.

왕희지
王羲之
(303~361)

그는 서예를 예술의 영역으로 만든 인물이라 할 수 있지.

이게 예술이지~

예서 이후의 글씨체는 왕희지에 의해 정리되었다고 봐도 과언이 아닌데

해서가 모범적인 글씨체라면, 행서(行書)는 좀 더 빨리 쓰고, 읽기 쉬운 실용적인 글씨이고

행서

美術, 書藝

초서는 빨리 쓸 수 있지만, 읽기 어렵고 어느 정도 경지에 오르지 않으면 쓸 수 없는 높은 수준의 서체야.

초서

美術, 書藝

초서보다 더 심한 광초(狂草)도 있는데, 그림으로 치면 거의 크로키 수준의 갈겨 쓴 글자이지.

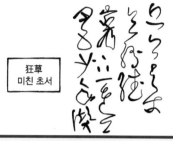

일반적으로 통용되는 글자는 아니지만, 풍부한 변화와 독특한 형태 때문에 예술작품에서 많이 볼 수 있어.

이처럼 한자는, 문자의 개념으로 수많은 역사와 이야기를 담는 역할도 해왔지만

긴 역사만큼, 아름다움도 담고 있기에 예술의 한 분야로서 남다른 위치에 있게 되었지.

중국어를 배우면서, 시간을 견디어 온 한자의 미(美)를 함께 느껴보길 바라.

흠, 저기, 감수성에 흠뻑 빠져있을 텐데… 미안하지만, 아직 얘기 안 끝났거든?

한자의 탄생에서 보았듯, 자연물을 본떠 만든 한자는 상형문자의 특징이 남아있는 표어문자로 발전했어.

그래서 입말과 글말의 사이가 멀어졌고, 예부터 중국에서는 이 둘을 엄격히 구분해두었지.

그것이 바로 문언문과 백화문이야.

文言文
문언문

白話文
백화문

문언문은 한국에서도 한문이란 이름으로 알려져 있는데, 고서적들이 바로 이 문언문의 문법으로 쓰여진 것들이야.

옛 중국인들의 말을 글로 쓴 것으로, 한나라에 오면서 문법적으로 안정된 체계가 형성되었어.

입말은 전혀 고려하지 않은 완벽한 서면어로 발전하였지.

그래서 문언문을 이해하는 사람끼리는 말이 통하지 않아도 대화가 가능했어!

이걸 필담이라고 해. 예부터 한·중·일 삼국은 서로의 입말을 쓰지 않고도

문언문으로 소통이 가능했다지 뭐야!

이후, 문언문은 당나라 시기에 더욱 완벽(?)해져서 입말과 완전히 결별해!

그렇다 보니. 글자는 둘째치고 문언문을 모르면 책도 읽을 수 없었지.

까만 게 글씨가 맞는데….

물론 백화문도 발전했어. 백화문은 민중들이 사용하는 말을 그대로 옮겨 쓴 글인데

아, 이제야 알아듣겠네!

저속하다는 이유로, 화본이나 소설에서만 쓰였어.

명나라 수호전(1573?)

청나라 금병매(1791)

한편, 소수 지배 계층만이 사용할 수 있는 문언문에 대한 저항도 나날이 거세졌는데

그렇게 꿈틀대던 백화문의 시대는 근대 혁명들과 함께 폭발하듯 일어났어.

콰쾅

근대 혁명

중국의 역사는 이때부터 새로운 장르가 되어버려. (호러, 서스펜스…) 바로 1840년! 근대화가 꿈틀거리던 시기야.

당시는 청나라 시기였어. 명나라 이후에 생긴 국가. 알지?

清

앞서 말했듯이, 한족의 명나라와는 다르게, 청나라는 만주족의 나라였지.

또 만났네~

그래, 맞아. 다시 한번 한족이 아닌 다른 민족이 중국을 장악한 시기.

뭐왜

이미 배워서 알지?

스스로 제일 세다고 생각하던 청나라는 아편전쟁에서 굴욕적인 패배를 경험해.

살려줘~

아편은 마약의 일종인데, 당시 아편을 팔아 돈을 벌던 영국 정부와

이를 염려하여 아편을 금지한 청나라 정부 사이에 일어난 전쟁이야.

절대 안 돼!

전쟁에서 승리한 영국은 청나라로부터 홍콩섬을 받았어. 그때부터 홍콩은 영국의 통치를 받게 되었지.

잘해줄게~

그리하여 홍콩은 영국과 중국의 문화가 뒤섞이면서 자기만의 문화를 형성해 나갔어.

앞에서도 얘기했지만, 홍콩에서는 광둥어를 쓰잖아? 광둥어는 그렇게 홍콩인의 모국어로서 발전하여

그들만의 새로운 글자도 생겨났지. 이런 글자를 "홍콩자" 또는 "유에위자" 라고 해.

香港字 or 粤语字

홍콩자　　　유에위자

예)

乜, 嘞, 氹, 冇, 啲, 粒

그러나 굴욕적인 아편전쟁은 한 번으로 끝나지 않고 2차 아편전쟁으로 이어졌는데

아, 잠깐만

2ROUND

?

영국과 프랑스가 연합하여 중국을 공격한거야!

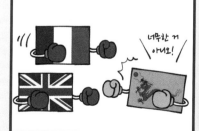

너무한 거 아니오!

1차 아편전쟁으로 무역항을 확대했지만, 그 정도로 만족하지 못한 영국군이

프랑스군과 함께 중국 광저우 일대를 침략하며 시작한 전쟁이지.

베이징

톈진

난징

광저우

개항 항구 확대, 아편 무역 합법화 등을 담은 톈진조약을 맺었으나

그 후에도 약탈을 멈추지 않고 수도인 베이징까지 쳐들어갔으며

완전히 베이징을 함락한 후에야 전쟁은 종결되었어.

모욕적인 패배를 맛본 청나라에서도 그제서야 서양을 배우고 근대화하자는 움직임이 일어나는데

바로 양무운동이야.

중국 학문을 본질로 서양 학문을 사용하자는 것이었지.

중체서용

양무운동의 리더는 이홍장이라는 인물로, 그는 막대한 예산을 들여

대량의 철갑함, 순양함, 어뢰정 등을 사들였고 강력한 북양함대를 조직하지.

국제적 안목이 있었던 이홍장은 서양의 해군 세력을 견제하려 했어.

서양 세력 사이에서 식민지 쟁탈전이 들끓고 있었던 점을 파악하고 있었던 거겠지?

당시, 영국이 인도를 장악했다면 프랑스는 베트남을 공략하고 있었는데

베트남과 조공·책봉 관계를 갖던 청나라는 베트남의 종주권을 두고 프랑스와 전쟁을 벌이게 되었어.

아편전쟁 때와는 달랐겠지?
그럼~ 양무운동도 했는데.

그래서 그때처럼 호락호락하게 지진
않았지만 여전히 허점이 많이 있었지.

뭐지..
왜 많이
맞았지?

청 군대는 여러 차례 전투에서 승리
하였음에도 불리한 조약으로 전쟁을
끝내게 돼.

하긴, 조공·책봉 관계로 질서를
유지하던 대국 청나라가,
외교적 조약에 능통할 리가 없었지.

그만해!

그리고 하이라이트! 양무운동의 존폐를
결정짓는 전쟁이 일어났으니!

or

양무운동

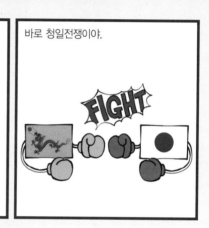

바로 청일전쟁이야.

FIGHT

당시 일본도 메이지 유신으로 근대화를
이루고 있었는데 서로 맞붙어 볼
시간이 온 거지!

일단, 결과는 청나라의 대패.

청나라의 무기는 일본보다 신식이었고
군대 규모가 컸음에도 불구하고
크게 지고 말았어.

아, 왜~

메이지 유신이 군은 물론,
사회 전반의 구체제를 타파하는
성격이었던 것과 다르게

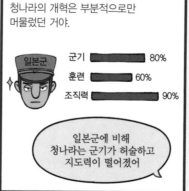

청나라의 개혁은 부분적으로만
머물렀던 거야.

일본군		
군기		80%
훈련		60%
조직력		90%

일본군에 비해
청나라는 군기가 허술하고
지도력이 떨어졌어

그렇게 청일전쟁의 패배와 함께 양무
운동도 끝이 났지만, 청나라 내부에서는
더 세찬 개혁의 바람이 불기 시작했어.

끊임없는
전쟁의 패배에서
느낀 것이 많았겠지

➡ 만화는 256쪽에서 계속 이어집니다. 233

06

시제는
부사가 해결한다

我买了衣服。
나는 옷을 샀어.

영어에는 무조건 암기해야 하는 동사의 불규칙한 시제 변화가 있죠.
하지만, 중국어는 시제에 따른 동사의 변형이 없습니다.
대신 부사나 조사로 시제를 표현할 수 있어 비교적 간단합니다.

과거	현재	미래
~했다	~하다	~할 것이다
V+了	V	会+V

가장 쉬운 현재 시제부터 살펴볼까요?
현재 시제는 어떤 부사도 사용하지 않고 동사 원형 그대로 씁니다.
앞서 배운 동사 문형이 현재형이었던 것이죠.

: 그는 등교한다.

Tā   shàngxué
他   上学
그   등교하다

: 그는 책을 읽어요.

Tā   kàn   shū
他   看   书
그   보다   책

다음은 과거 시제입니다.

과거 시제는 동사 뒤에 동작의 완료를 의미하는 동태조사 了 le 를 붙여줍니다.

동사 뒤에 목적어가 와도 어순에는 변화가 없습니다.

: 그는 등교했어요.

Tā	shàngxué	le
他	上学	了
그	등교하다	(완료)

: 그는 책을 읽었어요.

Tā	kàn	le	shū
他	看	了	书
그	보다	(완료)	책

중국어에서 미래 시제는 계획, 추측을 나타내는 조동사를 활용합니다.

조동사 会 huì 를 동사 앞에 붙여 '~할 것이다'라는 미래 뉘앙스를 풍기죠.

: 그는 등교할 거예요.

Tā	huì	shàngxué	de
他	会	上学	的
그	(계획)	등교하다	(강조)

: 그는 책을 읽을 거예요.

Tā	huì	kàn	shū	de
他	会	看	书	的
그	(계획)	보다	책	(강조)

Chapter06 시제는 부사가 해결한다 **237**

 조사 了의 두 가지 역할

문장 끝에 위치하는 어기조사 了[le]가 상황, 상태의 변화를 나타낸다면 동사 뒤에 위치하는 동태조사 了[le]는 동작의 완성을 의미합니다.

❶ 어기조사 了 : ~하게 되었다

Wǒ mǎi yì zhī qiānbǐ le.

我买一支铅笔了。

나는 연필 한 자루를 샀다. (사게 되었다.)

❷ 동태조사 了 : ~했다

Wǒ mǎi le yì zhī qiānbǐ.

我买了一支铅笔。

나는 연필 한 자루를 샀다. (샀다.)

 了가 붙지 않는 동사

동태조사 了[le]가 붙지 않는 동사가 있습니다. 다음 동사 뒤에는 了[le]가 붙지 않으니 기억하시길 바랍니다.

~이다	~에 있다	~닮다	~부르다
是	在	像	叫
shì	zài	xiàng	jiào

 생략 가능한 的

미래 시제 '会+V+的' 문장에 '내일'과 같이 명확한 시점을 나타내는 부사가 함께 쓰이면 동사 뒤 조사 的[de]는 생략이 가능합니다.

미래 : 택배는 내일 도착할 것입니다.

Kuàidì	míngtiān	huì	dàodá.
快递	明天	会	到达.
택배	내일	(미래)	도착하다.

 다음 빈칸에 알맞은 부사와 동사를 채워보세요.

보다	(구기운동을)하다	등산하다
kàn	dǎ	páshān
看	打	爬山

공연	농구	야구
biǎoyǎn	lánqiú	bàngqiú
表演	篮球	棒球

1 우리는 공연을 볼 것이다. `미래`
我 ＿＿＿＿ 表演的。

2 나는 등산한다. `현재`
我 ＿＿＿＿ 。

3 그는 농구를 한다. `현재`
他 ＿＿＿＿ 篮球。

4 나는 그 공연을 봤다. `과거`
我 ＿＿＿＿ 表演。

5 그는 야구를 했다. `과거`
他 ＿＿＿＿ 棒球。

6 그들은 등산할 것이다. `미래`
他们 ＿＿＿＿ 的。

7 그들은 공연을 본다. `현재`
他们 ＿＿＿＿ 表演。

8 그녀는 농구를 할 것이다. `미래`
她 ＿＿＿＿ 篮球的。

9 그는 등산했다. `과거`
他 ＿＿＿＿ 。

10 우리는 야구를 한다. `현재`
我们 ＿＿＿＿ 棒球。

11 나는 야구를 할 것이다. `미래`
我 ＿＿＿＿ 棒球的。

12 그는 농구를 했다. `과거`
他 ＿＿＿＿ 篮球。

▸ 정답입니다!

1 会看 huì kàn　　2 爬山 pá shān　　3 打 dǎ　　4 看了 kàn le
5 打了 dǎ le　　6 会爬山 huì páshān　　7 看 kàn　　8 会打 huì dǎ
9 爬山了 páshān le　　10 打 dǎ　　11 会打 huì dǎ　　12 打了 dǎ le

 해석을 보고 다음의 단어를 순서대로 정렬해보세요.

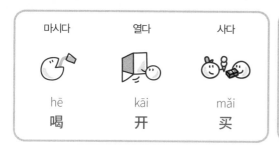

마시다	열다	사다
hē	kāi	mǎi
喝	开	买

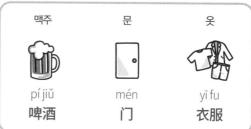

맥주	문	옷
píjiǔ	mén	yīfu
啤酒	门	衣服

1 우리는 맥주를 마셨다.

啤酒 喝 我们 了

↳ ----------------------------------

2 그가 문을 열었다.

了 他 门 开

↳ ----------------------------------

3 그녀는 옷을 살 것이다.

她 的 衣服 买 会

↳ ----------------------------------

4 나는 맥주를 마실 것이다.

喝 啤酒 会 的 我

↳ ----------------------------------

5 그들은 맥주를 마신다.

喝 啤酒 他们

↳ ----------------------------------

6 그가 옷을 샀다.

买 衣服 他 了

↳ ----------------------------------

7 나는 옷을 산다.

我 衣服 买

↳ ----------------------------------

8 그녀가 문을 열 것이다.

门 她 会 开 的

↳ ----------------------------------

· 정답입니다! ·

1 我们喝了啤酒。Wǒmen hē le píjiǔ.
3 她会买衣服的。Tā huì mǎi yīfu de.
5 他们喝啤酒。Tāmen hē píjiǔ.
7 我买衣服。Wǒ mǎi yīfu.

2 他开了门。Tā kāi le mén.
4 我会喝啤酒的。Wǒ huì hē píjiǔ de.
6 他买了衣服。Tā mǎi le yīfu.
8 她会开门的。Tā huì kāi mén de.

한눈에 배운다!

부사와 조사

경험 & 진행 & 지속

앞서 배운 시제는 동작의 발생 시간만을 알려줄 뿐,
현재 어떤 상태인지, 끝났는지, 진행 중인지를 나타내진 않습니다.
동작이 처음 발생한 시점과 상관없이
동작의 현 상태를 알려주는 동태조사를 배워보겠습니다.

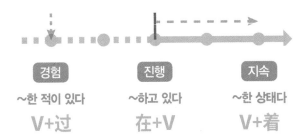

경험	진행	지속
~한 적이 있다	~하고 있다	~한 상태다
V+过	在+V	V+着

'~한 경험이 있다'를 의미하는 동태조사 过 guò 는 동사 뒤에 옵니다.
경험은 명백한 과거 시점이기 때문에
말하는 시점에 동작이 진행되고 있지 않습니다.

경험

V + 过 ~한 적이 있다

: 그는 오리구이를 먹어본 적 있어요.

Tā	chī	guò	kǎoyā
他	吃	过	烤鸭
그	먹다	(경험)	오리구이

TIP

≪ **읽어보세요** **过 뒤에는 了가 오지 않는다**

경험을 나타내는 조사 过[guò] 뒤에는 완료를 의미하는 동태조사 了[le]가 붙지 않습니다.

경험 : 오리구이를 먹어본 적 있어요.

Chī	guò	~~le~~	kǎoyā.
吃	过	~~了~~	烤鸭
먹다	(경험)	~~(완료)~~	오리구이.

≪ **읽어보세요** **형용사 뒤에도 오는 过**

동태조사 过[guò]는 동사뿐 아니라 형용사 뒤에도 사용됩니다. 이 경우, '지금과 비교하여'라는 비교의 의미가 덧붙여집니다.

경험 : 그는 어렸을 때 뚱뚱했다.

Tā	xiǎoshíhòu	pàng	guò.
他	小时候	胖	过.
그	어렸을 때	뚱뚱하다	(경험).

다음은 상태나 동작이 진행되고 있음을 나타내는 在 zài입니다.
이때, 조사는 동사 바로 앞에 옵니다.

: 그는 밥을 먹고 있다.

他	在	吃	饭
Tā	zài	chī	fàn
그	(지속)	먹다	밥

: 그는 옷을 입고 있다.

他	在	穿	衣服
Tā	zài	chuān	yīfu
그	(진행)	입다	옷

다음은 상태나 동작이 지속되고 있음을 나타내는 着 zhe입니다.
어떤 결과가 지속되는 상태라는 뜻이며,
이때, 조사는 동사 바로 뒤에 옵니다.

: 문이 열려 있다.

门	开	着
Mén	kāi	zhe
문	열다	(지속)

: 그는 옷을 입고 있다.

他	穿	着	衣服
Tā	chuān	zhe	yīfu
그	입다	(지속)	옷

부사로 나타내는 시제

따라 말하기

 다음 빈칸에 알맞은 부사와 동사를 채워보세요.

듣다	쓰다	낭독하다
tīng	xiě	lǎngdú
听	写	朗读

음악	소설	편지
yīnyuè	xiǎoshuō	xìn
音乐	小说	信

1 우리는 음악을 듣고 있다.

我们　　　　音乐。

2 나는 소설을 낭독한 적이 있다.

我　　　　小说。

3 그는 소설을 쓰고 있다.

他　　　　小说。

4 그녀는 음악을 듣고 있는 상태다.

她　　　　音乐。

5 그는 편지를 쓰고 있는 상태다.

他　　　　信。

6 그녀는 편지를 낭독하고 있다.

她　　　　信。

7 그들은 음악을 들어본 적이 있다.

他们　　　　音乐。

8 그는 소설을 쓰고 있는 상태다.

他　　　　小说。

9 그는 소설을 낭독하고 있는 상태다.

他　　　　小说。

10 그는 편지를 쓰고 있다.

他　　　　信。

11 나는 편지를 쓴 적이 있다.

我　　　　信。

12 그녀는 소설을 써본 적이 있다.

她　　　　小说。

▶정답입니다!

1 在听 zài tīng
2 朗读过 lǎngdú guò
3 在写 zài xiě
4 听着 tīng zhe
5 写着 xiě zhe
6 在朗读 zài lǎngdú
7 听过 tīng guò
8 写着 xiě zhe
9 朗读着 lǎngdú zhe
10 在写 zài xiě
11 写过 xiě guò
12 写过 xiě guò

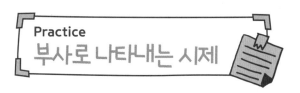

Practice
부사로 나타내는 시제

따라 말하기

 문장 속 부사를 확인하고 우리말로 해석해보세요.

청소하다	앉다	지다	이기다	일하다	쉬다
dǎsǎo	zuò	shū	yíng	gōngzuò	xiūxi
打扫	坐	输	赢	工作	休息

1 他在打扫。

2 她坐着。

3 他们赢过。

4 我在工作。

5 她在休息。

6 他打扫过。

7 我们在输。

8 我们赢着。

9 他休息着。

10 我工作过。

· 정답입니다! ·

1 그가 청소하고 있다.   2 그녀는 앉아있는 상태다.   3 그들은 이긴 적이 있다.   4 나는 일하고 있다.
5 그녀는 쉬고 있다.   6 그는 청소해본 적이 있다.   7 우리는 지고 있다.   8 우리는 이기고 있는 상태다.
9 그는 쉬고 있는 상태다.   10 나는 일한 적이 있다.

한눈에 배운다!
시간을 나타내는 부사

어제, 오늘, 내일

따라 말하기

중국어는 동사가 아닌 부사와 조사로 시제를 대신 표현한다고 했죠.
그래서 일반적으로 시점을 나타내는 어제, 오늘과 같은 시간명사, 시간부사가 중요합니다.
시간명사가 '어제', '오늘'과 같은 특정 시점을 나타내는 단어라면, '곧', '지금', '이미'는 시간부사입니다.
다음 달력을 보며, 특정 시점을 나타내는 시간명사부터 살펴보겠습니다.

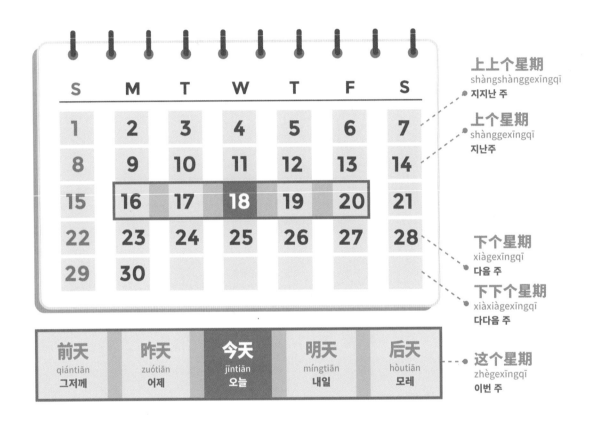

	S	M	T	W	T	F	S
	1	2	3	4	5	6	7
	8	9	10	11	12	13	14
	15	16	17	18	19	20	21
	22	23	24	25	26	27	28
	29	30					

上上个星期
shàngshànggexīngqī
지지난 주

上个星期
shànggexīngqī
지난주

下个星期
xiàgexīngqī
다음 주

下下个星期
xiàxiàgexīngqī
다다음 주

这个星期
zhègexīngqī
이번 주

前天	昨天	今天	明天	后天
qiántiān	zuótiān	jīntiān	míngtiān	hòutiān
그저께	어제	오늘	내일	모레

1년에는 12달이 있죠. 다음은 '달'과 '년'의 시간명사를 알아보도록 하겠습니다.

上上个月	上个月	这个月	下个月	下下个月
shàngshànggeyuè	shànggeyuè	zhègeyuè	xiàgeyuè	xiàxiàgeyuè
지지난달	지난달	이번 달	다음 달	다다음 달

前年	去年	今年	明年	后年
qiánnián	qùnián	jīnnián	míngnián	hòunián
재작년	작년	올해	내년	내후년

하루 또한 오전과 오후로 나눌 수 있겠죠.
'하루'의 시간명사를 배워보겠습니다.

早上 zǎoshàng 아침	现在 xiànzài 지금	晚上 wǎnshàng 저녁, 밤
上午 shàngwǔ 오전	下午 xiàwǔ 오후	中午 zhōngwǔ 정오, 점심

다음은 특정 시점이 아닌 가까운 과거, 미래 등을
나타내는 시간부사를 배워보겠습니다.

已经 yǐjing 이미, 벌써	刚 / 刚刚 gāng / gānggāng 지금 막	才 cái 이제서야, 비로소
就 jiù 곧, 바로	马上 mǎshàng 즉시	快要 kuàiyào 곧 ~하다

위 시간명사와 시간부사는 자주 쓰이니 암기하는 것이 좋습니다.
그렇다면 이제 시간명사와 시간부사의 위치를 알아보겠습니다.

시간부사는 일반적으로 주어 뒤, 술어 앞에 자리합니다.
하지만 시간명사는 더 자유로운 편입니다.
시간명사는 주어 앞, 뒤에 모두 올 수 있습니다.

 읽어
보세요 **시간부사와 시간명사의 차이**

중국어는 조사와 부사가 시제를 나타낸다
는 사실을 배웠습니다. 그 중, 미래를 나
타내는 시간명사, 시간부사는 무엇을 의
미하는 것일까요? 시간명사는 본래 명사
이지만, 문장 내에서 부사로 사용된, 어떤
특정한 시간대를 가리키는 단어입니다.
예를 들면, '어제, 오늘, 내일'과 같은 명사
들이 있습니다.

시간명사	昨天	어제
	今天	오늘
	明天	내일

시간부사	已经	이미
	才	이제서야
	快要	곧 ~하다

 읽어
보세요 **시간명사와 시간부사가
함께 쓰이면?**

시간명사와 시간부사가 함께 쓰인다면 시
간명사가 먼저, 그다음 시간부사 순서로
써줍니다.

: 경기 지금 막 시작했어요.

Bǐsài xiànzài gāng kāishǐ le.
比赛 现在 刚 开始了。
　　시간명사 시간부사

시제 부정문에서 기억해야 할 것은 두 가지입니다.
과거와 관련 있는 시제는 부정부사 没 méi를,
현재나 미래와 관련 있는 시제는 부정부사 不 bù를 동사 앞에 붙여줍니다.

没有 + 과거   不 + 현재/미래

과거 시제는 부정부사 没(有) méi(yǒu) 가 동사 앞에 오며,
이때 조사 了 le는 함께 쓰이지 않습니다.

과거	주어 + 没(有) + 동사 + X̶ + 목적어

他没(有)上学。　　Tā méi(yǒu) shàngxué。　　그는 등교하지 않았다.

他没(有)看书。　　Tā méi(yǒu) kàn shū。　　그는 책을 읽지 않았다.

제일 간단한 현재 시제는 부정부사 不 bù를
동사 앞에 붙여주기만 하면 됩니다.

현재	주어 + 不 + 동사 + 목적어

他不上学。　　Tā bú shàngxué。　　그는 등교하지 않는다.

他不看书。　　Tā bú kàn shū。　　그는 책을 읽지 않는다.

미래 시제의 경우, 조동사 会 huì와 어기조사 的 de는 그대로 유지되며
조동사 앞에 부정부사 不 bù를 붙여주면 됩니다.

미래	주어 + 不 + 会 + 동사 + 목적어 + 的

他不会上学的。　　Tā bú huì shàngxué de。　　그는 등교하지 않을 것이다.

他不会看书的。　　Tā bú huì kàn shū de。　　그는 책을 읽지 않을 것이다.

TIP

《 읽어보세요 没有의 有는 생략 가능하다

과거를 부정하는 没有[méiyǒu]에서 동사 有[yǒu]는 종종 생략됩니다.

《 읽어보세요 아직 ~하지 않았다는 还没...呢

가까운 과거를 부정하는 '아직 ~하지 않았다'는 부정부사 没[méi] 앞에 还[hái]를 덧붙이고 문장 끝에 어기조사 呢[ne]를 붙여줍니다.

: 그는 아직 등교하지 않았어요.

Tā háiméi shàngxué ne。
他还没上学呢。
아직 (부정)　　　　(조사)

Let's start

한눈에 배운다!

경험 & 진행 & 지속 부정문

짝꿍 부정부사

다음은 동태조사 부정문입니다.

경험, 진행, 지속을 나타내는 동태조사의 부정문은 더 쉽습니다.

단 하나의 부정부사 没(有) méi(yǒu)를 동사 앞에 붙여주면 됩니다.

没有 + 경험/진행/지속

경험은 과거의 일부이기 때문에 부정부사 没(有) méi(yǒu)를 사용합니다.

| 경험 | 주어 + 没(有) + 동사 + 过 + 목적어 |

他没(有)吃过烤鸭。 Tā méi(yǒu) chī guò kǎoyā。 그는 오리구이를 먹어 본 적이 없어요.

他没(有)读过这本书。 Tā méi(yǒu) dú guò zhè běn shū。 그는 이 책을 읽어 본 적이 없다.

진행은 현재에 속하는 것 같지만,

과거로부터 지속하여온 동작인 경우가 많아 과거 시제에 속합니다.

따라서 부정부사 没(有) méi(yǒu)를 사용하며, 부사 在 zài는 보통 생략됩니다.

| 진행 | 주어 + 没(有) + ✗ + 동사 + 목적어 |

他没(有)吃饭。 Tā méi(yǒu) chī fàn。 그는 밥을 먹지 않았습니다.

他没(有)穿衣服。 Tā méi(yǒu) chuān yīfu。 그는 옷을 입지 않았습니다.

마지막으로 지속 역시 과거 부정부사 没(有) méi(yǒu)를 사용합니다.

| 지속 | 주어 + 没(有) + 동사 + 着 + 목적어 |

门没(有)开着。 Mén méi(yǒu) kāi zhe。 문은 열려있지 않습니다.

他没(有)穿着衣服。 Tā méi(yǒu) chuān zhe yīfu。 그는 옷을 입고 있지 않았습니다.

읽어 보세요 从来를 자주 쓰는 경험 부정

'지금까지, 여태껏'을 의미하는 从来[cónglái]는 경험 부정문에서 자주 등장합니다.

: 그는 여태껏 오리구이를 먹어 본 적이 없어요.

Tā cónglái méi chī guò kǎoyā。
他 从来 没吃过 烤鸭。
여태껏 (부정) (경험)

읽어 보세요 진행 중인 명제를 부정하는 不是

'밥을 먹고 있다'는 진행 중인 명제를 부정할 때는 부정부사 不是[búshì]를 사용합니다.

: 그가 밥을 먹고 있는 것은 아닙니다.

Tā búshì zài chī fàn de。
他 不是 在 吃饭的。
(부정) (진행)

읽어 보세요 동작의 지속은 着를 생략한다

문이 열려있는 것은 동작의 잔존에 속하죠. 그렇다면 동작의 지속은 무엇일까요? '그는 (계속해서) 밥을 하고 있다.'에서 '밥을 하다'가 동작의 지속입니다. 이와 같은 '동작의 지속' 부정은 동사 뒤 着[zhe]를 생략해줍니다.

: 그가 밥을 하지 않았다.

Tā méi zuò fàn。
他 没 做 ✗ 饭。
(부정) (지속)

따라 말하기

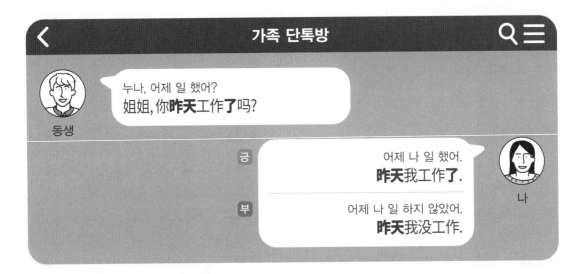

가족 단톡방

동생
누나, 어제 일 했어?
姐姐, 你**昨天**工作**了**吗?

긍
어제 나 일 했어.
昨天我工作**了**.

나

부
어제 나 일 하지 않았어.
昨天我没工作.

✏️ 각각의 의문문/긍정문/부정문을 참고하여 빈칸을 채워보세요.

1 누나, 내일 일 해?
姐姐, 你明天工作吗?

긍 나 내일 일 해.
我明天工作。
_____

부 나 내일 일 안 해.
[   ].

2 그저께 너 집 청소했어?
前天你打扫过家吗?

긍 그저께 나 집 청소했어.
[   ].

부 그저께 나 집 청소하지 않았어.
前天我没打扫过家。

3 언니, 오늘 쉴 거야?
[   ]?

긍 나 오늘 쉴 거야.
我今天会休息。

부 나 오늘 쉬지 않을 거야.
我今天不会休息。

4 형, 술 마신 적 있어?
哥哥, 你喝过酒吗?

긍 나 술 마신 적 있어.
我喝过酒。

부 나 술 마신 적 없어.
[   ].

5

너 지난 주에 공원 갔어?

你上个星期去过公园吗?

긍 나 지난 주에 공원 갔어.

_____.

부 나 지난 주에 공원 안 갔어.

我上个星期没去过公园。

6

형, 울어?

_____?

긍 나 울어.

我在哭。

부 나 안 울어.

我没哭。

7

너 소설 쓰고 있어?

你在写小说吗?

긍 나 소설 쓰고 있어.

我在写小说。

부 나 소설 안 쓰고 있어.

_____.

8

너 옷 다 입었어?

你穿了衣服吗?

긍 나 옷 입고 있어.

_____.

부 나 옷 안 입고 있어.

我没穿衣服。

9

너 내일 영화 볼 거야?

_____?

긍 나 내일 영화 볼 거야.

我明天会看电影。

부 나 내일 영화 안 볼 거야.

我明天不会看电影。

10

누나, 어제 쉬었어?

姐姐,你昨天休息了吗?

긍 나 어제 쉬었어.

我昨天休息了。

부 나 어제 안 쉬었어.

_____.

· 정답입니다! ·

1 我明天不工作。Wǒ míngtiān bù gōngzuò。

2 前天我打扫过家。Qiántiān wǒ dǎsǎo guò jiā。

3 姐姐, 你今天会休息吗? Jiějie, nǐ jīntiān huì xiūxi ma?

4 我没喝过酒。Wǒ méi hē guò jiǔ。

5 我上个星期去过公园。Wǒ shànggèxīngqī qù guò gōngyuán。

6 哥哥, 你在哭吗? Gēge, nǐ zài kū ma?

7 我没写小说。Wǒ méi xiě xiǎoshuō。

8 我在穿衣服。Wǒ zài chuān yīfú。

9 你明天会看电影吗? Nǐ míngtiān huì kàn diànyǐng ma?

10 我昨天没休息。Wǒ zuótiān méi xiūxī。

1 저 모레에 시험 있어요.

Māma, nǐ zài gàn shénme?
妈妈，你在干什么？

Wǒ zài kàn xīnwén。
我在看新闻。

Bàba shénmeshíhòu huì dào jiā?
爸爸什么时候会到家？

Bàba huì qī diǎn dào jiā。
爸爸会7点到家。

Wǒ hòutiān yǒu kǎoshì。
我后天有考试。

Fùxí le ma?
复习了吗？

Míngtiān wǒ huì fùxí de。
明天我会复习的。

Yǐhòu yào tíqián zhǔnbèi hǎo kǎoshì。
以后要提前准备好考试。

Hǎode。Wǒ míngtiān wǎnshàng huì qù túshūguǎn。
好的。我明天晚上会去图书馆。

Jìdé chī hǎo wǎnfàn。
记得吃好晚饭。

李娜 : 엄마, 뭐하고 있어요?
妈妈 : 뉴스 보고 있었어.
李娜 : 아빠는 집에 언제 도착해요?
妈妈 : 아빠는 7시에 집에 도착할 거야.
李娜 : 저 모레에 시험 있어요.
妈妈 : 복습 했니?
李娜 : 내일 복습할 거예요.
妈妈 : 다음부터는 시험 미리 준비해.
李娜 : 네. 내일 저녁에 도서관 갈 거예요.
妈妈 : 저녁밥 잘 챙겨먹어.

2 다음 주 휴가 때 무슨 계획 있어?

TIP

 张伟
Xià xīngqī xiūjià yǒu shénme jìhuà ma?
下星期休假有什么计划吗?

休假
休假[xiūjià]는 '휴가'를 뜻하며 동의어로는 放假[fàngjià] : 방학, 假期[jiàqī] : 휴일 등이 있습니다.

 秀英
Wǒ dǎsuàn qù lǚyóu.
我打算去旅游。

 张伟
Qù nǎr lǚyóu?
去哪儿旅游?

Dài wǒ fēi, dài wǒ zǒu.
带我飞, 带我走.
나를 데리고 가 줘.

 秀英
Wǒ huì qù Zhōngguó.
我会去中国。

 张伟
Zhīqián qù guò Zhōngguó ma?
之前去过中国吗?

 秀英
Qùnián qù guò.
去年去过。

 张伟
Zài Zhōngguó yǒu rènshi de rén ma?
在中国有认识的人吗?

 秀英
Hé zhīqián rènshí de yī gè dǎoyóu yìzhí zài bǎochí liánxì zhe.
和之前认识的一个导游一直在保持联系着。

 张伟
Jīpiào mǎi le ma?
机票买了吗?

机票
机票[jīpiào]는 '비행기표'를 뜻하며 다른 '표'와 관련된 단어로는 汽车票[qìchēpiào] : 버스표, 火车票[huǒchēpiào] : 기차표가 있습니다. 또한, 중국에도 한국의 KTX와 같은 고속 열차가 존재하는데, 이를 动车[dòngchē]라고 부릅니다.

 秀英
Yǐjīng mǎi le.
已经买了。

张伟 : 다음 주 휴가 때 무슨 계획 있어?
秀英 : 나는 여행 갈 거야.
张伟 : 어디로 여행 갈 거야?
秀英 : 중국으로 갈거야.
张伟 : 예전에 중국 간 적 있어?
秀英 : 작년에 가봤어.
张伟 : 중국에 아는 사람 있어?
秀英 : 이전에 알게 된 가이드랑 계속 연락중이야.
张伟 : 비행기 표는 샀어?
秀英 : 이미 샀어.

Chapter06 시제는 부사가 해결한다 **251**

3 너 수학 숙제 했어?

 永明

Nǐ zuò wán shùxué zuòyè le ma?
你做完数学作业了吗?

 文博

Wǒ hái méi zuò. Nǐ ne?
我还没做。你呢?

 永明

Wǒ yě hái méi zuò. Jīntiān wǎnshàng huì zuò de.
我也还没做。今天晚上会做的。

 文博

Wǒ yǐjīng zuò hǎo le yǔwén zuòyè. nǐ zuò le ma?
我已经做好了语文作业。你做了吗?

 永明

Wǒ yě kuàiyào zuò hǎo le.
我也快要做好了。

 文博

Míngtiān wǎnshàng yìqǐ wán yóuxì ma?
明天晚上一起玩游戏吗?

 永明

Bù wán. Wǒmen búshì kuàiyào kǎoshì ma?
不玩。我们不是快要考试吗?

 文博

Xiàgèyuè jiù yào kǎoshì le.
下个月就要考试了。

 永明

Nà fùxí le ma?
那复习了吗?

 文博

Hái méi yǒu, cóng xiàzhōu kāishǐ yào fùxí.
还没有，从下周开始要复习。

永明 : 너 수학 숙제했어?
文博 : 아니. 아직 안 했어. 너는?
永明 : 아직 안 했어. 오늘 저녁에 할 거야.
文博 : 나는 국어 숙제 다 했어. 너는 했어?
永明 : 나도 거의 다 했어.
文博 : 내일 저녁에 게임 같이 할래?
永明 : 아니. 우리 곧 시험 아니야?
文博 : 다음 달에 바로 시험이지.
永明 : 그럼 복습은 했어?
文博 : 아직 안 했어. 다음 주부터 할 거야.

玩
玩[wán]은 여기서 '(게임을) 하다'라는 뜻
으로 쓰이며, 다른 뜻으로는 '놀다', '감
상하다'라는 뜻이 있습니다.

考试
考试[kǎo shì]은 '시험, 고사'라는 뜻이며
동의어로는 测试[cè shì] : 테스트하다, 시
험하다, 考查[kǎo chá] : 시험하다, 고사
하다 등이 있습니다.

国文[guó wén] : 국어
英文[yīng wén] : 영어
数学[shù xué] : 수학
社会[shè huì] : 사회
物理[wù lǐ] : 물리
化学[huà xué] : 화학
地球科学[dì qiú kē xué] : 지구과학
音乐[yīn yuè] : 음악
美术[měi shù] : 미술
体育[tǐ yù] : 체육

4 이미 퇴근했어.

Wéi? Shì xiǎomíng ma?
喂? 是小明吗?

Èng. Shì wǒ.
嗯。是我。

Nǐ zài gōngzuò ma?
你在工作吗?

Bù, wǒ yǐjīng xiàbān le. Yǒu shénme shì ma?
不，我已经下班了。有什么事吗?

Yàobúyào míngtiān yìqǐ qù kàn diànyǐng?
要不要明天一起去看电影?

Wǒ qù bùliǎo. Míngtiān wǒ hěn wǎn xiàbān.
我去不了。明天我很晚下班。

Nà xiànzài zài gàn shénme?
那现在在干什么?

Xiànzài zài jiā xiūxī zhe.
现在在家休息着。

Hǎode. Yǒu kōngér jiù liánxì wǒ.
好的。有空儿就联系我。

Zhèxīngqī yǒu kòng jiù gěi nǐ liánxì.
这星期有空就给你联系。

王明 : 여보세요? 샤오밍이니?
小明 : 응. 나야.
王明 : 너 근무 중이야?
小明 : 아니. 이미 퇴근했어. 무슨 일 있어?
王明 : 내일 같이 영화보러 갈래?
小明 : 나 못 가. 내일 늦게 퇴근할 거야.
王明 : 그럼 지금은 뭐해?
小明 : 지금 집에서 쉬고 있어.
王明 : 그래. 언제 시간나면 연락줘.
小明 : 이번 주에 시간이 비면 연락 줄게.

TIP

喂

喂[wéi]는 감탄사로 전화를 받을 때 '여보세요'를 뜻합니다.

工作

工作[gōng zuò]는 '직업, 일하다'를 뜻하며, 동의어로는 值班[zhí bān] : 근무, 당직서다, 上班[shàng bān] : 출근하다, 근무하다 등이 있습니다.

有空

空[kòng]은 '공간, 여백, 틈'을 뜻합니다. 그래서 '시간이 된다면, 시간이 나면'을 有时间[yǒushíjiān], 有空[yǒukòng]라고 표현할 수 있습니다.

Kuài jiē diànhuà.
快接电话.
전화 좀 받아.

5 학교 축제가 곧 다가오네.

 李明
Xuéxiào qìngdiǎn jiù kuài dào le.
学校庆典就快到了。

 张敏
Nǐmen bān zuò hǎo zhǔnbèi le ma?
你们班做好准备了吗?

 李明
Méiyǒu。Wǒ men bān hái méi zuò hǎo zhǔnbèi。
没有。我们班还没做好准备。

 张敏
Nǐ zài qìngdiǎn biǎoyǎn guò ma?
你在庆典表演过吗?

 李明
Méi yǒu。Wǒ méi biǎoyǎn guò。
没有。我没表演过。

 张敏
Wǒ qùnián zài qìngdiǎn shuōchàng。
我去年在庆典说唱。

 李明
Nà hái tiào guò wǔ ma?
那还跳过舞吗?

 张敏
Méiyǒu。Wǒ bú tiàowǔ。
没有。我不跳舞。

 李明
Méiyǒu dǎsuàn qù xué tiàowǔ ma?
没有打算去学跳舞吗?

 张敏
Wǒ bú huì qù xué tiàowǔ de。
我不会去学跳舞的。

李明 : 학교 축제가 곧 다가오네.
张敏 : 너희 반은 준비 다 됐어?
李明 : 아니. 우리 반은 아직 준비 안 됐어.
张敏 : 너 혹시 축제에서 공연해본 적 있어?
李明 : 아니. 공연해본 적 없어.
张敏 : 나는 작년 축제 때 랩을 했어.
李明 : 그럼 춤도 췄었어?
张敏 : 아니. 난 춤 안 춰.
李明 : 춤 배울 생각은 없어?
张敏 : 춤은 배울 생각 없어.

 TIP

表演
表演(biǎo yǎn)은 '공연'을 뜻하며 동의어로는 演出(yǎn chū), 公演(gōng yǎn) 등이 있습니다.

说唱
说唱(shuō chàng)은 '랩을 한다'는 뜻이며 동의어로는 拉普(lā pǔ) : 랩, 绕舌歌(rào shé gē) : 랩 노래 등이 있습니다.

跳过舞 이합사
이합사는 동사와 명사로 이루어진 단어로 그 사이에 다른 문장성분을 넣을 수가 있습니다 주로 了(le), 着(zhe), 过(guo), 혹은 동작의 횟수나 시간을 넣습니다.

我唱了两首歌 (Wǒ chàng le liǎng shǒu gē).
: 나는 노래 두 곡을 불렀다.

Lái yīduàn jíxìng shuōchàng.
来一段即兴说唱.
프리스타일 랩 해주세요.

따라 말하기

6 저는 지금 한국 회사에서 일하고 있어요.

张娜
Jiě jie, nǐhǎo.
姐姐，你好。

秀英
Hǎojiǔ bú jiàn.
好久不见。

◀

张娜
Zuìjìn guò de zěnmeyàng?
最近过得怎么样？

秀英
Wǒ qùnián jiélehūn. Nǐ guò de zěnmeyàng?
我去年结了婚。你过得怎么样？

◀

张娜
Wǒ xiànzài zài Hánguó gōngsī gōngzuò.
我现在在韩国公司工作。

秀英
Nà nǐ qù guò Hánguó ma?
那你去过韩国吗？

张娜
Dāngrán. Wǒ měigèyuè dōu huì qù Hánguó chūchāi.
当然。我每个月都会去韩国出差。

秀英
Nà xiàgèyuè jǐ hào qù?
那下个月几号去？

张娜
Wǔ hào qù.
5号去。

秀英
Mǎshàng yào zǒu le ne.
马上要走了呢。

张娜 : 언니, 안녕하세요.
秀英 : 오랜만이네.
张娜 : 요즘 잘 지내요?
秀英 : 나 작년에 결혼했어. 너는 어떻게 지내?
张娜 : 저는 지금 한국 회사에서 일하고 있어요.
秀英 : 그럼 한국 가본 적 있어?
张娜 : 당연하죠. 매월 한국으로 출장 가요.
秀英 : 그럼 다음 달은 며칠에 가?
张娜 : 5일 날 가요.
秀英 : 곧 가겠네.

TIP

好久不见

好久不见(hǎo jiǔ bú jiàn)은 '오래간만이야' 라는 뜻으로 오랜만에 만난 사람에게 전하는 인사말입니다.

过得怎么样?

过得怎么样(guò de zěn me yàng)은 '잘 지내?, 잘 지내세요?'라는 뜻으로 오랜만에 만나거나 연락하는 사람에게 전하는 안부 인사입니다.

Zhēn shì xìnghuì.
真是幸会.
만나서 반갑네요

서구의 정치제도를 도입하자는 변법자강운동이나

라거제도개혁! 탐관오리 척결!

캉유웨이

반제국주의 농민투쟁인 의화단운동이 그것이지.

물론 다 실패로 끝이 났지만...

그래도 군사 제도의 개혁은 꽤 성공적이었고, 서양식 군대인 북양군벌이 조직될 수 있었어.

북양군벌

한편, 청나라 정부 자체에 회의를 느낀 세력들이 새로운 나라에 대한 희망을 품고 있었는데

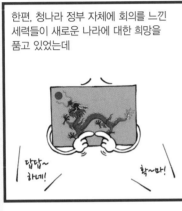

답답~ 하네!

학~마!

이러한 혁명의 시초에는 쑨원이 있어.

쑨원

쑨원은 광동성 출신으로 홍콩에서 의대를 졸업하였으나

혁명의 뜻을 품고 하와이에서 흥중회를 조직한 후,

일본과 유럽 등지를 다니며 반청 혁명 운동을 전개하였고

도쿄에서 중국동맹회를 결성

다양한 외교활동을 통해 외교적, 재정적 지원을 서구로부터 얻고 있었지.

동시에 중국 내에서는 중국동맹회에 의한 우창 봉기가 일어났는데

대중의 신임을 잃은 청나라는 속수무책으로 무너졌고

1911년, 혁명군은 남경을 함락하고 임시정부를 세우게 되었지.

이게 바로 신해혁명이야!

바로 중화민국의 시대가 시작된 거야!

쑨원은 초대 임시대총통으로 당선되었어

하지만, 북쪽에 남아 있는 청의 세력을 완전히 무너뜨리기 위해선 강한 군대가 필요했어.

아직 안 죽었다!

그래서 쑨원은 위안스카이와 협상하여, 도와주는 조건으로 총통직을 넘겨주기로 약속해.

잘해봅시다!

위안스카이는 청나라의 신식 군대인 북양군벌의 실권자였거든.

그의 힘을 빌리면 금방 성공할 거라 생각했던 거지

쯧쯧

그의 막강한 힘으로 청의 마지막 황제 푸이를 폐위시키는 데 성공하였고 쑨원은 약속을 지켰어.

웬 떡!

하지만 권력에 눈이 먼 위안스카이는 스스로 황제라 칭하며, 다시 중화제국을 만들어버려.

이제 내가 황제!

결국, 황제만 바뀐 꼴이 되었지.

이때를 북양정부라고 해

이후, 쑨원은 광저우에서 국민당을 확대 조직하고

도와주시오!

광저우

제1차 전국 대표 회의를 열어 다시 한번 새로운 개혁을 시작했어.

바로 중화민국 국민정부야!

쑨원은 일생을 중국의 땅과 민족을 위해 헌신하였고, 새로운 중국을 건국하고자 노력했어.

물론, 그에 대한 비판의 시선도 있지만

민족주의

외세의존

그의 혁명적 공헌은 중국인들의 마음 속에 깊이 새겨져 있으며

이념 대립으로 어지러운 상황에도 그를 향한 존경심만큼은 모두 하나라고 할 수 있지.

이처럼, 당시 중국은 변화의 소용돌이로 아주 혼란스러웠는데

북쪽에는 북양 정부, 남쪽에는 국민당 정부가 자리하고 있었지.

마침, 소련의 등장으로 공산주의의 확산을 예고하는 한편, 중국에서도 공산당이 창설되었어.

쑨원은 공산당원도 국민당에 입당케 하면서, 서로 협력하고자 했는데

이 두 당은 서로 힘을 합쳐 북쪽의 북양정부를 물리치기도 했지.

제1차 국공합작

그러나 쑨원의 죽음 이후, 국민당의 권력을 이어받은 장제스는

장제스

공산당과의 결별을 선언하고, 다시 치열한 싸움을 시작했어.

제1차 국공내전

중국 대륙은 이때부터 다시 한번 어두운 역사를 시작하지.

이때는 내우외환의 시대로서, 안으로는 두 정당의 내전

밖으로는 제국주의가 팽배하여 중국을 놓고 피자처럼 나눠 먹기를 하고 있었어.

하루가 멀다고 전쟁이 일어나니 민중의 삶은 더욱 힘들어졌지.

그러다 두 정당은 외부의 적을 먼저 물리치자는 점에 합의하였고 다시 한번 힘을 합치기로 했어.

잠깐, 여기서 잠시 당시의 정세를 살펴보면

중국을 나눠 먹기 하던 서구의 나라들은

서로 간 대립이 심화하면서 중국에 관심을 놓게 돼.

그 틈을 놓치지 않고 일본은 아시아에서 세력을 확장하는데

이게 웬 떡 아니 피자

폐위한 청의 황제 푸이를 데려와 만주에 괴뢰국을 세우고, 국민당의 왕징웨이를 통해 친일정부도 지원했지.

왕징웨이

푸이

그렇게 중국의 연안 지역과 남경 등지를 손아귀에 쥐게 되었어.

만주국

왕징웨이 정권

하지만, 일본의 전쟁 야욕은 거기서 멈추질 않고 진주만을 공격하며 미국과 충돌하는데

그 상황에 맞물려 일본을 적대시하는 국민당과 미국은 같은 편에 서게 되었어.

못 봐주겠네, 정말!

2차 세계대전에 소련까지 참전하면서 일본은 완전히 몰리게 되었는데

오! 나도 끼워줘!

결국 중국을 포함한 연합군은 일본을 물리치고 승리를 거두었지.

이미 알고 있듯이, 중국에는 공산당과 국민당이 있었고, 일본에 맞서 싸우는 일에 합의했었지만

일단 급해서 악수는 했는데….

서로의 이념은 달랐기에 잠재적인 적으로 남아있었어.

일본이 물러가자 예고되어 있던 대립이 수면 위로 올랐고, 두 정당은 서로를 겨냥하게 돼.

중국의 공산화를 우려한 미국은 국민당 정부를 지원했는데

가진 거 돈뿐이야!

그 덕분에 국민당의 군사력은 압도적이었어.

공산당도 소련의 지원을 받긴 했지만, 국민당에는 미치지 못했지.

그렇게 국민당은 쉽게 중국을 차지할 것만 같았어. 하지만 실제로 그렇지 않았지.

강력한 군대와 풍부한 재정에도 이어지는 전투에서 국민당 군대는 패하였고

이는 국민당 내부의 부패가 너무나도 심한 탓이었어.

반면에 공산당은 농민을 비롯한 민중에게 신임을 얻으며 세력을 확장해갔는데

땅을 나눠주겠소!

몽골과 만주를 통해 소련의 지원도 더욱 더 많아졌고

그에 비해, 국민당 정부의 부정부패에 실망한 미국은 지원을 줄이고 있었지.

해도 해도 너무 하네

지도자의 부패는 군사의 사기를 저하시켰고 민중의 지지조차 잃은 국민당은 결국 무너졌어.

그 결과, 공산당은 지금의 중국 땅을 장악하였고, 져버린 국민당은 대만으로 도망가야만 했지.

그렇게 바다를 경계로, 둘의 관계를 "양안관계"라고 불러.

대만해협을 기준으로 양쪽 해안의 관계라는 뜻이지.

참고로, 중국에서는 대만을 독립된 나라로 인정하지 않아. "하나의 중국" 원칙을 고수하고 있지.

그 후, 그들은 문을 걸어 잠그고 지내는 동안, 서로 다른 문화를 키워갔어.

흥이다!

참나!

중국 본토에서는 인민을 위해 글을 쉽게 읽고 배울 수 있는 점에 힘을 쏟았는데

화르륵

기존의 한자에 획을 확 줄이면서 비교적 간단한 형태로 만든거야.

이는 당시 심각하던 문맹률을 줄이기 위함이었어.

문맹률

하지만, 아무리 간단한 형태라 할지라도, 읽기 위해서는 보조도구가 필요했어.

중국어 한자를 읽기 위한 보조 도구로는 "주음부호"와 "한어 병음"이 있지.

한자

주음 부호

한어 병음

응? 보조도구, 그렇게 왜 필요하냐고? 앞서 말한 것처럼, 한자는 어떤 형태로부터 온 거잖아?

그러니까 애초에 입으로 전달하기 위한 것이 아니라, 단지 뜻을 담아 놓은 글자일 뿐이었지.

鳥

그 말인즉슨, 한글과 알파벳처럼 발음 하나에 글자 하나가 존재하는 게 아니라

사물마다 하나씩 글자가 존재하는 거야.

月 花 鳥

➡ 만화는 282쪽에서 계속 이어집니다. **261**

07

동사를 도와주는
조동사

我得回家。
나는 반드시 집에 가야 해.

한눈에 배운다!
동사를 도와주는 조동사

영어와 똑같다!

영어에서의 **can**, **will**, **must** 등을 뭐라고 부르지요? '조동사'라고 합니다.
영어의 조동사는 동사의 바로 앞에 놓여 동사를 돕습니다.
중국어에도 이와 같은 조동사가 있습니다.

중국어의 조동사는 크게 가능, 희망, 필요의 의미를 갖습니다.

 읽어보세요 **조동사 = 능원동사 (중국어)**

조동사가 동사 앞에 놓여 동사를 도와주
는 역할을 하며, 가능, 희망, 필요 등의 의
미를 나타내기에 중국에서는 이를 능원동
사라고도 합니다.

 읽어보세요 **조동사의 위치**

조동사는 일반적으로 동사나 형용사 (술
어) 앞에 놓이는 것이 맞으나, 술어 앞에
전치사구가 오는 경우, 전치사구 앞에 놓
습니다.

주어 <u>조동사</u> <u>술어</u>
　　　　　동사/형용사

주어 <u>조동사</u> <u>전치사구</u> 술어
　　　　　　전치사 + 명사

 읽어보세요 **동태조사와 함께 오지 않는다**

조동사는 과거, 경험, 진행, 지속을 나타내는
동태조사 了[le], 过[guò], 在[zài], 着[zhe]와
함께 쓰이지 않습니다.

: 그는 탁구를 칠 수 있어요.

Tā huì dǎ pīngpāngqiú.

他会 ~~了过在着~~ 打 乒乓球。
　조동사　　동태조사　　동사

한눈에 배운다!
가능 조동사
할 수 있다

무언가를 '할 수 있다'고 가능성을 나타낼 때 **can** 을 사용합니다.
중국어에도 이처럼 능력과 허가의 의미를 갖는 조동사
会 huì , 能 néng , 可以 kěyǐ 세 가지가 있습니다.

가능 할 수 있다	can · will **会** huì	can **能** néng	can **可以** kěyǐ

'할 줄 안다' 会 huì 와 '할 수 있다' 能 néng 은 비슷해 보이지만,
会 huì 는 학습, 훈련 또는 습관에 의해 할 줄 아는 경우에 쓰이며,
能 néng 은 신체나 지혜의 능력이 있어 할 수 있다는 의미로 쓰입니다.

1 会 = can [～할 줄 안다]

▶ 나는 영어를 할 줄 알아요.

Wǒ	huì	shuō	yīngyǔ
我	会	说	英语
나	할 줄 안다	말하다	영어

2 能 = can [～할 수 있다]

▶ 나는 너를 도울 수 있어.

Wǒ	néng	bāng	nǐ
我	能	帮	你
나	할 수 있다	돕다	너

3 可以 = can [～해도 된다]

▶ 너 여기 앉아도 돼.

Nǐ	kěyǐ	zuò	zhèr
你	可以	坐	这儿
너	해도 된다	앉다	여기

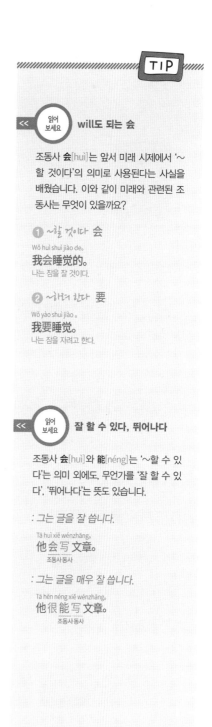

TIP

《 읽어보세요 **will도 되는 会**

조동사 **会**[huì]는 앞서 미래 시제에서 '～할 것이다'의 의미로 사용된다는 사실을 배웠습니다. 이와 같이 미래와 관련된 조동사는 무엇이 있을까요?

❶ ~할 것이다 会

Wǒ huì shuì jiào de.
我会睡觉的。
나는 잠을 잘 것이다.

❷ ~하려 한다 要

Wǒ yào shuì jiào.
我要睡觉。
나는 잠을 자려고 한다.

《 읽어보세요 **잘 할 수 있다, 뛰어나다**

조동사 **会**[huì]와 **能**[néng]는 '～할 수 있다'는 의미 외에도, 무언가를 '잘 할 수 있다', '뛰어나다'는 뜻도 있습니다.

: 그는 글을 잘 씁니다.

Tā huì xiě wénzhāng.
他会写文章。
　　조동사 동사

: 그는 글을 매우 잘 씁니다.

Tā hěn néng xiě wénzhāng.
他很能写文章。
　　　조동사 동사

한눈에 배운다!

희망 조동사

하고 싶다

무언가를 '하고 싶다'는 의욕을 나타낼 때 **want**를 사용합니다.
중국어에도 이처럼 희망과 소망의 의미를 갖는 조동사
想 xiǎng , 要 yào , 愿意 yuànyì 세 가지가 있습니다.

| 희망
하고 싶다 | *want*
想
xiǎng | *want · will*
要
yào | *wish*
愿意
yuànyì |

'하고 싶다' 想 xiǎng 과 '하려 한다' 要 yào 역시 각각의 쓰임새가 있습니다.
想 xiǎng 은 마음속으로 갖는 '기대'를 나타내는 경우에 사용되며
要 yào 는 더욱 강한 '의지'를 나타내는 경우에 사용됩니다.

1 想 = want [~하고 싶다]

▶ 나는 커피를 마시고 싶어요.

Wǒ	xiǎng	hē	kāfēi
我	想	喝	咖啡
나	하고 싶다	마시다	커피

2 要 = want [~하고 싶다, ~하려 한다]

▶ 그는 커피를 마시려 해요.

Tā	yào	hē	kāfēi
他	要	喝	咖啡
그	하려 한다	마시다	커피

3 愿意 = wish [~하기를 원하다]

▶ 그는 퇴원하기를 원해요.

Tā	yuànyì	chūyuàn
他	愿意	出院
그	하기를 원하다	퇴원하다

TIP

동사로도 쓰이는 想
읽어 보세요

조동사 想[xiǎng] 뒤에 술어가 오면 조동사로 쓰인 것입니다. 만약 想[xiǎng] 뒤에 목적어가 바로 온다면 이때의 想[xiǎng] 은 '생각하다, 그립다'라는 동사의 뜻으로 사용됩니다.

: 나는 집이 그립다.

Wǒ xiǎng jiā.
我 想 家。
동사 목적어

하나의 조동사, 두 개의 의미
읽어 보세요

마치 영어에서 'can'이 능력, 의무, 추측 등을 나타내듯이, 중국어의 조동사 또한 마찬가지로 여러 가지의 의미를 지닙니다.

要 ① ~하고 싶다
② ~해야 한다

❶ 我要睡觉。 Wǒ yào shuì jiào.
나는 잠을 자고 싶다.

❷ 你要注意身体。 Nǐ yào zhù yì shēn tǐ.
당신은 건강에 주의해야 한다.

어떤 일을 '해야 한다'며 필요성을 나타낼 때 **should**를 사용합니다.
중국어에도 이처럼 의무와 당위성의 의미를 갖는 조동사
应该 yīnggāi, 要 yào, 得 děi 세 가지가 있습니다.

셋 다 '해야 한다'라는 의미가 있지만, 강도에는 차이가 있습니다.
应该 yīnggāi 는 도리와 의무감에 의한 당위성을 나타내며,
要 yào 는 필요에 의한 당위성을 나타냅니다.
그리고 得 děi 는 셋 중 가장 강제성이 큰 표현입니다.

1 **应该** = should [도리로서 ~해야 한다]

▶ 학생은 숙제해야 해요.

2 **要** = need [필요에 의해 ~해야 한다]

▶ 그는 건강 관리해야 해요.

3 **得** = must [반드시 ~해야 한다]

▶ 나는 반드시 집에 가야 해요.

 TIP

읽어
보세요
동사로도 쓰이는 要

조동사 要[yào] 는 동사로도 쓰입니다. 바로 뒤에 목적어가 오면 要[yào]는 '필요하다'라는 의미를 갖습니다.

: 나는 이것이 필요해요.

Wǒ yào zhège.
我 **要** 这个。
동사 목적어

읽어
보세요
동사로도 쓰이는 得

조동사 得[děi] 역시 동사로도 쓰입니다. 바로 뒤에 목적어가 오면 得[děi]는 '(시간이) 걸리다'는 의미를 갖습니다.

: 이 공사는 3개월이 걸립니다.

Zhège gōngchéng děi sān ge yuè.
这个工程 **得** 三个月。
동사 목적어

Practice
가능&희망&필요 의사 표현하기

따라 말하기

 해석을 보고 다음의 단어를 순서대로 정렬해보세요.

연주하다	보다	닫다
yǎnzòu	kàn	guān
演奏	看	关

기타	영화	창문
jítā	diànyǐng	chuāngmén
吉他	电影	窗门

1 나는 기타를 연주하고 싶어.

吉他　我　想　演奏

↳ _____

2 (필요에 의해)창문을 닫아야 한다.

要　窗门　关

↳ _____

3 창문을 (반드시)닫아야 한다.

窗门　得　关

↳ _____

4 그는 영화 보기를 원한다.

电影　看　他　愿意

↳ _____

5 그는 기타를 칠 수 있다.

他　吉他　演奏　能

↳ _____

6 나는 영화 봐도 돼.

看　电影　可以　我

↳ _____

7 나 영화 보고 싶어.

想　我　电影　看

↳ _____

8 그는 기타를 칠 줄 안다.

会　他　吉他　演奏

↳ _____

정답입니다!

1 我想演奏吉他。Wǒ xiǎng yǎnzòu jítā。
3 得关窗门。Děi guān chuāngmén。
5 他能演奏吉他。Tā néng yǎnzòu jítā。
7 我想看电影。Wǒ xiǎng kàn diànyǐng。

2 要关窗门。Yào guān chuāngmén。
4 他愿意看电影。Tā yuànyì kàn diànyǐng。
6 我可以看电影。Wǒ kěyǐ kàn diànyǐng。
8 他会演奏吉他。Tā huì yǎnzòu jítā。

따라 말하기

 문장 속 조동사/부사를 확인하고 우리말로 해석해보세요.

운전하다	배우다	하다	차	한국어	숙제
kāi 开	xué 学	zuò 做	chē 车	hányǔ 韩语	zuòyè 作业

1 我想学韩语。

_____

2 我能开车。

_____

3 他要学韩语。

_____

4 你应该做作业。

_____

5 你可以开车。

_____

6 他愿意开车。

_____

7 她得做作业。

_____

8 我会开车。

_____

9 我得学韩语。

_____

10 他们愿意做作业。

_____

▸ 정답입니다!

1 나는 한국어를 배우고 싶어요.　　2 나는 차를 운전할 수 있다.　　3 그는 한국어를 (필요에 의해)배워야 한다.
4 너는 숙제를 (도리로서)해야 한다.　　5 너는 차를 운전해도 된다.　　6 그는 운전 하기를 원한다.
7 그녀는 숙제를 (반드시)해야 한다.　　8 나는 차 운전을 할 줄 안다.　　9 나는 한국어를 (반드시)배워야 한다.
10 그들은 숙제 하기를 원한다.

한눈에 배운다!
조동사 부정문

NO를 조동사앞에

이번에는 부정문을 만들어 보도록 하겠습니다.
방식은 다른 부정문을 만들 때와 똑같습니다.
조동사 앞에 부정부사 不 bù 를 붙여주면 됩니다.

NO bù
不
조동사 | 동사

다만, 부정문에서는 9가지 조동사의 미묘한 뉘앙스 차이를 제쳐두고
가능, 희망, 필요 각각의 그룹 중에 대표적인 조동사 부정형 하나를 사용합니다.
예를 들어, 가능 조동사 会 huì, 能 néng, 可以 kěyǐ 중에
能 néng 이 대표 조동사라면 부정형 不能 bù néng 하나만 쓰는 것이죠.

가능

▶ **不能** = can not [~할 수 없다]

▶ 나는 영어를 할 줄 몰라요.

Wǒ	bù	néng	shuō	yīngyǔ
我	不	能	说	英语
나	(부정)	할 수 있다	말하다	영어

▶ 나는 너를 도울 수 없어.

Wǒ	bù	néng	bāng	nǐ
我	不	能	帮	你
나	(부정)	할 수 있다	돕다	너

▶ 너 여기 앉으면 안 돼.

Nǐ	bù	néng	zuò	zhèr
你	不	能	坐	这儿
너	(부정)	할 수 있다	앉다	여기

TIP

읽어 보세요 | **각각의 조동사에 부정부사만 붙여도 OK**

각 그룹에 대표 조동사 부정형이 있지만,
기존의 조동사에 부정부사를 붙여 사용해
도 됩니다.

❶ 不会

我不会说英语。 Wǒ bú huì shuō yīngyǔ.
나는 영어를 할 줄 몰라요

❷ 不能

我不能帮你。 Wǒ bù néng bāng nǐ.
나는 너를 도울 수 없어

❸ 不可以

你不可以坐这儿。 Nǐ bù kěyǐ zuò zhèr.
너 여기 앉으면 안 돼

희망

▶ 不想 = don't want [~하고 싶지 않다]

▶ 나는 커피를 마시고 싶지 않아요.

Wǒ	bù	xiǎng	hē	kāfēi
我	不	想	喝	咖啡
나	(부정)	하고 싶다	마시다	커피

▶ 그는 커피를 마시려 하지 않아요.

Tā	bù	xiǎng	hē	kāfēi
他	不	想	喝	咖啡
그	(부정)	하고 싶다	마시다	커피

▶ 그는 퇴원하기를 원하지 않아요.

Tā	bù	xiǎng	chūyuàn
他	不	想	出院
그	(부정)	하고 싶다	퇴원하다

하나의 부정형만 외우는 방식과 달리, 필요 조동사는 각각의 부정형을 갖습니다. 게다가 要 yào 와 得 děi는 기존의 조동사를 버리고 새로운 부정형을 사용하죠.

필요

1 不应该 = should [~해야 하는 것은 아니다]

▶ 학생은 숙제해야 하는 것은 아니다.

Xuésheng	bù	yīnggāi	zuò	zuòyè
学生	不	应该	做	作业
학생	(부정)	해야 한다	하다	숙제

2 ~~不要~~ 不必 = need [~할 필요 없다]

▶ 그는 건강 관리할 필요가 없어요.

Tā	bú	bì	zhùyì	jiànkāng
他	不	必	注意	健康
그	(부정)	해야 한다	주의하다	건강

3 ~~不得~~ 不用 = must [~할 필요 없다]

▶ 나는 집에 갈 필요가 없어요.

Wǒ	bú	yòng	huí	jiā
我	不	用	回	家
나	(부정)	해야 한다	돌아가다	집

 읽어보세요 각각의 조동사에 부정부사만 붙여도 OK

각 그룹에 대표 조동사 부정형이 있지만, 기존의 조동사에 부정부사를 붙여 사용해도 됩니다.

❶ 不想

我不想喝咖啡。 Wǒ bù xiǎng hē kāfēi.
나는 커피를 마시고 싶지 않아요.

❷ 不要

他不要喝咖啡。 Tā bú yào hē kāfēi.
그는 커피를 마시려 하지 않아요.

❸ 不愿意

他不愿意出院。 Tā bú yuànyì chūyuàn.
그는 퇴원하기를 원하지 않아요.

 읽어보세요 필요 조동사는 예외

하지만 필요 조동사는 대표 부정형이 없습니다. 각각의 부정형이 다 다르므로 모두 다 암기해야 합니다.

❶ 不应该

❷ ~~不要~~ → 不必

❸ ~~不得~~ → 不用

따라 말하기

 해석을 보고 다음의 단어를 순서대로 정렬해보세요.

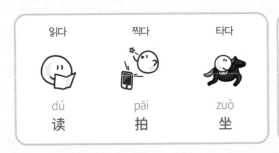

읽다	찍다	타다
dú	pāi	zuò
读	拍	坐

책	사진	버스
shū	zhàopiàn	bāshì
书	照片	巴士

1 나는 사진을 찍고 싶지 않다.

照片　不想　我　拍

↳ ------------------------

2 너는 책을 (반드시)읽을 필요가 없다.

你　书　读　不必

↳ ------------------------

3 그는 버스를 타려 하지 않는다.

巴士　坐　不想　他

↳ ------------------------

4 사진을 찍을 수 없다.

照片　拍　不能

↳ ------------------------

5 나는 버스를 탈 수 없다.

坐　我　巴士　不能

↳ ------------------------

6 그는 책을 안 읽고 싶어한다.

不想　书　他　读

↳ ------------------------

7 그는 책을 읽을 줄 모른다.

书　他　读　不会

↳ ------------------------

8 버스는 타면 안 된다.

坐　不能　巴士

↳ ------------------------

정답입니다!

1 我不想拍照片。Wǒ bù xiǎng pāi zhàopiàn。
3 他不想坐巴士。Tā bù xiǎng zuò bāshì。
5 我不能坐巴士。Wǒ bù néng zuò bāshì。
7 他不会读书。Tā bú huì dú shū。

2 你不必读书。Nǐ bú bì dú shū。
4 不能拍照片。Bù néng pāi zhàopiàn。
6 他不想读书。Tā bù xiǎng dú shū。
8 不能坐巴士。Bù néng zuò bāshì。

가능&희망&필요 부정문 만들기

따라 말하기

✏️ 다음 문장을 부정문으로 바꿔보세요.

산책하다	만나다	사용하다		공원	친구	핸드폰
sànbù	jiàn	yòng		gōngyuán	péngyou	shǒujī
散步	见	用		公园	朋友	手机

1
나는 친구를 (반드시)만나야 한다.
我得见朋友。
→
나는 친구를 만날 필요가 없다. ✏️
我不用见朋友。 ✏️

2
그는 친구를 만나기를 원한다.
他愿意见朋友。
→

3
나는 핸드폰을 사용할 수 있어.
我能用手机。
→

4
나는 공원을 산책하고 싶다.
我想在公园散步。
→

5
우리는 공원을 (도리로서)산책해야 한다.
我们应该在公园散步。
→

· 정답입니다! ·

1️⃣ 나는 친구를 만날 필요가 없다. 我不用见朋友。Wǒ bú yòng jiàn péngyou。
2️⃣ 그는 친구를 만나길 원하지 않는다. 他不愿意见朋友。Tā bú yuànyì jiàn péngyou。
3️⃣ 나는 핸드폰을 사용할 수 없다. 我不能用手机。Wǒ bù néng yòng shǒujī。
4️⃣ 나는 공원을 산책하고 싶지 않다. 我不想在公园散步。Wǒ bù xiǎng zài gōngyuán sànbù。
5️⃣ 우리는 공원을 산책해야 하는 것은 아니다. 我们不应该在公园散步。Wǒmen bù yīnggāi zài gōngyuán sànbù。

가능&희망&필요 질문하고 답하기

가족 단톡방

동생: 누나, 기타 칠 줄 알아?
姐姐, 你**会**演奏吉他吗?

나
긍: 나 기타 칠 줄 알아.
我**会**演奏吉他.

부: 나 기타 칠 줄 몰라.
我**不会**演奏吉他.

각각의 의문문/긍정문/부정문을 참고하여 빈칸을 채워보세요.

1 형, 차 운전할 줄 알아?

[   ] ?

긍 나 차 운전할 줄 알아.
我会开车。

부 나 차 운전할 줄 몰라.
我不会开车。

2 너 한국어 배우고 싶어?
你想学韩语吗?

긍 나 한국어 배우고 싶어.
[   ] .

부 나 한국어 배우고 싶지 않아.
我不想学韩语。

3 창문을 (필요에의해)닫아야 해?
要关窗门吗?

긍 창문을 (필요에의해)닫아야 해.
要关窗门。

부 창문을 (필요에의해)닫을 필요 없어.
[   ] .

4 나 영화 봐도 돼?

[   ] ?

긍 너 영화 봐도 돼.
你可以看电影。

부 너 영화 보면 안 돼.
你不可以看电影。

5

나 핸드폰 사용해도 돼?

我能用手机吗?

긍 너 핸드폰 사용해도 돼.

[   ].

부 너 핸드폰 사용하면 안 돼.

你不能用手机。

6

우리 책 (도리로서)읽어야 돼?

我们应该读书吗?

긍 우리 책 (도리로서)읽어야 돼.

我们应该读书。

부 우리 책 읽어야 하는 것은 아니야.

[   ].

7

친구 만날 수 있어?

[   ]?

긍 친구 만날 수 있어.

能见朋友。

부 친구 만날 수 없어.

不能见朋友。

8

너는 버스 타고 싶어?

你想坐巴士吗?

긍 나는 버스 타고 싶어.

[   ].

부 나는 버스 타고 싶지 않아.

我不想做巴士。

9

우리 공원 산책할까?

愿意在公园散步吗?

긍 나는 산책하기를 원해.

我愿意散步。

부 나는 산책하기를 원하지 않아.

[   ].

10

누나, 사진 찍을 줄 알아?

[   ]?

긍 나 사진 찍을 줄 알아.

我会拍照片。

부 나 사진 찍을 줄 몰라.

我不会拍照片。

정답입니다!

1 哥哥, 你会开车吗? Gēge, nǐ huì kāi chē ma?
2 我想学韩语。Wǒ xiǎng xué hányǔ。
3 不必关窗门。Bú bì guān chuāngmén。
4 我可以看电影吗? Wǒ kěyǐ kàn diànyǐng ma?
5 你能用手机。Nǐ néng yòng shǒujī。
6 我们不应该读书。Wǒmen bù yīnggāi dú shū。
7 能见朋友吗? Néng jiàn péngyou ma?
8 我想坐巴士。Wǒ xiǎng zuò bāshì。
9 我不愿意散步。Wǒ bú yuànyì sànbù。
10 姐姐, 你会拍照片吗? Jiějie, nǐ huì pāi zhàopiàn ma?

1 너 내일 같이 소풍 갈 수 있어?

Nǐ míngtiān néng yìqǐ qù jiāoyóu ma?
你明天能一起去郊游吗?

Dāngrán kěyǐ qù.
当然可以去。

Nà yìqǐ chūfā ba.
那一起出发吧。

Yào jǐ diǎn chūfā?
要几点出发?

Wǒmen qī diǎn yào chūfā.
我们7点要出发。

Wǒ yào zhǔnbèi shénme dōngxi ma?
我要准备什么东西吗?

Nǐ zhǔnbèi bǐnggān jiù xíng le.
你准备饼干就行了。

Nà wǎnshàng děi qù biànlìdiàn.
那晚上得去便利店。

Nǐ kàn míngtiān de tiānqì le ma?
你看明天的天气了吗?

Míngtiān huì xià yǔ. Zǎoshàng dài hǎo yǔsǎn.
明天会下雨。早上带好雨伞。

小明 : 너 내일 같이 소풍 갈 수 있어?
李娜 : 당연히 갈 수 있지.
小明 : 그럼 같이 출발하자.
李娜 : 몇 시에 출발해야 해?
小明 : 우리 7시에 출발해야 해.
李娜 : 내가 준비해야 될 거 있어?
小明 : 넌 과자만 준비하면 돼.
李娜 : 그럼 저녁에 편의점 갔다 와야겠다.
小明 : 내일 날씨는 봤어?
李娜 : 내일 비가 온대. 아침에 우산 챙겨.

Wàimiàn lěng kuài jìnlái.
外面冷, 快进来.
밖에 추운데 어서 들어와.

东西
东西[dōngxi]는 '물품, 음식'을 뜻하며 지칭하는 대상의 범위는 매우 광범위합니다. 사람을 지칭할 수도 있으며 추상적인 것을 지칭할 수도 있습니다.

得
得는 여러개의 발음이 있는 다음어다.
[děi] : 동 필요하다
[dé] : 동 얻다
[de] : 조 동사 뒤에 쓰여 가능을 나타냄.

v+好
중국어에서는 동사+好[hǎo]형식을 통해 동사에 대해 '잘~(한다)'라는 뜻을 표현합니다.

2 한국어 할 줄 알아요?

王明
Nǐ huì shuō hányǔ ma?
你会说韩语吗?

秀英
Dāngrán huì shuō hányǔ.
当然会说韩语。

王明
Nà nǐ néng jiāo wǒ ma?
那你能教我吗?

秀英
Dāngrán. Nǐ xiǎng shénmeshíhòu kāishǐ xué?
当然。你想什么时候开始学?

王明
Míngtiān. Dànshì wǒ méiyǒu jiàocái.
明天。但是我没有教材。

秀英
Nǐ kěyǐ yòng wǒ de.
你可以用我的。

王明
Liànxíběn yě yào zhǔnbèi ma?
练习本也要准备吗?

秀英
Míngtiān zǎoshàng kěyǐ yìqǐ qù mǎi.
明天早上可以一起去买。

王明
Nà míngtiān děi zǎodiǎn qǐchuáng ba?
那明天得早点起床吧?

秀英
Qī diǎn jiù děi qǐchuáng le.
7点就得起床了。

王明 : 한국어 할 줄 알아요?
秀英 : 당연히 한국어 할 줄 알지.
王明 : 그럼 가르쳐 줄 수 있어요?
秀英 : 당연하지. 언제부터 공부하고 싶어?
王明 : 내일부터요. 근데 저 교재가 없어요.
秀英 : 내 것 써도 돼.
王明 : 연습 노트도 준비할까요?
秀英 : 내일 아침에 같이 사면 돼.
王明 : 그럼 내일 일찍 일어나야겠네요?
秀英 : 7시면 일어나야 해.

TIP

会说+OO语
중국에서는 어떤 나라의 언어를 할 줄
안다고 표현할 때 **会说**[huì shuō] (말을
잘한다) + 나라 이름 + **语**[yǔ](말)의 형
식을 사용합니다. 이때 **说**[shuō] : 말하
다는 생략 가능합니다.

Hǎo de kāishǐ shì chénggōng de yíbàn.
好的开始是成功的一半.
시작이 반이다.

早点
早点[zǎo diǎn]은 '조금 일찍, 아침 식사'
를 뜻하며 반대말로는 **晚点**[wǎn diǎn] :
조금 늦게, 연착하다가 있습니다.

3 너 어디로 여행 가고 싶어?

张伟
Nǐ xiǎng qù nǎlǐ lǚyóu?
你想去哪里旅游?

张娜
Wǒ xiǎng qù shǒuěr.
我想去首尔。

张伟
Wǒ yě shì.
我也是。

张娜
Wǒmen kěyǐ yìqǐ qù.
我们可以一起去。

张伟
Búguò xiànzài shì dōngtiān. Kěnéng huì hěn lěng.
不过现在是冬天。可能会很冷。

张娜
Děi xiàtiān qù.
得夏天去。

张伟
Nǐ míngnián xiàtiān kěyǐ qù shǒuěr ma?
你明年夏天可以去首尔吗?

张娜
Kěyǐ qù.
可以去。

张伟
Nà wǒmen yào xuéxí hányǔ.
那我们要学习韩语。

张娜
Yìqǐ xué ba.
一起学吧。

张伟 : 너 어디로 여행 가고 싶어?
张娜 : 나 서울 가고 싶어.
张伟 : 나도 그런데.
张娜 : 우리 같이 갈 수 있어.
张伟 : 근데 지금은 겨울이야. 많이 추울 것 같아.
张娜 : 여름에 가야 해.
张伟 : 내년 여름에 서울 갈 수 있어?
张娜 : 갈 수 있어.
张伟 : 그럼 우리 한국어 배워야 해.
张娜 : 같이 배우자.

首尔
首尔[Shǒu ěr]은 우리나라의 수도인 '서울'을 뜻하며 예전에는 서울을 汉城[Hàn chéng]이라고 불렀습니다.

冬天
冬天[dōng tiān]은 '겨울'이라는 뜻입니다. 다른 계절 표현들을 배워볼까요?

春天[chūn tiān] : 봄
夏天[xià tiān] : 여름
秋天[qiū tiān] : 가을
冬天[dōng tiān] : 겨울

Wǒ de xīnyuàn shì huányóushìjiè.
我的心愿是环游世界.
나의 소원은 세계 일주다.

4 나는 피아노 칠 수 있어.

 永明
Wǒ xǐhuan yīnyuè.
我喜欢音乐。

 文博
Nà nǐ huì tán jítā ma?
那你会弹吉他吗?

 永明
Bú huì tán. Dàn wǒ huì tán gāngqín.
不会弹。但我会弹钢琴。

 文博
Wǒ yě xiǎng xué gāngqín.
我也想学钢琴。

 永明
Yào wǒ jiāo nǐ ma?
要我教你吗?

 文博
Dāngrán xiǎng yào.
当然想要。

 永明
Gāngqín hěn nán. Yào duōduō liànxí.
钢琴很难。要多多练习。

 文博
Wǒ huì tiāntiān liànxí.
我会天天练习。

 永明
Míngtiān néng lái wǒ jiā ma?
明天能来我家吗?

 文博
Dāngrán kěyǐ qù.
当然可以去。

永明 : 난 음악을 좋아해.
文博 : 그럼 너 기타 칠 수 있어?
永明 : 못 쳐. 근데 나는 피아노 칠 수 있어.
文博 : 나도 피아노를 배우고 싶어.
永明 : 내가 가르쳐 줄까?
文博 : 당연하지.
永明 : 피아노는 어려워. 많이 연습해야 해.
文博 : 매일매일 연습할 거야.
永明 : 내일 우리 집에 올 수 있어?
文博 : 당연히 갈 수 있지.

弹

弹[tán]은 '튕기다, 치다'라는 뜻으로 주로 손가락으로 치는 악기의 연주를 뜻합니다.

弹钢琴[tán gāngqín] : 피아노를 치다
弹吉他[tán jítā] : 기타를 치다
弹贝斯[tán bèisī] : 베이스를 치다
敲爵士鼓[qiāo juéshìgǔ] : 드럼을 치다
拉小提琴[lā xiǎotíqín] : 바이올린을 켜다
拉大提琴[qiāo dàtíqín] : 첼로로 켜다
吹长笛[chuī chángdí] : 플루트를 불다
吹短笛[chuī duǎndí] : 단소를 불다

练习

练习[liànxí]는 '연습, 훈련'의 뜻을 가지고 있으며 동의어로는 演练[yǎn liàn] : 훈련, 苦练[kǔ liàn] : 꾸준히 연습하다가 있습니다.

Wǒ shì chàngzuòrén.
我是唱作人.
나는 싱어송라이터입니다.

5 신발 사고 싶어요.

 李娜
Jiějie。Wǒmen yíkuàir qù gòuwù ba。
姐姐。我们一块儿去购物吧。

 李明
Nǐ xiǎng mǎi shénme dōngxi?
你想买什么东西?

 李娜
Wǒ xiǎng mǎi xiézi。
我想买鞋子。

 李明
Wǒ yě děi mǎi xiézi。
我也得买鞋子。

 李娜
Nà yìqǐ qù ba。Nǐ xiǎng qù nǎgè bǎihuò?
那一起去吧。你想去哪个百货?

 李明
Kěyǐ qù fùjìn de ABC bǎihuò。
可以去附近的ABC百货。

 李娜
Nàlǐ yuǎn ma?
那里远吗?

 李明
Bù yuǎn。Kěyǐ zǒulù qù。
不远。可以走路去。

 李娜
Bù néng zuò bāshì qù ma?
不能坐巴士去吗?

 李明
Hěn jìn, bú yòng zuò bāshì。
很近,不用坐巴士。

李娜 : 언니. 우리 같이 쇼핑 가요.
李明 : 뭐 사고 싶어?
李娜 : 신발 사고 싶어요.
李明 : 나도 신발 사야 돼.
李娜 : 그럼 같이 가요. 어디 백화점에 가고 싶어요?
李明 : 부근에 있는 ABC백화점 가면 돼.
李娜 : 거기 멀어요?
李明 : 안 멀어. 걸어갈 수 있어.
李娜 : 버스 타고 가면 안 돼요?
李明 : 가까워, 버스 탈 필요 없어.

TIP

百货
百货[bǎi huò]는 '백화점'이라는 뜻이며 중국에서는 주로 대형마트를 지칭합니다.

巴士
巴士[bā shì]은 '버스'라는 뜻이며 중국에서는 시내버스를 지칭할 때 公交车[gōng jiāo chē] : 대중교통 버스라는 표현을 많이 사용합니다.

Yí liàng gōngjiāochē gānggāng guòqù.
一辆公交车刚刚过去.
버스 한 대가 막 지나갔어요.

따라 말하기

6 나 너한테 할 말 있어.

 张敏
Wǒ yǒu huà gēn nǐ shuō.
我有话跟你说。

 秀英
Nǐ yǒu shénme huà yào shuō?
你有什么话要说?

 张敏
Wǒ xiǎng gēn nǐ jiànmiàn tánhuà.
我想跟你见面谈话。

 秀英
Nǐ kěyǐ xiànzài gēn wǒ shuō.
你可以现在跟我说。

 张敏
Bù kěyǐ jiànmiàn shuō ma?
不可以见面说吗?

 秀英
Wǒ bù xiǎng jiàn nǐ.
我不想见你。

 张敏
Nǐ bú bìyào zhèyàng ba?
你不必要这样吧?

 秀英
Nǐ shì yào xiàng wǒ dàoqiàn de ma?
你是要向我道歉的吗?

 张敏
Wǒ xiǎng xiàng nǐ dàoqiàn.
我想向你道歉。

 秀英
Wǒ bù xiǎng tīng.
我不想听。

张敏 : 나 너한테 할 말 있어.
秀英 : 너 무슨 말을 하고 싶은데?
张敏 : 나 너 만나서 얘기하고 싶어.
秀英 : 지금 나한테 얘기하면 돼.
张敏 : 만나서 얘기하면 안 돼?
秀英 : 나 너 만나고 싶지 않아.
张敏 : 너 이럴 필요는 없잖아?
秀英 : 너 나한테 사과하려고?
张敏 : 너한테 사과하고 싶어.
秀英 : 난 듣고 싶지 않아.

 TIP

跟 v.s. 对

跟[gēn]과 对[duì]는 '~에게'라는 의미로 사용되지만, 뒤에 나오는 대상이나 관계, 목적의 행위에 따라 쓰임새가 다릅니다. 跟[gēn]이 쌍방적 관계에서의 행위와 온다면, 对[duì]는 일방적 대상이나 행위와 함께 옵니다.

他对客人很热情. :
'그는 손님에게' 매우 친절하다.
我跟你打听一件事. :
'나는 당신에게' 물어볼 것이 있습니다.

必要

必要[bìyào]는 '필요하다'라는 뜻이며 동의어로는 需要[xūyào] : 필요하다, 必须[bìxū] : 반드시 ~해야 한다가 있습니다.

道歉

道歉[dàoqiàn]은 '사과하다, 사죄하다'라는 뜻이며 동의어는 抱歉[bàoqiàn] : 미안하게 생각하다, 赔礼道歉[péilǐ] : 사과하다, 사죄하다가 있습니다.

Nǐ de dàoqiàn gēnběn méiyǒu chéngyì!
你的道歉根本没有诚意!
너의 사과는 아예 성의가 없어!

Chapter07 동사를 도와주는 조동사 **281**

한자가 어려운 이유도 이 때문이 아닐까. 수많은 사물에 이름이 주어져 있으니 외워야 할 것도 한두 개가 아닌 거지.

이렇듯, 한자는 뜻을 담고 있지만, 소리는 담고 있지 않아서, 입으로 읽기 위한 발음부호가 따로 필요했고

처음으로 탄생한 체계가 있으니! 바로 주음부호야. 보기만 해도 어렵지?

그래서 좀 더 쉽게 배울 방법을 생각하다가, 우리에게 익숙한 로마자를 이용한 체계를 만들었는데

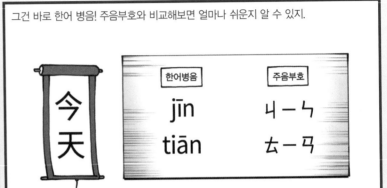

그건 바로 한어 병음! 주음부호와 비교해보면 얼마나 쉬운지 알 수 있지.

한어병음	주음부호
jīn	ㄐ一ㄣ
tiān	ㄊ一ㄢ

今天

오늘날, 중국은 복잡하던 주음부호와 번체자를 없애고, 비교적 쉬운 한어 병음과 간체자를 사용하고 있고

사용하기 정말 쉬워!

대만에서는 여전히 기존의 것을 사용하며 전통을 지키고 있지.

소중..
주음부호
번체자

대만에서는 명칭도 여전히 "국어"라고 불러!

한편, 대만도 복잡하기가 이만저만이 아닌데

시름
시름

국민당 정부가 대만으로 건너간 후, 원주민과의 마찰은 불가피했고

대만섬은 혼란에 빠지고 말았어. 이곳 역시 많은 민족들이 살고 있었는데

대표적인 민족이 고산족이야.

외세의 핍박을 피해 높은 산에서 살기 시작한 탓에 이름 붙여졌어

높은 산 속에 숨어 살게 된 사연은 아주아주 길었으니…잠시, 대만 섬의 이야기를 들어볼래?

그들에게는 기나긴 피지배의 역사가 있어.

먼 옛날부터 대만 섬에는 원주민의 작은 왕국들이 모여 살았지.

외부에서 처음 대만 섬을 발견한 이들은 포르투갈의 모험가들인데

섬이 얼마나 아름다웠던지, 그들의 말로 아름답다는 의미의 "포르모사"라는 이름을 지어줄 정도였지.

포르모사

대만 섬은 아름다운 만큼 많은 침략자가 눈독 들였어.

고오오오—

네덜란드 상선이 타이완의 남부 타이난 지역에 자리 잡았고

경치 좋다~

스페인 세력이 타이완 북부의 단수이 지역을 지배하기 시작했지.

여기도 좋네~

후에는 네덜란드가 스페인을 쫓아냈어.

그 후, 청의 만주족이 중국을 장악하자, 명의 한족 세력이 대만으로 넘어왔고

풀짝

명의 정성공은 타이난의 네덜란드 세력을 물리치며, 그곳에 정씨 왕국을 세우게 돼.

하지만 대만 전역에 영향력을 가진 건 아니었어. 중부지역에는 원주민의 다두 왕국이 여전히 지키고 있었지.

다두왕국

정씨왕국

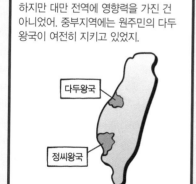

본격적으로 대만 전역을 쑥대밭으로 만들어 놓은 건 청이 진출하면서야.

쾅

청은 정씨 왕국과 다두 왕국을 무너뜨리고 대만에 영향력을 확실히 했어.

까불지 말라고~

저항하던 원주민들은 그들의 괴롭힘을 피해 동쪽의 높은 산으로 옮겨가 살기 시작했지.

한편, 청일전쟁에서 승리한 일본이 대만을 통치하기 시작했는데, 특히 원주민은 갖은 멸시와 고난을 겪게 돼.

우서 사건. 대만 원주민을 상대로 일본 제국이 일으킨 대량 학살 사건.

이후, 국공내전에서 패한 국민당 정부가 대만으로 옮겨와 그 자리를 대신했지.

졌지만 잘 싸웠다고!

이렇듯, 대만 섬은 늘 지배자가 바뀌기만 할 뿐, 피해를 받은 이들은 항상 원주민들이었던 거야.

네델란드, 스페인
↓
한족(정성공)
↓
만주족(청나라)
↓
일본
↓
한족(국민당)

그럼 일본이 떠난 자리에 또 다른 한족 지배자가 등장한 대만은 어떻게 되었을까?

대만의 구성인구는 크게, 한족인 본성인과 외성인, 원주민인 고산족으로 나눌 수 있어.

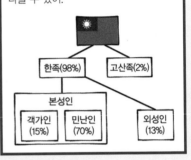

한족(98%) / 고산족(2%)
본성인
객가인(15%) / 민난인(70%) / 외성인(13%)

본성인과 원주민은 오랜시간 같이 생활한 만큼, 서로 동화되어 왔지만

父 한족 + 母 원주민
혼혈인

처음 충돌한 사이였기에, 마찰 역시 가장 심했지.

고산족과 본성인은 여전히 껄끄러운 관계야.

본성인은 대만에 대한 깊은 사랑과 그들만의 정체성을 갖기 시작했는데

본성인

우리는 중국인 아닌 대만인!

반면, 외성인은 전형적인 중화사상을 가진 자들이었기 때문에, 그들의 방식으로 본성인을 다루려 했어.

2.28 사건
저항하는 본성인들을 학살한 사건

그래서 오늘날까지도, 극심한 갈등 관계가 이어지고 있지.

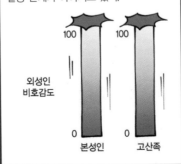

외성인 비호감도
100 / 100
0 / 0
본성인 / 고산족

이 때문에, 다른 일본 식민 지역에 비해, 일본에 대한 반감이 적은 것도 사실이야.

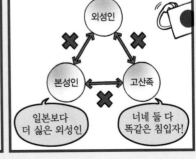

외성인
본성인 / 고산족
일본보다 더 싫은 외성인
너네 둘 다 똑같은 침입자!

같은 한족끼린데, 뭐가 그렇게 다를까 싶지? 하하, 그게 생각보다 많이 달라.

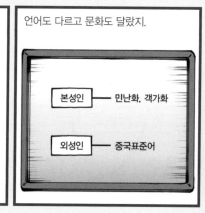

언어도 다르고 문화도 달랐지.

그래서 대만 전철에서는 3가지 언어의 안내방송이 나올 정도야.

결국, 이 고구마처럼 생긴 대만 섬에는 남부는 본성인, 북부는 외성인의 영향력이 비교적 크며, 동쪽의 산악지대에는 고산족이 모여 사는 형국이 되었지. 다만, 고산족은 정치적으로 본성인보다 외성인에게 호의적이야.

게다가, 홍콩도 복잡한 건 마찬가지야. 영국의 통치를 받던 영향으로 영어를 쓰는데다

중국 반환 이후에는 보통화 교육이 실시되어, 광둥어와 혼용하고 있어.

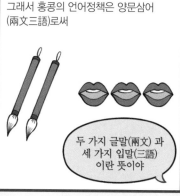

그래서 홍콩의 언어정책은 양문삼어 (兩文三語)로써

두 가지 글말(兩文)과 세 가지 입말(三語)이란 뜻이야.

글말은 중국어, 영어, 입말은 보통화, 광둥어, 영어를 쓰지.

마찬가지로 포르투갈의 통치를 받던 마카오는

영어 대신에 포르투갈어를 쓰고 있는데

중국 통치에 거부감이 심한 홍콩에 비해

중국 대륙에 대한 반감이 비교적 적어서 간체자와 보통화 보급률도 높은 편이지.

너희는 말이 좀 통하네!

마카오

뿐만 아니라, 중화권 국가인 싱가포르와 말레이시아에서는

말레이시아

싱가포르

"화어"라는 이름으로 여전히 중국어를 지켜가고 있는데

나는 중국어 a.k.a 화어

현지의 언어와 혼합되면서 새로운 형태의 언어로 발전하였어.

영어 + 말레이어

그래서 같은 중국어라 하더라도, 이렇게 다양한 표현이 생기게 되었지.

싱가포르
德士

홍콩
的士

대만
计程车

중국 본토
出租车

각기 다른 독특한 매력을 가진 중국어를 비교하며 배우는 것도 정말 재미있겠지?

보통화

광동어

화어

어디 보자, 이 정도면 얼추 되었으려나?

곰곰~

책에 갇혀 있던 시간 동안 지루했던 탓에, 말을 너무 많이 해버렸네.

크흠

여러분이 흥미를 느낄 수만 있다면야, 목이 쉬어도 괜찮아!

오히려 수많은 색깔을 가진 중국을 소개하는 시간이 너무 즐거웠어!

실은 중국에 편견을 가진 사람들이 많다고 들었는데 말이야.

그래서인지, 단순한 흥미로 중국어를 접하기보다

중국어 배워볼까~

어떤 목표를 이루기 위한 수단으로서 배우는 사람이 더 많은지도 모르겠다.

시험

취업

자격증

흥미를 잃고 목표만 쫓다 보면, 마음은 초조해지고 괴로워지지.

그런 모습을 보면 좀 슬프기도 해.

똑땅해 똑땅해

만약, 중국어 학습에 어려움을 느껴 이 책을 펼쳤다면, 완전 잘한 거야!

언어는 물론, 역사와 문화 등 다방면의 지식을 챙겨가는 시간이었겠지?

yeah~

부디 조금이라도 내 이야기가 여러분에게 위로가 되었다면 좋겠다!

좋아 다시 간다!

함께 보아서 알겠지만, 중국은 큰 덩치만큼 다양한 모습이 공존하는 곳이야.

그만큼 우리가 모르는 매력이 가득하다 할 수 있지.

자, 그럼 우리 다양한 중국을 만나며 안목을 더 넓혀볼까?

하오!

눈이 네 개나 있는 나처럼!

287

08

전치사 활용

我工作到7点。

나는 7시까지 일해.

전치사란 무엇일까요? 우선 우리말을 통해 쉽게 설명해드리겠습니다.

'고양이'는 명사입니다. 하지만 '고양이와 함께'라는 표현도 있죠?

'고양이와 함께'는 여전히 명사일까요? 그렇지 않습니다.

'고양이'라는 명사에 '~와 함께'를 결합하니 부사로 변신했습니다.

고양이
명사

고양이와 함께
부사

'~와 함께'와 같은 표현을 우리말에서는 보통 조사라고 부르고,

영어와 중국어에서는 전치사(개사)라고 부릅니다.

조사는 명사 뒤에 오지만, 전치사는 그 이름대로 명사의 앞에 옵니다.

조사: 명사 뒤에 위치

▶우리말: 고양이와 함께

전치사: 명사 앞에 위치

▶영어: with the cat

전치사: 명사 앞에 위치

▶중국어: 跟 猫

다시 한번 복습해볼까요?

'고양이'라는 명사에 '와 함께'라는 표현과 결합하면 부사로 변신합니다.

그리고 이처럼 명사와 결합하는 표현을 우리는 전치사라고 부릅니다.

부   동

▶고양이와 함께 낮잠 자다

전치사 + 명사 = 부사

《 읽어 보세요   **중국어는 어순이 문법이다**

우리말과 중국어, 두 언어의 가장 큰 차이는 형태론적 구조입니다. 우리말이 단어에 접사가 결합하여 문법적 기능을 나타내는 교착어라면,

주어 조사   목적어 조사   동사 접사

중국어는 단어의 형태 변화 없이 어순만으로 문법적 기능을 나타내는 고립어입니다.

주어   동사   목적어

이와 같은 이유로 중국어에는 '은,는,이,가'와 같이 문장성분을 알려주는 조사도 없고, 동사 형태 변화도 없습니다. 문법적 기능을 하는 단어 추가만 있을 뿐입니다.

《 읽어 보세요   **전치사 = 개사 (중국어)**

중국어에는 우리말의 '은, 는, 이, 가'가 없는 대신 이와 비슷한 역할을 하는 전치사가 있습니다. 이때 전치사는 중국어에서 '개사'라고 불리기도 합니다.

따라 말하기

和 [hé]

~와 🔖

hé	māma
和 ⊕	**妈妈**
와	엄마

跟 [gēn]

~와 🔖 　　　　**~로부터** 🔖

gēn	péngyou	gēn	péngyou
跟 ⊕	**朋友**	**跟** ⊕	**朋友**
와	친구	로부터	친구

TIP '〜와'를 의미하는 和[hé]와 跟[gēn]은 의미상 차이가 없습니다. 대체 사용 가능합니다.

为 [wèi]

~를 위해 🔖

wèi	ānquán
为 ⊕	**安全**
를 위해	안전

给 [gěi]

~에게 (해주다) 🔖

gěi	māo
给 ⊕	**猫**
에게	고양이

向 [xiàng]

~에게 (향해서) 🔖

xiàng	lǎoshī
向 ⊕	**老师**
에게	선생님

对 [duì]

~에게 , ~에 대해 🔖

duì	zìjǐ
对 ⊕	**自己**
에 대해	자신

TIP 向[xiàng]은 행동의 대상, 본받을 대상을 나타낸다면, 对[duì]는 어떤 대상에 대한 주어의 태도나 효용을 나타냅니다.

对于 [duìyú]

~에 대해 🔖

duìyú	yīnyuè
对于 ⊕	**音乐**
에 대해	음악

关于 [guānyú]

~에 관해 🔖

guānyú	lìshǐ wèntí
关于 ⊕	**历史问题**
에 관해	역사 문제

TIP 对于[duìyú]는 대상에 대한 주관적인 태도를 나타내고, 关于[guānyú]는 대상의 범위나 내용을 나타냅니다.

 **Practice**
자주 활용되는 전치사

 다음 빈칸에 들어갈 알맞은 전치사를 고르세요.

1

고양이가 쥐 〔～에 대해〕 알아보다.

❶ 关于   ❷ 对于

❸ 为   ❹ 给

2

고양이가 우리 〔～에게〕 꼬리를 흔들어준다.

❶ 为   ❷ 对于

❸ 和   ❹ 向

3

고양이가 강아지 〔～와〕 낮잠을 잔다.

❶ 和   ❷ 为

❸ 关于   ❹ 给

4

고양이 〔～를 위해〕 먹이를 준다.

❶ 对   ❷ 向

❸ 为   ❹ 和

5

고양이의 야행성 〔～에 관해〕 궁금증이 생겼다.

❶ 关于   ❷ 对

❸ 给   ❹ 为

⋯⋯⋯ ▶ 정답입니다! ◀

1 ② 对于 duìyú   **2** ④ 向 xiàng   **3** ① 和 hé   **4** ③ 为 wéi   **5** ① 关于 guānyú

Practice
자주 활용되는 전치사

 빈칸에 알맞은 전치사와 명사를 채워보세요.

1 친구에 대해

对	朋友

2 엄마를 위해

	妈妈

3 고양이에게

	猫

4 선생님을 향해

	老师

5 친구와 함께

6 고양이에 대해

7 선생님을 위해

8 자신을 위해

	自己

9 자신에게

10 고양이와 함께

11 친구에게

12 엄마에 대한

13 엄마에게

14 엄마를 향해

정답입니다!

1 对朋友 duì péngyou   2 为妈妈 wéi māma   3 给猫 gěi māo   4 向老师 xiàng lǎoshī
5 和朋友 hé péngyou   6 对于猫 duì yú māo   7 为老师 wèi lǎoshī   8 为自己 wèi zìjǐ
9 给自己 gěi zìjǐ   10 和猫 hé māo   11 给朋友 gěi péngyou   12 对于妈妈 duì yú māma
13 给妈妈 gěi māma   14 向妈妈 xiàng māma

따라 말하기

시간에는 다양한 단위가 있습니다.
초, 분과 같은 시간 단위부터 일, 주와 같은 날짜 단위까지 있지요.
그렇다면, 다음과 같은 표현은 어떻게 말할 수 있을까요?

"우리 6시에 보자."

"내가 5시까지 갈게."

중국어에서 시간을 나타내는 전치사구의 어순은 다음과 같습니다.
우리말의 어순과 반대로, 전치사가 가장 앞에 나오며,
수사와 명사가 그 뒤를 따릅니다.

6시 에 → 在 6点
수 명 전 → 전 수 명

단위 명사의 전치사구 예시를 통해 자세히 살펴보겠습니다.

초 秒	3 초 까지	到 3 秒 [dào sān miǎo]
분 分	3 분 까지	到 3 分 [dào sān fēn]
시 点	3 시 까지	到 3 点 [dào sān diǎn]
일 日/号	3 일 까지	到 3 号 [dào sān hào]
주 周	3째 주 까지	到 第3 周 [dào dìsān zhōu]
월 月	3 월 까지	到 3 月 [dào sān yuè]
년 年	2020 년 까지	到 2020 年 [dào èrlíngèrlíng nián]

TIP

읽어
보세요
일정 기간을 말할 때

특정 시점이 아닌 일정 기간을 나타낼 때
는 어떤 시간 단위를 쓰는지 살펴보겠습
니다.

3 초	→	3 秒钟 miǎozhōng
3 분	→	3 分钟 fēnzhōng
3 시간	→	3 个小时 gèxiǎoshí
3 일	→	3 天 tiān
3 주	→	3 周 zhōu
3 개월	→	3 个月 gèyuè
3 년	→	3 年 nián

우리말에 '월'과 '개월'의 차이가 있듯이,
중국어에도 '시점'과 '기간'을 나타내는 단
위는 다릅니다. 마지막 단위 '년'을 제외하
고 말이죠.

시간을 나타내는 전치사

따라 말하기

在 [zài]

~에 🔢

zài	liùdiǎn
在 ⊕	**六点**
에	6시

从 [cóng]

~(시작 시간)부터 🔢

cóng	jīntiān
从 ⊕	**今天**
부터	오늘

到 [dào]

~(도달 시간)까지 🔢 ~이 되면 🔢

dào	míngtiān		dào	dōngtiān
到 ⊕	**明天**		**到** ⊕	**东天**
까지	내일		이 되면	겨울

离 [lí]

~(시간의 간격)까지 🔢

lí	yuēdìng shíjiān
离 ⊕	**约定时间**
까지	약속 시간

시계 읽는 법

시간 약속을 잡으려면 시계를 읽는 법을 알아야겠죠.
다행히도 중국어의 시간을 말하는 방법은 우리와 똑같기 때문에 시간 단위 '시'와 '분'만 배우면 됩니다.

1시 30분
↓
1点 30分
[yīdiǎn sānshífēn]

1시 15분
↓
1点 15分
[yīdiǎn shíwǔfēn]

우리나라에서는 '1시 30분'을 '1시 반'으로 표현하기도 하죠.
중국도 마찬가지로 숫자를 대체하는 비슷한 표현들이 있습니다.
하지만 아래의 두 가지 표현 외에는 숫자로 시간을 말한다는 점 기억하세요.

1시 반
↓
1点 半
[yīdiǎn bàn]

1시 15분
↓
1点 1刻
[yīdiǎn yíkè]

이때 15분을 대체한 刻[kè] 라는 표현은 영어의 'quarter'와 같은 뜻으로 쓰입니다.
그렇다면 45분은 뭐라 표현할까요? 45는 15x3이기 때문에 3각, 즉 三刻[sānkè]라고 말해줍니다.

앞서 배운 방향과 위치를 나타내는 명사, 방위사 기억하시나요?
단순 방위사에 접미사 边 biān을 붙이면 장소화되는 것과 같이
단순 방위사 앞에 접두사 以 yǐ, 之 zhī를 붙이거나 방위사끼리 결합하면 시간과 수량을 나타냅니다.
우선 접두사와 결합된 방위사부터 살펴보겠습니다.

TIP 以前[yǐqián]과 以后[yǐhòu]는 우리말과 쓰임새가 같습니다. 주로 시점이나 수량사와 결합되며, 장소를 나타내진 않습니다.

TIP 以上[yǐshàng]과 以下[yǐxià]는 우리말과 쓰임새가 같습니다. 주로 수량사와 결합되어 수의 범위를 나타냅니다.

TIP 以内[yǐnèi]과 以外[yǐwài]는 우리말과 쓰임새가 같습니다. 주로 시점이나 수량사와 결합되며, 장소를 한정 짓기도 합니다.

접두사와 결합되기도 하지만, 방위사끼리 결합도 가능합니다.
어림수를 나타내는 복합 방위사를 살펴보겠습니다.

앞서 배운 방위사들은 '8시', '설날'과 같이 시간이나 수량을 나타내는 명사와 결합되어 사용되었습니다.
하지만, 이 중 단독으로도 사용 가능한 방위사들이 있습니다. 이렇게 말이죠.

전에는 이곳에 소나무가 많았다.
以前 这里有很多松树。

이상은 오늘 수업의 주요 내용이다.
以上 是今天课的主要内容。

이처럼 단독으로 사용 가능한 방위사는 以前, 以后, 以上, 以下, 之前, 之后 등이 있으며,
주로 주어로 사용되어 문장 맨 앞에 위치하게 됩니다.

시간을 나타내는 전치사

 빈칸에 알맞은 전치사와 명사를 채워보세요.

1 1시에

在 1点

2 졸업까지

( ) ( )

3 12시부터

( ) ( )

4 2시까지

( ) ( )

5 3일까지

( ) ( )

6 이번 주에

( ) ( )

7 둘째 주에

( ) ( )

8 이번 달부터

( ) ( )

9 약속시간까지

( ) ( )

10 이번 해까지

( ) ( )

11 셋째 주까지

( ) ( )

12 다음 해부터

( ) ( )

정답입니다!

1 在1点 zài yī diǎn
3 从12点 cóng shí èr diǎn
5 到3号 dào sān hào
7 在第2周 zài dì èr zhōu
9 离约定时间 lí yuēdìng shíjiān
11 到第3周 dào dì sān zhōu

2 离毕业 lí bìyè
4 到2点 dào liǎng diǎn
6 在这个星期 zài zhège xīngqī
8 从这个月 cóng zhège yuè
10 到今年 dào jīnnián
12 从明年 cóng míngnián

Practice
시간·수량을 나타내는 방위사

 빈칸에 알맞은 전치사와 명사를 채워보세요.

1 1시 이전에

(1点) (以前)

2 2주 이내에

( ) ( )

3 0도 이하

( ) ( )

4 2시 이후에

( ) ( )

5 3시 직전에

( ) ( )

6 3년 이상

( ) ( )

7 설날 전후로

( ) ( )

8 15분쯤

( ) ( )

9 3일 직후에

( ) ( )

10 캠퍼스 이외에

( ) ( )

11 가기 직전에

( ) ( )

12 4달 이내에

( ) ( )

▸ 정답입니다! ◂

1 1点以前 yī diǎn yǐqián
3 0度以下 líng dù yǐxià
5 3点之前 sān diǎn zhīqián
7 春节前后 chūnjié qiánhòu
9 3天之后 sān tiān zhīhòu
11 去之前 qù zhīqián

2 2周以内 liǎng zhōu yǐnèi
4 2点以后 liǎng diǎn yǐhòu
6 3年以上 sān nián yǐshàng
8 15分左右 shí wǔ fēn zuǒyòu
10 校园以外 xiàoyuán yǐwài
12 4个月以内 sì ge yuè yǐnèi

한눈에 배운다!
위치·방향 전치사

~부터
~까지

전치사 중에서 가장 큰 비중을 차지하는 것이
사물의 위치와 방향에 대한 것들입니다.
여기 고양이 한 마리가 '집에서' 쉬고 있네요.
'집'이라는 명사에 전치사 '~에서'를 결합하니 부사로 변신했습니다.

집
명사

고양이가 집에서
부사

문장 전체 어순을 한번 비교해볼까요?
큰 틀에서 보면, 주어-전치사구-술어 어순은 같습니다.
하지만, 전치사에 해당하는 우리말의 조사는 명사 뒤에,
중국어에서는 명사 앞에 온다는 차이를 볼 수 있죠.

부   동
▶우리말 : **고양이가 집에서 낮잠 잔다**
명사 + 조사 = 부사

부   동
▶중국어 : **猫 在家 睡觉。**
전치사 + 명사 = 부사

TIP

《 읽어
보세요   **전치사구는 항상 술어 앞**

전치사는 바로 뒤에 오는 명사와 결합하
여 전치사구가 됩니다. 이 전치사구는 대
부분 술어 앞에 옵니다. 왜냐하면, 전치사
구는 주로 술어를 수식하는 부사로 기능
하기 때문이죠.

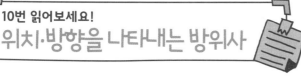

在 [zài]

~에 (부)

zài ⊕ jiā
在 ⊕ **家**
에   집

从 [cóng]

~부터 (부)

cóng ⊕ yínháng
从 ⊕ **银行**
부터   은행

到 [dào]

~까지 (부)

dào ⊕ xuéxiào
到 ⊕ **学校**
까지   학교

离 [lí]

~에서, ~까지 (부)

lí ⊕ yóujú
离 ⊕ **邮局**
까지   우체국

往 [wǎng]

~로 향하다 (부)

wǎng ⊕ qián
往 ⊕ **前**
으로 향하다   앞

向 [xiàng]

~로 향하다 (부)

xiàng ⊕ xī
向 ⊕ **西**
으로 향하다   서쪽

전치사는 방위사를 좋아해

방향과 위치를 나타내는 전치사는 방위사와 자주 등장합니다.
특히 '~로 향하다'를 뜻하는 往 wǎng, 向 xiàng 과 함께 쓰입니다.
그러나 중국어에서 방위사는 전치사가 아닌 명사이자 목적어입니다. 다음 예시를 살펴볼까요?

▶ 좌측으로 꺾으세요. (좌회전하세요.)
往左拐

▶ 앞쪽으로 걸으세요. (직진하세요.)
往前走

▶ 위쪽을 보세요. (위를 보세요.)
往上看

▶ 좌측으로 꺾으세요. (좌회전하세요.)
向左拐

▶ 앞쪽으로 걸으세요. (직진하세요.)
向前走

▶ 위쪽을 보세요. (위를 보세요.)
向上看

 다음 빈칸에 들어갈 알맞은 전치사를 고르세요.

1

그가 집 [～까지] 운전했다.

❶ 往　　　　　❷ 离

❸ 到　　　　　❹ 向

2

기차 타면 서울 [～에서 ～까지] 부산 3시간 걸린다.

❶ 在　　　　　❷ 往

❸ 从　　　　　❹ 离

3

E=mc²

그녀는 학교 [～에서] 일 한다.

❶ 在　　　　　❷ 为

❸ 向　　　　　❹ 离

4

그는 부산 [～부터] 운전해 왔다.

❶ 到　　　　　❷ 从

❸ 往　　　　　❹ 在

5

그들은 제주도 [～로 향해] 출발했다.

❶ 向　　　　　❷ 到

❸ 离　　　　　❹ 从

정답입니다!

1 ③ 到 dào　　**2** ④ 离 lí　　**3** ① 在 zài　　**4** ② 从 cóng　　**5** ① 向 xiàng

Practice

위치.방향을 나타내는 방위사

따라 말하기

 해석을 보고 다음의 단어를 순서대로 정렬해보세요.

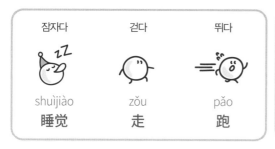

잠자다	걷다	뛰다
shuìjiào 睡觉	zǒu 走	pǎo 跑

집	학교	은행
jiā 家	xuéxiào 学校	yínháng 银行

1 그녀는 집에서 잠잔다.

她　家　在　睡觉

↳ ------------------------------

2 나는 학교까지 걷는다.

学校　到　我　走

↳ ------------------------------

3 그는 은행까지 뛴다.

跑　银行　到　他

↳ ------------------------------

4 집에서 학교까지 멀다.

家　学校　很远　离

↳ ------------------------------

5 나는 앞을 향해 걷는다.

前　往　我　走

↳ ------------------------------

6 그녀는 집으로 뛴다.

家　跑　向　她

↳ ------------------------------

7 우리는 은행으로 걷는다.

我们　银行　往　走

↳ ------------------------------

8 그는 친구 집에서 잠잔다.

在　他　朋友　睡觉　家

↳ ------------------------------

정답입니다!

1 她在家睡觉。Tā zài jiā shuìjiào。

3 他跑到银行。Tā pǎo dào yínháng。

5 我往前走。Wǒ wǎng qián zǒu。

7 我们往银行走。Wǒmen wǎng yínháng zǒu。

2 我走到学校。Wǒ zǒu dào xuéxiào。

4 家离学校很远。Jiā lí xuéxiào hěn yuǎn。

6 她向家跑。Tā xiàng jiā pǎo。

8 他在朋友家睡觉。Tā zài péngyou jiā shuìjiào。

가장 중요한 접속사 2가지를 배워보겠습니다.

and
hé
和 → 햄버거 **그리고** 콜라

or
háishi
还是 → 콜라 **아니면** 사이다

<< 읽어 보세요 접속사 사용 예시

Hànbǎo | hé | kělè
汉堡 | 和 | 可乐
햄버거 | 그리고 | 콜라

kělè | háishi | xuěbì
可乐 | 还是 | 雪碧
콜라 | 아니면 | 사이다

문장 앞에도 다음과 같이 다양한 접속사를 활용할 수 있습니다.

and
háiyǒu
还有 → **그리고** 나는 네가 싫어.

or
huòzhě
或者 → **아니면** 너는 내가 싫어?

so
suǒyǐ
所以 → **그래서** 나는 네가 싫어.

if
rúguǒ
如果 → **만약** 내가 너를 싫어한다면

but
dànshì
但是 → **그러나** 나는 네가 싫어.

because
yīnwèi
因为 → **왜냐하면** 나는 네가 싫어.

although
suīrán
虽然 → **비록** 나는 네가 싫지만

if so
nàme
那么 → **그렇다면** 나는 네가 싫어.

moreover
érqiě
而且 → **게다가** 나는 네가 싫어.

by the way
fǎnzhèng
反正 → **그나저나** 나는 네가 싫어.

háiyǒu | wǒ | bùxǐhuan | nǐ.
还有 | 我 | 不喜欢 | 你.
그리고 | 나는 | 싫어 | 네가.

huòzhě | nǐ | bùxǐhuan | wǒ?
或者 | 你 | 不喜欢 | 我?
아니면 | 너는 | 싫어 | 내가?

suǒyǐ | wǒ | bùxǐhuan | nǐ.
所以 | 我 | 不喜欢 | 你.
그래서 | 나는 | 싫어 | 네가.

rúguǒ | wǒ | bùxǐhuan | nǐ,
如果 | 我 | 不喜欢 | 你,
만약 | 나는 | 싫어 | 네가.

dànshì | wǒ | bùxǐhuan | nǐ.
但是 | 我 | 不喜欢 | 你.
그러나 | 나는 | 싫어 | 네가.

yīnwèi | wǒ | bùxǐhuan | nǐ.
因为 | 我 | 不喜欢 | 你.
왜냐하면 | 나는 | 싫어 | 네가.

suīrán | wǒ | bùxǐhuan | nǐ.
虽然 | 我 | 不喜欢 | 你.
비록 | 나는 | 싫어 | 네가.

nàme | wǒ | bùxǐhuan | nǐ.
那么 | 我 | 不喜欢 | 你.
그렇다면 | 나는 | 싫어 | 네가.

érqiě | wǒ | bùxǐhuan | nǐ.
而且 | 我 | 不喜欢 | 你.
게다가 | 나는 | 싫어 | 네가.

fǎnzhèng | wǒ | bùxǐhuan | nǐ.
反正 | 我 | 不喜欢 | 你.
그나저나 | 나는 | 싫어 | 네가.

 빈칸에 알맞은 접속사를 채워보세요.

사랑하다	쓰다	두드리다
ài	xiě	qiāo
爱	写	敲

동물	편지	문
dòngwù	xìn	mén
动物	信	门

1 왜냐하면 나는 동물을 사랑한다.

　　　　　　 我爱动物。

2 그리고 나는 편지를 쓴다.

　　　　　　 我写信。

3 그래서 나는 문을 두드린다.

　　　　　　 我敲门。

4 만약 네가 동물을 사랑했다면,

　　　　　　 你爱动物,

5 게다가 나는 동물을 사랑한다.

　　　　　　 我爱动物。

6 그나저나 나는 편지를 쓴다.

　　　　　　 我写信。

7 만약 내가 문을 두드린다면,

　　　　　　 你敲门,

8 그렇다면 나는 문을 두드린다.

　　　　　　 我敲门。

9 비록 나는 동물을 사랑하지만,

　　　　　　 我爱动物,

10 그러나 나는 편지를 쓴다.

　　　　　　 我写信。

11 아니면 너는 편지를 써?

　　　　　　 你写信?

12 그리고 나는 문을 두드린다.

　　　　　　 我敲门。

정답입니다!

1 因为 yīnwèi　　2 还有 háiyǒu　　3 所以 suǒyǐ　　4 如果 rúguǒ　　5 而且 érqiě

6 反正 fǎnzhèng　　7 如果 rúguǒ　　8 那么 nàme　　9 虽然 suīrán　　10 但是 dànshì

11 或者 huòzhě　　12 还有 háiyǒu

1 오늘 7시 전에 집에 가야 돼.

文博
Xiànzài jǐ diǎn?
现在几点?

李娜
Xiànzài liù diǎn.
现在6点。

文博
A. Wán le!
啊。完了！

李娜
Zěnmele?
怎么了？

◄
啊
啊(a)는 어조사로써 승낙, 놀람, 한탄의 뜻을 나타냅니다.

文博
Jīntiān yào qī diǎn zhīqián huí jiā.
今天要7点之前回家。

李娜
Hé jiārén jùcān ma?
和家人聚餐吗？

◄
聚餐
聚餐(jùcān)은 '회식, 회식하다'라는 뜻이며 동의어로는 会餐(huìcān), 会食(huìshí) 등이 있습니다.

文博
Dìdi de shēngrì pàiduì cóng qī diǎn kāishǐ.
弟弟的生日派对从7点开始。
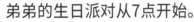

◄
生日 문화
우리가 생일날 미역국을 먹듯이 중국도 생일날 먹는 음식이 있습니다. 바로 오래오래 장수하라는 의미를 담은 长寿面[chángshòu miàn] : '장수면'인데요, 생일뿐 아니라 결혼식과 같은 연회에서 축하의 의미로 먹기도 합니다. 주의할 점이 있다면 면이 중간에 끊기지 않도록 조심해서 먹어야 합니다.

李娜
Gěi dìdi de lǐwù mǎi le ma?
给弟弟的礼物买了吗？

文博
Méi mǎi. Wǒ xiǎng wèi tā xiě yī fēng xìn.
没买。我想为他写一封信。

李娜
Lí pàiduì shíjiān bù yuǎn le. Gǎnjǐn huí jiā ba.
离派对时间不远了。赶紧回家吧。

文博 : 지금 몇 시야?
李娜 : 지금 6시야.
文博 : 아, 망했다!
李娜 : 왜 그래?
文博 : 오늘 7시 전에 집에 가야 돼.
李娜 : 가족이랑 회식 있어?
文博 : 동생 생일 파티가 7시부터 시작해.
李娜 : 동생한테 줄 선물은 샀어?
文博 : 안 샀어. 편지 하나 써 주려고.
李娜 : 파티 시간이 얼마 남지 않았어. 빨리 집 가.

Zhù nǐ shēngrì kuàilè!
祝你生日快乐!
생일 축하합니다!

2 축제는 몇 시에 시작해?

 张敏
Qìngdiǎn cóng jǐ diǎn kāishǐ?
庆典从几点开始?

 李明
Liǎng diǎn. Dànshì wǒmen yào zài yī diǎn yǐqián dàodá.
2点。但是我们要在1点以前到达。

 张敏
Wèishénme?
为什么?

 李明
Yào tíqián zài biǎoyǎnchǎng zhàn zuòwèi.
要提前在表演场占座位。

 张敏
Qíng bāngmáng zhàn yíxià wǒ de zuòwèi.
情帮忙占一下我的座位。

 李明
Yǒu shénme shìqíng ma?
有什么事情吗?

 张敏
Mótuōchē huài le. Kěnéng huì zài liǎng diǎn zhīqián dàodá.
摩托车坏了。可能会在2点之前到达。

 李明
Nà nǐ gēn xiǎomíng yìqǐ lái ba.
那你跟小明一起来吧。

 张敏
Xiǎomíng hái zài jiā ma?
小明还在家吗?

 李明
Tā hái zài jiā shuìjiào.
他还在家睡觉。

张敏 : 축제는 몇 시에 시작해?
李明 : 2시. 하지만 우리 1시 전에 도착해야 해.
张敏 : 왜?
李明 : 공연장에 자리를 미리 잡아놔야 해.
张敏 : 내 자리도 잡아줘.
李明 : 무슨 일 있어?
张敏 : 오토바이가 고장났어. 2시 전에 도착할 것 같아.
李明 : 그럼 샤오밍이랑 같이 와.
张敏 : 샤오밍은 아직 집에 있어?
李明 : 아직 집에서 잠자고 있어.

TIP

座位
座位[zuòwèi]는 '자리, 좌석'이라는 뜻이며 동의어로는 位置[wèizhì] : 위치, 자리, 地方[dìfang] : 지방, 자리 등이 있습니다.

摩托车
摩托车[mótuōchē]는 오토바이라는 뜻입니다. 오토바이도 많지만, 중국에서는 교통수단으로 电驴[diànlǘ] : 전기 오토바이를 많이 타고 다닙니다.

Yídìng yào dài tóukuī.
一定要戴头盔.
헬멧을 꼭 착용하세요.

3 A호텔이 어디에 있는지 아세요?

永明
Nǐ zhīdào A jiǔdiàn zài nǎr ma?
你知道A酒店在哪儿吗？

路人
Dāngrán。A jiǔdiàn zài bǎihuò pángbiān。
当然。A酒店在百货旁边。

永明
Nà bǎihuò zài nǎr?
那百货在哪儿？

路人
Nǐ búshì běndìrén ma?
你不是本地人吗？

永明
Wǒ shì wàiguórén。
我是外国人。

路人
Hánguórén háishi Rìběnrén?
韩国人还是日本人？

永明
Hánguórén。
韩国人。

路人
Wǎng qián zǒu yī gōnglǐ jiù shì bǎihuò。
往前走一公里就是百货。

永明
Bǎihuò lí yóujú jìn ma?
百货离邮局近吗？

路人
Lí yóujú liǎng gōnglǐ。
离邮局两公里。

永明 : A호텔이 어디에 있는지 아세요?
路人 : 당연하죠. A호텔은 백화점 옆에 있어요.
永明 : 그럼 백화점은 어디에 있나요?
路人 : 현지인이 아니신가 봐요?
永明 : 저는 외국인입니다.
路人 : 한국인 아니면 일본인?
永明 : 한국인입니다.
路人 : 앞쪽으로 1킬로만 가면 백화점입니다.
永明 : 백화점에서 우체국이 가깝나요?
路人 : 우체국까지 2킬로입니다.

酒店
酒店[jiǔdiàn]을 직역하면 '술+가게'로 얼핏 들으면 술집 같은 곳으로 생각할 수도 있지만, 실제로는 '호텔'을 뜻합니다. 동의어로는 宾馆[bīnguǎn]이 있습니다.

公里
公里[gōnglǐ]는 '킬로미터'에 해당하며 동의어로는 千米[qiānmǐ]가 있습니다.

Wǒ qù yóujú jì le yì fēng xìn.
我去邮局寄了一封信。
나는 우체국에 가서 편지 한 통을 부쳤다.

4 네 연필 어디에 있어?

Xiǎomíng, nǐ de qiānbǐ zài nǎr?
小明, 你的铅笔在哪儿?

Zài wǒ de fángjiān.
在我的房间。

Wǒ zhǎobúdào.
我找不到。

Zài diànnǎo pángbiān, táidēng qiánmiàn.
在电脑旁边, 台灯前面。 ◀

Wǒ zhǎodào le. Háiyǒu, xiàngpícā zài nǎr?
我找到了。还有, 橡皮擦在哪儿?

Zài zhuōzǐ lǐmiàn.
在桌子里面。

Nǐ zài nǎr?
你在哪儿?

Wǒ zài túshūguǎn.
我在图书馆。

Jiǔ diǎn yǐqián néng dào jiā ma?
9点以前能到家吗?

Bù néng. Qǐmǎ yào shí diǎn yǐhòu cái néng dào jiā.
不能。起码要10点以后才能到家。 ◀

王明 : 샤오밍, 네 연필 어디에 있어?
小明 : 내 방 안에 있어.
王明 : 못 찾겠어.
小明 : 컴퓨터 옆에 있어, 스탠드 앞에.
王明 : 찾았어. 그리고 지우개는 어디에 있어?
小明 : 책상 안에 있어.
王明 : 너 어디야?
小明 : 나 도서관에 있어.
王明 : 9시 이전에 집에 도착 할 수 있어?
小明 : 아니. 적어도 10시 이후에야 집에 도착할 것 같아.

TIP

电脑

电脑(diàn nǎo)는 '컴퓨터(데스크톱)'라는 뜻이며, 휴대용 컴퓨터 '노트북'은 앞서 배웠던 笔记本(bǐ jì běn) : 공책, 노트와 컴퓨터를 조합해 笔记本电脑(bǐ jì běn diàn nǎo)라고 합니다.

Wǒ xīn mǎi le yìtái diànnǎo.
我新买了一台电脑.
나는 컴퓨터를 새로 장만했다.

起码

起码(qǐ mǎ)는 '적어도, 최소한의'라는 뜻이며 동의어로는 至少(zhì shǎo) : 최소한, 最少(zuì shǎo) : 가장 적다, 적어도 등이 있습니다.

5 왜냐하면 나는 빗소리를 좋아하거든.

Jīntiān tiānqì zhēn hǎo.
今天天气真好。

Shìde. Dànshì wǒ gèng xǐhuan xià yǔ de shíhòu.
是的。但是我更喜欢下雨的时候。

Wèishénme?
为什么?

Yīnwèi wǒ xǐhuan xià yǔ de shēngyīn.
因为我喜欢下雨的声音。

Nà nǐ xǐhuan xuě ma?
那你喜欢雪吗?

Wǒ yǐqián hěn xǐhuan, dànshì xiànzài bù xǐhuan.
我以前很喜欢, 但是现在不喜欢。

Wèishénme xiànzài bù xǐhuan?
为什么现在不喜欢?

Suīrán xuě hěn piàoliàng, dànshì xià xuě huì hěn lěng.
虽然雪很漂亮, 但是下雪会很冷。 ◀

Nà nǐ xǐhuan wēnnuǎn de tiānqì hái shi liángkuai de tiānqì?
那你喜欢温暖的天气还是凉快的天气?

Wǒ gèng xǐhuan wēnnuǎn de tiānqì.
我更喜欢温暖的天气。 ◀

张伟 : 오늘 날씨 너무 좋다.
秀英 : 그러네. 하지만 나는 비 올 때가 더 좋아.
张伟 : 왜?
秀英 : 왜냐하면 나는 빗소리를 좋아하거든.
张伟 : 그럼 너 눈 좋아해?
秀英 : 예전에는 좋아했어, 하지만 지금은 안 좋아해.
张伟 : 왜 지금은 안 좋아해?
秀英 : 비록 눈은 이쁘지만 눈이 오면 너무 추워.
张伟 : 그럼 너는 따뜻한 날씨가 좋아, 아니면 시원한 날씨가 좋아?
秀英 : 나는 따뜻한 날씨가 더 좋아.

Bì shàng yǎnjing tīngting yǔshēng.
闭上眼睛听听雨声.
눈을 감고 빗소리를 들어봐요

虽然…但是
虽然[suī rán]…但是[dànshì]은 '비록…하지만'이라는 뜻으로 因为[yīnwèi]…所以[suǒyǐ] : 때문에…그래서~와 같은 중국어의 대표적인 접속사입니다.

更
更[gèng]은 '더욱', '또한'이라는 뜻입니다.

6 지하철역에서 회사까지 얼마나 멀어?

 李明
Nǐ měitiān zuò shénme shàngbān?
你每天坐什么上班?

 张娜
Zuò dìtiě.
坐地铁。

 李明
Jiā lí gōngsī duō yuǎn?
家离公司多远?

 张娜
Zuò dìtiě èrshí fēnzhōng zuǒyòu.
坐地铁20分钟左右。

 李明
Cóng jiā dào dìtiězhàn jìn ma?
从家到地铁站近吗?

 张娜
Zǒulù wǔ fēnzhōng zuǒyòu.
走路5分钟左右。 ◀

 李明
Nǐ měitiān gōngzuò dào jǐ diǎn?
你每天工作到几点?

 张娜
Wǒ gōngzuò dào qī diǎn.
我工作到7点。

 李明
Xiàbān zhīhòu qù yùndòng ma?
下班之后去运动吗? ◀

 张娜
Qù yùndòng huòzhě huí jiā.
去运动或者回家。

李明 : 너 매일 뭐 타고 출근해?
张娜 : 지하철 타.
李明 : 집에서 회사까지 얼마나 멀어?
张娜 : 지하철 타고 20분 정도 걸려.
李明 : 집에서 지하철역까지는 가까워?
张娜 : 걸어서 5분 정도 걸려.
李明 : 매일 몇 시까지 일해?
张娜 : 7시까지 일해.
李明 : 퇴근하면 운동하러 가?
张娜 : 운동하러 가거나 집으로 가.

○ TIP

Búyào miǎnqiǎng.
不要勉强.
무리하지 마세요.

走路
走路[zǒu lù]는 '걷는다'라는 뜻이며, 때로는 '떠난다'라는 뜻으로 사용되기도 합니다.

之后&以后
之后[zhī hòu]와 以后[yǐ hòu]는 '이후'라는 같은 뜻을 가지고 있지만, 쓰임법에 차이가 있습니다. 以后[yǐ hòu]가 단지 어느 시점의 '이후'를 나타낸다면, 之后[zhī hòu]는 어떤 시점 및 사건, 장소의 '이후'를 나타냅니다.